예수 안에서 영육이 건강한 삶을 사실 분의 책

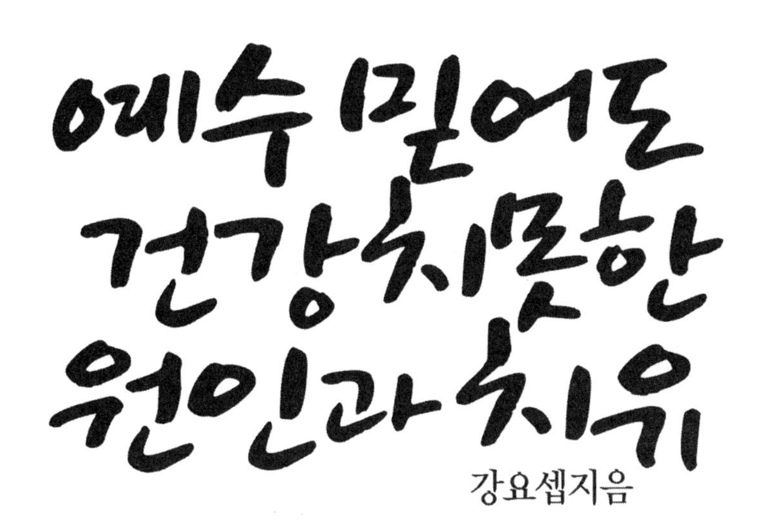


강요셉 지음

예수믿고 성령님이 전인격을 지배하면 건강해진다.

성령

# 예수 믿어도
# 건강치못한 원인과 치유

성령

## 들어가는 말

하나님은 크리스천들이 건강하기를 소원하십니다. 그래서 예수님을 믿으면 건강해야 합니다. 예수를 믿는 성도들뿐만 아니라, 건강은 모든 사람들의 소원입니다. 신년벽두에 어른들에게 인사할 때 "건강하십시오." 라고 합니다. 오랜만에 만난 사람에게도 "그동안 건강하셨습니까?" 하며 인사합니다. 이와 마찬가지로 하나님께서도 크리스천들이 건강하기를 소원하십니다. 왜냐하면 하나님께서 크리스천들을 통하여 나타내시기 때문입니다. 하나님은 건강한 크리스천들을 통하여 일하십니다. 건강은 참으로 중요합니다. 어떤 목사님께서 주일날 이렇게 말씀을 하셨습니다. 성도님들 건강관리를 잘해야 직장에서 구조조정에 걸리지 않습니다. 건강은 스스로 관심을 가져야 건강해질 수 있습니다. 그러니까 어떤 성도의 마음속에서 "나는 우리 직장에서 나 없으면 그 일을 할 수가 없습니다. 그러니 구조조정은 문제가 없습니다." 하고 교만한 말이 튀어나왔습니다. 어떤 성도의 마음속에서는 "그래 건강해야 구조조정에 걸리지 않지" 하면서 건강관리에 신경을 썼습니다.

그런데 얼마지 나서 이런 일이 벌어졌습니다. 자신이 없으면 직정이 돌아가지 않는다고 장담했던 성도가 갑자기 질병이 생겨서 직장을 나갈 수가 없게 되었습니다. 하루 이틀에 회복이 될 수 없는 질병이 발생한 것입니다. 그 성도의 말대로 구조조정에 걸린 것이 아니라, 건강에 문제가 생겨서 직장을 나가려야 나갈 수가 없게 되었습니다. 자만하고 건강관리를 들안이 한 것입니다. 두말할 필요도 없이 건강해야 구조조정에 걸리지 않는 다고 건강관리에 관심을 가진 성도는 건강하게 직장을 잘 다녔다는 것입니다. 건강은 장담할 것이 못됩니다. 항상 하나님과 관계를 돈독하게 하고 영-혼-육의 균형을 유지하려고 노력을 해야 합니다.

이 책은 크리스천의 건강에 관한 모든 사항이 집약되어 있습니다. 이 책을 통하여 건강에 대한 하나님의 뜻을 분명하게 깨닫고 각자 개인건강에 관심을 집중하여 하나님의 뜻을 이루시기를 바랍니다. 필요한 때 하나님께서 나타내시기에 부족함이 없는 영-혼-육의 건강을 유하하기를 바랍니다.

주후 2017년 4월 10일

**충만한 교회 성전에서**

**저자 강요셉목사.**

# 세부적인목차

**3부 예수 믿어도 건강치못한 근본원인**



**4부 예수 믿으며 건강하게 지내는 비결**



**5부 하나님의 뜻대로 백세 장수하는 비결**

# 1부 하나님의 절대적인 소원은 건강

## 1장 하나님께서 원하시는 것은 영육건강

(살전 5:23)"평강의 하나님이 친히 너희를 온전히 거룩하게 하시고 또 너희의 온 영과 혼과 몸이 우리 주 예수 그리스도께서 강림하실 때에 흠 없게 보전되기를 원하노라"

하나님은 예수를 믿고 성령으로 거듭난 자녀들이 모두 건강하기를 원하십니다. 건강한 자녀들을 통하여 일을 하실 수가 있기 때문입니다. 크리스천이 바르게 알아야 할 것은 하나님께서 부르신 것은 하나님을 위해서 부르신 것입니다. 분명하게 사무엘상 16장 3절에 "이새를 제사에 청하라. 내가 네게 행할 일을 가르치리니 내가 네게 알게 하는 자에게 나를 위하여 기름을 부을지니라." 하나님을 위하여 다윗에게 기름을 부으라고 하셨습니다. 하나님께서 우리를 부르시고 성령의 인도를 받게 하신 것은 훈련시켜서 종으로 부려먹기 위해서 부르신 것이 아닙니다. 우리의 영-혼-육을 건강하게 하여 하나님을 나타내면서 살아가게 하려고 부르신 것입니다.

그래서 우리가 예수를 믿는 순간에 죽고, 다시 예수님으로 태어나는 것입니다. 하나님께서 분명하게 말씀하셨습니다. "그리스도의 사랑이 우리를 강권하시는 도다. 우리가 생각하건대 한 사람이 모든 사람을 대신하여 죽었은즉 모든 사람이 죽은 것이라. 그가 모든 사람을 대신하여 죽으심은 살아 있는 자들로 하여금 다시는 그들 자신을 위하여 살지 않고 오직 그들을 대신하여 죽었다가 다시 살아나신 이를 위하여 살게 하려 함이라(고후 5:14-15)" 분명하게 "자신을 위하여 살지 않고 오직 그들을 대신하여 죽었다가 다시 살아나신 이를 위하여 살게 하려 함이라고"하셨습니다. 예수님을 위하여 살게 하려고 부르신 것입니다. 예수님께서 하신 일을 하게 하려고 부르신 것입니다. 하나님을 위하여 다윗을 기름부었습니다. 다윗이 자기 마음대로 했습니까? 하나님께서 하라는 대로 했습니다. 마찬가지로 우리도 예수님을 위하여 살아야 합니다. 다윗과 같이 예수님의 말씀에 순종하면서 살아야 합니다. 예수님께서 하라는 대로 순종하면서 살아야 합니다.

영-혼-육이 건강해야 예수님을 위하여 살아갈 수가 있는 것입니다. 이제 자신의 인간적인 생각이나 지혜나 열심으로 살지 말아야 합니다. 성령의 인도를 받아야 합니다. 성령으로 깨닫고 성령으로 행하고 성령으로 기도하면서 하나님의 말씀대로 살아가는 것이 몸에 배여야 하나님을 삶에서 누리면서 살아갈 수가 있기 때문입니다. 하나님은 복음을 체질화시키기 위하여 아브라함은 25년, 야곱은 20년, 요셉은 13년, 모세는 40년간 광야훈련을 시킨 것입니다. 이렇게 훈련을 시킨 것은 하나님을 온전하게 나타내게 하려고 훈련하신 것입니다. 하나님은 분명하게 말씀하셨습니다. "이르시되 너희가 너희 하나님 나 여호와의 말을 들어 순종하고 내가 보기에 의를 행하며 내 계명에 귀를 기울이며 내 모든 규례를 지키면 내가 애굽 사람에게 내린 모든 질병 중 하나도 너희에게 내리지 아니하리니 나는 너희를 치료하는 여호와임이라(출 15:26)" 크리스천들도 건강하게 살아가면서 하나님께서 주신 것들을 누리면서 하나님을 나타내면서 살아가도록 성령으로 훈련하시는 것입니다. 크리스천의 영-혼-육의 건강은 하나님의 뜻입니다.

필자는 어떡하면 예수님을 믿는 사람답게 지금 천국을 누리면서 살아가도록 할 것인가에 두고 목회를 하고 치유집회를 인도합니다. 항상 생각하고 기도하는 것이 이 땅에서 예수님을 누리면서 건강하게 지내면서 하나님의 도구로 쓰임을 받다가 영원한 천국에 입성하는 것입니다.

크리스천이나 세상 사람들이나 복을 좋아합니다. 그래서 복 받으라는 말은 참 듣기 좋은 말입니다. 복을 싫어하는 사람은 한 사람도 없을 것입니다. 우리 조상들은 오복(五福), 다섯 가지의 복을 받아야 한다고 생각합니다. 첫째가 수(壽)를 누리는 것, 장수하는 것입니다. 둘째가 부(富)를 누리는 것으로 많은 재물을 소유하는 것입니다. 셋째가 강녕의 복으로 건강과 평강을 갖는 것입니다. 넷째가 유호덕으로 덕망과 명성이 있어서 세상 사람들이 우러러보고 그 덕을 기리는 것입니다. 다섯째가 고종명으로 제명대로 살다가 고통 없이 편안하게 세상을 떠나는 복입니다. 하나님께서도 성경 여러 곳에서 복을 강조하고 있습니다. 에베소서 1장 3절에 "찬송하리로다. 하나님 곧 우리 주 예수 그리스도의 아버지께서 그리스도 안에서 하늘에 속한 모든 신령한 복으로 우리에게 복주시되"라고 했습니다. 하나님은 예수를 믿어 성령으로 거듭난 자녀들이 복을 누리며 건강하게 살아가면서 하나님의 도구로 쓰임을 받기를 원하십니다. 그것뿐만이 아니라, 성도들을 통하여 하나님의 나라를 건설하는 일을 해야 하기 때문에 건강하기를 소원하시는 것입니다.

하나님께서 예수를 믿고 성령으로 거듭난 성도들의 건강에 대하여 어떻게 생각하시는 바르게 알아야 합니다. 하나님은 우리가 병들면서 살기 원하실까요? 건강하고 행복하게 살기 원하실까요? 당연히 하나님은 자녀들이 건강하고 행복하게 살면서 하나님의 뜻을 행하면서 살기를 원합니다. 그렇다면 성경은 건강한 삶에 대해 뭐라 말씀하실까요? 성경 말씀 데살로니가전서 5장 23절을 보겠습니다. "평강의 하나님이 친히 너희를 온전히 거룩하게 하시고 또 너희의 온 영과 혼과 몸이 우리 주 예수 그리스도께서 강림하실 때에 흠 없게 보전되기를 원하노라."

하나님은 오늘 우리들이 어떻게 살기를 원하실까요? 이 본문 말씀에는 건강한 삶의 3가지 내용을 소개합니다. 하나님의 평강을 누리면서 살라(평강의 삶). 너희의 삶이 거룩한 삶, 구별된 삶을 살기를 원한다(거룩한 삶). 세상사는 동안 영과 혼과 몸이 흠 없이 병 없이 건강하기를 원한다(건강한 삶). 하나님은 예수를 믿고 성령으로 거듭난 성도들이 평강의 삶, 거룩한 삶, 건강한 삶을 살아가면서 예수님을 누리며 하나님을 자랑하기를 원하십니다.

**첫째, 주님은 우리가 평강의 삶을 살기 원하십니다.** 예수님은 요한복음 14장 27절에 보면 "평안을 너희에게 끼치노니 곧 나의 평안을 너희에게 주노라 내가 너희에게 주는 것은 세상이 주는 것과 같지 아니하니라. 너희는 마음에 근심하지도 말고 두려워하지도 말라." 예수님은 이렇게 말씀하십니다. "평안을 너에게 주노라. 세상일 줄 수 없는 세상이 알 수도 없는 평안…” 주님께서는 우리의 삶에 어떤 일을 만나든지 평강과 샬롬을 누리면서 살기를 원합니다. 그러면서 마음에 근심하지도 말고… 두려워하지도 말라고 하십니다. 어떻게 험한 세상에서 마음에 근심도 두려움도 없는 평강한 삶을 누릴 수 있을까요?

예수님은 이렇게 답을 주십니다. “너희는 마음에 근심하지 말라 하나님을 믿으니 또 나를 믿으라(요14:1)” 근심과 두려움을 이길 수 있는 유일한 길은 하나님과 하나님의 말씀을 믿는 믿음의 삶에 있습니다. 하나님께서 함께하고 계신다는 것을 믿는 것입니다. 항상 “나는 걸어 다니는 성전이다. 내안에 하나님께서 성전삼고 주인으로 계신다.” 마음으로 믿고 입술로 시인하는 것입니다.

분명하게 하나님은 이렇게 말씀하십니다. “무릇 하나님께로부터 난 자마다 세상을 이기느니라. 세상을 이기는 승리는 이것이니 우리의 믿음이니라(요한1서 5:4)” 예수를 믿고 성령을 다시 태어난 사람마다 자신의 주인을 하나님이시다. 믿는 믿음이 세상을 이기게 합니다. 항상 입술로 “믿음이 이기네. 믿음이 이기네. 주 예수를 믿음이 온 세상 이기네.”를 선포하여 사시기를 바랍니다. “주님께서 함께 하심을 믿습니다. 이 상황에서도 무슨 일을 만나든지 주님을 믿습니다. 주님께서 주시는 레마대로 순종하면 문제가 해결될 것을 믿습니다.” 믿음이란 헬라어로는 ‘피스티스’라고 합니다. 하나님의 말씀을 믿고, 의지하고(하나님께서 하라는 대로 순종하고), 내 뜻을 포기하고 맡기고 순종하는 삶입니다. 예수님께서 자신을 통하여 하실 것을 믿고 순종하는 것입니다.

**둘째, 주님은 우리가 거룩한 삶을 살기 원하십니다**. 거룩이 무엇입니까? 거룩이란, 구별된 삶, 분리된 삶, 정결한 삶을 말합니다. 성경에 거룩이란 말이 최초로 나오는 곳은 (창2:3)입니다. 창세기 2장 3절을 보겠습니다. "하나님이 그 일곱째 날을 복되게 하사 거룩하게 하셨으니 이는 하나님이 그 창조하시며 만드시던 모든 일을 마치시고 그 날에 안식하셨음이니라." 거룩은 히브리어로 '카다쉬'라고 하며, 그 말의 뜻은 성별, 구별, 분리, 봉헌, 성화, 성결을 말합니다. 주일을 거룩하게 지키는 삶을 말합니다. 이론으로 말로 몸으로 거룩하게 지키는 것이 아니고, 성령의 지배와 인도를 받으면서 주인을 지키는 삶입니다. 성령의 지배와 인도를 받는 삶으로 걸어 다니는 성전의식을 가지고 하나님과 집중하여 기도하는 삶입니다. 성령의 인도가운데 안식을 누리는 삶입니다. 하나님과 성령으로 교통하는 삶입니다. 하나님의 음성에 집중하며 사는 삶을 거룩한 삶이라고 할 수가 있습니다.

우리는 세속에 더럽혀지고, 세상 속에서 죄에 빠지기 쉬운 존재인데 어떻게 거룩할 수 있습니까? 어떻게 구별된 삶, 정결한 삶, 의로운 삶을 살 수 있습니까? 성령의 지배와 인도를 받는 삶을 살아가는 것입니다. 예수님을 믿는 다는 것은, 또 교회에 다닌다는 것은 우리가 더 이상 예전처럼 세속에 빠져서 죄를 짓는 삶을 사는 것이 아니라, 이제는 나쁜 습관과 행동을 모두 버리고 예수님처럼 깨끗하고 정결하게 살아가는 것을 의미합니다. 우리는 예수님을 닮아가는 사람이 되어야 합니다. 예수님을 믿는 것은 이 땅에서 천국을 누리며 살다가 주님이 오라고 부르시면 영원한 천국 가는 티켓으로만 생각하는 사람들도 있습니다. 그래서 “나는 하나님을 믿으니까 이제 영원한 천국에 갈 수 있어. 그러니 이제부터는 아무렇게나 살아도 되겠지.” 라는 생각을 하면 안 됩니다. 물론 우리는 예수님을 믿음으로 구원을 약속받았습니다. 그런데 이제 구원 받았으니까 아무렇게나 살아도 될까요? 하나님은 이렇게 말씀하십니다. “나는 너희의 하나님이 되려고 너희를 애굽 땅에서 인도하여 낸 여호와라 내가 거룩하니 너희도 거룩할지어다(레위기11:45)” 구별된 삶을 살아가라고 하십니다. 자신의 힘이나 의지로 거룩하게 되지 못합니다. 반드시 성령의 지배와 인도로 되는 것입니다. 성령이 아니고서는 거룩하게 될 장사가 하나도 없습니다. 거룩은 하나님의 속성으로 반드시 성령으로 되는 것입니다. “기록되었으되 내가 거룩하니 너희도 거룩할지어다 하셨느니라(벧전1:16)” 이 말씀에 의하면 거룩하지 못한 우리가 죄로 더럽혀진 세상에서 거룩하게 살 수 있는 길이 무엇이겠습니까? 성령으로 세례를 받고 성령의 인도를 받으면서 걸어 다니는 성전의식을 가지고 자신 안에 주인으로 계신 하나님께 집중하여 하나님을 찾고 하나님의 말씀을 주야로 묵상하며 성령의 인도를 따르면 거룩하신 하나님처럼 거룩하게 살게 됩니다.

**셋째, 하나님은 우리가 건강한 삶을 살기를 원하십니다.** 하나님은 잠언 4장 22절에서 이렇게 말씀하십니다. “그것은 얻는 자에게 생명이 되며 그의 온 육체의 건강이 됨이니라.” 이 성경 말씀을 자세히 살펴보면 하나님께서 예수를 믿어 성령으로 거듭난 자녀들의 건강에 관심이 지대하다는 것을 여러 곳에서 발견할 수가 있습니다. 필자는 개인적으로 하나님은 믿는 자들의 개개인이 잘되기를 소원하신다는 것입니다. 하나님은 자녀들이 건강하고 잘되기를 소원하십니다. 하나님은 예수를 믿어 성령으로 거듭난 자녀들을 통하여 하나님의 일을 하셔야 하기 때문입니다. 교회 예배당 건물을 통하여 하나님께서 일하시는 것이 아니라, 예배당 건물 안에 들어와 믿음 생활을 하는 개개인을 통하여 나타내시는 것입니다.

그래서 성경에 보면 예수를 믿는 개개인이 생명을 풍성히 누리는 삶, 건강한 삶의 비결이 나와 있습니다. 개개인이 건강해야 그들을 통하여 하나님을 나타내실 수가 있기 때문입니다. 어떻게 하면 생명을 풍성이 누리면서 살고 건강한 삶을 살 수 있을까요? 우리 잠언 4장 22절을 보면서 해답을 찾아봅시다. "그것은 얻는 자에게 생명이 되며 그의 온 육체의 건강이 됨이니라." 건강의 비결이 무엇입니까? 그것을 얻으면 생명을 풍성이 누리고 건강한 삶을 살게 됩니다. 그것이 무엇입니까? 그것은 지시 대명사로 앞에서 설명한 내용을 가르칩니다.

잠언 4장 5-10절을 보겠습니다. "지혜를 얻으며 명철을 얻으라. 내 입의 말을 잊지 말며 어기지 말라. 지혜를 버리지 말라 그가 너를 보호하리라 그를 사랑하라 그가 너를 지키리라. 지혜가 제일이니 지혜를 얻으라. 네가 얻은 모든 것을 가지고 명철을 얻을지니라. 그를 높이라 그리하면 그가 너를 높이 들리라 만일 그를 품으면 그가 너를 영화롭게 하리라. 그가 아름다운 관을 네 머리에 두겠고 영화로운 면류관을 네게 주리라 하셨느니라. 내 아들아 들으라. 내 말을 받으라. 그리하면 네 생명의 해가 길리라." 여기서 지혜는 하나님을 말하는 것입니다. 하나님을 체험적으로 아는 것이 지혜입니다.

건강하게 사는 방법, 생명을 풍성이 누리면서 사는 방법이 무엇입니까? 무엇을 얻으면 생명을 얻고 건강한 삶을 살 수 있다고 성경이 말씀하고 있나요? 필자가 미리 답을 다 가르쳐 주고 질문합니다. 지혜를 얻고 명철을 얻으면 건강을 얻는다는 것입니다. 이것이 성경이 말하는 건강법입니다. 지혜가 무엇입니까? 명철이 무엇입니까?

지혜란 히브리어로 '호크마'입니다. 이는 하나님, 하나님의 말씀, 하나님의 관점, 하나님의 마음입니다. 지혜는 하나님을 의미하고. 하나님의 말씀을 의미하고 하나님의 마음을 말합니다. 지혜의 근원은 거룩하시고 의로우시며 공명정대하신 인격적인 하나님을 말합니다. 하나님은 그 지혜를 성경 말씀을 통해 자신을 나타내십니다. 하나님은 말씀이십니다.

명철이란 히브리어로 '비나' 이고, 영어로는 'Understanding'으로 이해력, 통찰력, 깨닫는 마음을 나타냅니다. 명철은 하나님의 마음을 알고 깨닫는 것, 하나님의 말씀을 깨달아 실천하는 것을 말합니다. 명철은 성령으로 말씀을 깨닫는 것입니다. 말씀은 반드시 성령으로 깨달아야 합니다. 분명하게 성경 말씀은 성령으로 기록하신 것입니다. "예언은 언제든지 사람의 뜻으로 낸 것이 아니요. 오직 성령의 감동하심을 받은 사람들이 하나님께 받아 말한 것임이라(벧후 1:21)" 그렇기 때문에 사람의 지식이나 지혜로는 성경말씀을 깨달을 수가 없는 것입니다. 머리로 성경말씀을 깨달으려고 하니 변화가 일어나지 않는 것입니다.

한마디로 지혜와 명철은 하나님, 그리고 하나님의 말씀인 성경 말씀을 말합니다. 지혜와 명철은 하나님의 성품을 말합니다. 성령으로 말씀을 깨달아야 지혜와 명철해 질수가 있는 것입니다. 지혜와 명철은 하나님의 말씀을 말합니다. 잠4장 9-10절 말씀에 보면 "지혜와 명철을 얻으면 아름다운 관, 영화로운 면류관을 쓸 것이며 건강과 장수를 누리게 될 것이라"고 말씀하십니다. "……네 생명의 해가 길리라(잠4;10)" 하나님은 예수를 믿고 성령으로 거듭난 우리의 영과, 혼과 육체의 전인건강을 원하십니다. 하나님의 자녀들이 비실비실 병들고 상처 입고 아파하면서 사는 것을 원하시지 않습니다. 하나님의 자녀가 질병으로 고통하면 하나님께서 마음 아파하십니다. 주님 오실 때까지 우리 생명이 다할 때까지 영적인 건강, 마음의 건강, 육적인 건강을 누리면서 풍성한 삶, 행복한 삶, 샬롬의 삶을 살기를 원하십니다. 하나님은 건강하기를 소원하십니다. 건강한 성도들을 통하여 이 땅에 하나님의 나라를 건설해야 하시기 때문입니다.

본문 데살로니가전서 5장 23절 말씀에 하나님의 자녀들의 3가지 삶이 어떤 삶이라고 했습니까? 평강의 삶, 거룩한 삶, 건강한 삶입니다. 이 삶이 성경적인 행복을 누리는 삶입니다. 하나님은 신명기 33장 29절에서 이렇게 말씀하십니다. "이스라엘이여! 너는 행복한 사람이로다. 여호와의 구원을 너 같이 얻은 백성이 누구냐 그는 너를 돕는 방패시오. 네 영광의 칼이시로다. 네 대적이 네게 복종하리니 네가 그들의 높은 곳을 밟으리로다." 그렇습니다,

하나님의 자녀는 행복한 사람입니다. 이는 예수를 믿고 성령으로

깨달은 성도만 알고 믿을 수 있습니다. 그저 교회에 왔다가 갔다가 하는 신앙의 수준으로 이해가 곤란합니다. 성령으로 깨달은 사람만 믿고 입술로 시인할 수 있습니다. 행복한 하나님의 사람은 평강을 누리는 삶, 거룩한 삶, 건강한 삶을 사는 사람입니다. 이것이 하나님의 뜻입니다. 어떻게 건강한 삶을 살 수 있나요? 지혜롭고 명철한 삶을 살면 건강한 삶을 살 수 있습니다. 지혜롭고 명철한 삶은 어떤 삶인가요?

지혜와 명철의 근원이신 하나님을 주인으로 모시고 성령의 인도를 받으며 하나님을 본받아 사는 삶이 건강한 삶입니다. 하나님의 자기계시인 성경 말씀의 지혜와 성경 말씀의 명철을 따라 사는 삶입니다. 하나님은 성경 말씀 여러 곳에서 건강에 대하여 말씀하셨습니다. 예수를 믿고 성령으로 세례를 받고 성령의 인도를 받는 우리는 성경적인 전인 건강의 길을 걸어가고 있습니다. 출애굽기 15장 26절 말씀에 "이르시되 너희가 너희 하나님 나 여호와의 말을 들어 순종하고 내가 보기에 의를 행하며 내 계명에 귀를 기울이며 내 모든 규례를 지키면 내가 애굽 사람에게 내린 모든 질병 중 하나도 너희에게 내리지 아니하리니 나는 너희를 치료하는 여호와임이라."

하나님은 혹시 우리가 병들었다고 해도 치료해 주시는 사랑의 아버지이십니다. 그런데 주님의 치료의 길은 성령으로 지혜와 명철을 얻는 길입니다. 즉 지혜의 보고인 하나님의 말씀을 잘 듣고 순종하고 하나님의 말씀의 의를 따라 살며, 하나님의 말씀의 계명에 귀를 기울이며 주님의 모든 말씀에 순종하면 모든 질병중 하나도 걸리지 아니하며, 혹시 병들었다고 해도…. 주님의 말씀의 거울 앞에 자신을 비추어 보고 말씀을 부지런히 읽고 묵상하며 말씀이 인도하는 길을 따라 순종하면 주님이 속히 치료해 주실 것을 약속하십니다.

물론 모든 병이 범죄의 결과는 아닙니다. 그러나 최초의 질병의 원인은 인간의 범죄로 온 것이 분명합니다. 말씀에 대한 불순종으로부터 고통과 질병과 상처를 입게 되었습니다. 질병의 원인은 6가지로 요약할 수가 있습니다. 필자가 17년 동안 성령치유 사역을 하면서 체험한 결론은 질병의 원인을 6가지로 구분할 수가 있습니다.

① 인간의 회개하지 않는 죄(원죄와 자범죄). ② 악한영의 끊임없는 도전 (마귀와 귀신의 공격). ③ 각종 스트레스와 상한 감정(잠재의식의 상처). ④ 잘못된 생활 습관(식습관, 생활습관, 잠, 게으름). ⑤ 혈통의 유전과 사회 환경. ⑥ 하나님의 특별한 섭리(구원, 교육, 연단, 영적 성숙). 등으로 요약할 수가 있습니다.

정말로 건강하게 살기를 원하시는 것이 우리 아버지의 뜻입니다. 그러므로 병들고 아파하면서 사는 것은 하나님의 뜻이 아닙니다. 그런데 복잡한 세상에 살면서 우리는 많은 질병의 취약지점에 노출되어 있습니다. 많은 스트레스와 원치 않은 생활습관 등, 병에 걸린 위험성이 많은 세상에 살고 있습니다. 그런데 일차적으로 적어도 하나님의 자녀라면 혹시 내가 하나님이 말씀에 불순종한 것은 없는지 성령으로 깨달아서 미리미리 회개하고 용서하고 성령의 역사로 마음 안에 쌓여있는 세상 쓰레기를 모두다 쏟아내시기를 바랍니다. 절대로 자신의 영과 정신과 육체에 세상 쓰레기가 쌓이게 하면 안 됩니다.

자신의 잠재의식의 정화는 치료자 되시는 하나님 앞에 자신을 드러내 놓고 성령의 인도가운데 되돌아보고, 불순종하고 성경 말씀을 어기면서 살아온 죄가 무엇인지 깊이 살피고 성령의 임재가운데 회개하는 것부터 시작해야 합니다. 세계보건기구(WHO) 헌장에는 건강의 정의를 이렇게 말하고 있습니다. “건강은 단지 질병에 걸리지 않거나 허약하지 않은 상태뿐만 아니라, 육체적· 정신적· 사회적, 영적으로 온전히 행복한 상태를 말한다.” 그렇습니다. 하나님이 세계 보건기구 담당자들에게 성경말씀의 지혜를 알게 하셔서 건강한 삶은 육체적, 정신적, 사회적, 영적인 행복을 누리는 것이라고 했습니다.

그렇다면 사람이 병들 때 어떻게 치유할 수 있을까요? 하나님께서 치유하십니다. 성령의 임재가운데 잠재의식을 치유할 수가 있습니다. 질병은 세상의술로 완전치유가 불가능합니다. 질병의 뿌리에는 영적인 문제가 결부되어 있기 때문입니다. 세상의술이나 심리적인 방법으로는 영적, 정신적, 육체적 질병의 뿌리를 제거할 수가 없기 때문입니다. 반드시 성령으로 뿌리가 제거됩니다. 예방 신앙으로 정기적인 예배에 참석하여 마음에 쌓인 상처를 정화하고, 성령의 임재가운데 성경 말씀을 부지런히 읽고 묵상하고 그대로 살면 치유와 회복과 건강을 누릴 수 있습니다. 무엇보다 예방건강이 최고입니다. 마음 안에 세상 쓰레기가 쌓이지 않도록 매주일 정화하는 것입니다.

행복한 삶, 건강한 삶을 시편 1편 1-6절에서 이렇게 말씀하십니다. “복 있는 사람은 악인들의 꾀를 따르지 아니하며 죄인들의 길에 서지 아니하며 오만한 자들의 자리에 앉지 아니하고 오직 여호와의 율법을 즐거워하여 그의 율법을 주야로 묵상하는 도다. 그는 시냇가에 심은 나무가 철을 따라 열매를 맺으며 그 잎사귀가 마르지 아니함 같으니 그가 하는 모든 일이 다 형통하리로다. 악인들은 그렇지 아니함이여 오직 바람에 나는 겨와 같도다. 그러므로 악인들은 심판을 견디지 못하며 죄인들이 의인들의 모임에 들지 못하리로다. 무릇 의인들의 길은 여호와께서 인정하시나 악인들의 길은 망하리로다."

행복한 삶, 건강한 삶은 시냇가에 심겨진 나무 같아서 그 잎사귀가 마르거나 병들지 않고 열매를 맺는 삶이라 합니다. 그 삶을 어떻게 살 수 있을까요? 주야로 주님의 말씀을 묵상하는 삶입니다. 성령의 임재가운데 성경을 묵상하는 것은 건강한 삶, 성공적인 삶, 행복한 삶의 근육을 꾸준히 키워가는 일상의 방법입니다. 그러나 지금 혹시 병들었다고 해도 낙심하지 마십시오! 다시 하나님의 말씀 앞으로 돌아와 끊을 것을 끊고 회개할 것을 회개하면서 말씀을 따라 살면 됩니다. 하나님은 "네 은혜가 네게 족하도다. 이는 내 능력이 약한 데서 온전하여짐이라(고후12:9)"

그 질병과 상처를 통해 주님 앞으로, 주님의 말씀 앞으로 돌아와 주님의 얼굴을 간절히 구한다면 그 아픔과 그 질병을 주님이 치료해 주시는 치료의 손길을 체험할 것입니다. 그로 인해 치유와 간증을 할 수 있다면 이전보다 더욱 건강한 삶을 살게 될 것입니다. 말씀 앞으로 하나님 앞으로 더 가까이 갈 수 있는 치료의 시간, 안식의 시간, 자기 성찰의 시간을 가질 수 있기를 바랍니다.

# 2장 사람을 건강하게 창조하신 하나님

(요삼1:2)"사랑하는 자여 네 영혼이 잘됨 같이 네가 범사에 잘되고 강건하기를 내가 간구하노라"

하나님께서 사람을 창조하신 목적이 분명하게 있습니다. 그것은 영과 육체가 강건한 사람을 통하여 하나님을 나타내시면서 영광을 받으시는 것입니다. 건강은 하나님의 뜻입니다. 지금까지 살아오면서 확신하는 한 가지가 있습니다. 하나님의 뜻과 계획이라는 것이 분명히 있다는 것입니다. 내가 지금 숨 쉬고 있는 것은, 이 세상을 살아가고 있는 것은 하나님의 무한한 사랑 때문이며, 그렇게 사랑으로 창조하신 인간에게 분명 뜻과 계획을 가지고 계신다는 것입니다. 물론 존재한다는 것과 안다는 것은 다른 의미입니다. 하나님의 뜻과 계획이 존재한다는 것은 알지만, 그것이 무엇인지 파악하고 이해한다는 것은 결코 쉽지 않습니다. 물론 쉽지 않다고 아예 불가능하다는 말이 절대로 아닙니다. 사람들도 건강하기를 소원합니다.

여성들 사이에서 이런 얘기를 주고받는다고 합니다. 10대 학창시절에는 똑똑한 친구를 당할 자가 없고…. 20대에는 똑똑한 친구도 예쁜 사람을 못 당하고…. 30-40대 예쁜 사람도 시집 잘 간 사람을 당할 수 없고…. 50대는 시집 잘 간 사람도 자식 잘 둔 사람 당할 수 없고…. 60-70대에 자식 잘 둔 사람도 건강한 사람을 당할 수 없고…. 80대는 건강한 사람도 세월을 당하지 못한다. 는 말이 있습니다. 건강은 아무도 장담할 수 없습니다. 하나님께서도 크리스천들이 강건하게 살아가는 것을 원하십니다.

예수를 믿는 많은 이들은 하나님의 뜻을 알고 이루는 것을 불가능하다고 받아들이는 듯합니다. 그래서 지레 포기해버리고 맙니다. 내 뜻과 내 계획대로만 살기로 합니다. 물론 그조차도 쉽지 않습니다. 대부분은 사람은 내 뜻과 계획도 실은 찾지 못하고, 그저 남들이 만들어 놓은 '도그마'적인 허상에 빠져 음부로 내려가게 됩니다. 그래서 필자는 사람의식하지 말고 하나님만 의식하라고 날마다 강조하는 것입니다.

하나님이 자신을 창조하시면서 세워놓은 뜻과 계획이 100이라고 하면 100을 다 누리고 살아가는 사람이 얼마나 될까요? 문제는 100은 고사하고 10도, 5도 제대로 누리고 살기 어렵다는 것입니다. 그런 뜻과 계획의 존재 자체를 부인하다면 더욱 그의 뜻대로 살기 어려울 것이고, 존재는 인정하지만, 그것이 무엇인지 찾지 않는 삶도 당연히 100에 근접한 삶을 살기는 어려울 것입니다.

너무나 복잡하게 생각할 것 없습니다. 단순하게 몸(육체)으로 한정해 생각해보자는 것입니다. 세상에 살아가기 위해 우리 모두 몸을 하나씩은 가지고 태어났습니다. D권사는 건강하게 태어났습니다. 뚱뚱하지도 않고, 운동신경도 적당히 있습니다. 성령의 역사를 따라가는 체험적인 믿음생활을 하고 꾸준히 운동만 하고, 몸에 좋은 것을 먹고 산다면 큰 질병 없이 건강히 80세까지는 살 수 있다고 칩시다. 그런데 귀찮아서 꾸준히 운동을 하지 않았습니다. 믿음 생활도 관념적으로 했습니다. 성령의 역사를 이론으로만 알고 믿음생활을 열심히 했습니다. 나이 먹으면 병에 걸리는 것은 당연하다고 생각하면서 약이나 외부의 힘에만 의존했습니다. 몸에 해로운 것을 무절제하게 먹었습니다. 건강에 관심이 없었습니다. 교회에서도 마찬가지 이었습니다. 교회성장을 위하여 열심히 관념적인 믿음생활을 하도록 인도했습니다. 열심히 예배에 참석하고, 성경을 공부하고, 새벽기도에 빠지지 않고 참석하고, 때때로 부흥회 할 때 은혜 받고 필요하면 철야기도하면 하나님께서 건강을 책임져 주신다고 듣고 믿음 생활했습니다.

그렇게 열심이던 D권사는 고작 40년을 살고부터 온갖 질병을 달고 살기 시작했습니다. 비만에, 고혈압, 당뇨, 관절염 등에 시달리게 됐습니다. 질병과 함께 하는 삶이 과연 D권사를 향한 하나님의 뜻과 계획이었을까요. 하나님은 자신의 창조물이 건강하고 행복하게 살기 원하셨을까요. 온갖 질병에 시달리며 고통스럽게 살아가길 원하셨을까요.

당연히 답은 전자일 것입니다. 40세 이후 D권사의 몸 상태는 사실 D권사가 선택한 삶의 결과물일 뿐입니다. 책임은 D권사 자신에게 있는 것입니다. D권사에게 주어진 몸으로 살 수 있는 가장 건강한 삶이 100이라고 치면, D권사는 무절제와 영적인 무지와 육적인 게으름으로 30살도 못 누리고 살게 된 것입니다.

설계할 때 의도한 대로, 올바른 사용법을 지키지 않고 제멋대로 함부로 사용하면 아무리 좋은 기계라도 오래 못 버티고 망가지는 게 당연지사입니다. 제대로 관리하지 않으면 곧 성능이 떨어져 제 기능을 발휘할 수 없고, 수명도 줄어듭니다. 인체도 마찬가지입니다. 설명서에 쓰인 대로 사용하지 않고 막사용하면 금세 고장이 나고, 제 성능도 발휘할 수 없습니다. 당연히 수명도 줄어듭니다. 관리를 잘해야 한다는 말입니다. 예방 건강을 해야 한다는 뜻입니다. 하나님의 뜻을 이루기 위해서라도 건강하게 장수해야 합니다.

우리 그리스도인은 건강하고 또한 건강해야 합니다. 이는 하나님의 섭리이자 주님의 뜻이기 때문입니다. "하나님은 우리 인간을 하나님의 형상대로 지으셨다(창1:27)"고 했습니다. 또한 "하나님이 보시기에 참 좋았더라(창1:31)"고 하셨습니다. 이것으로 보아 하나님은 우리 인간을 허약하고 병든 몸이 아닌, 건강하고 튼튼하게 창조하신 것을 알 수 있습니다.

예수님께서도 우리의 생명을 귀히 여겨 "사람이 만일 천하를 얻고도 네 생명을 잃으면 무엇이 유익하리오. 사람이 무엇을 주고 제 목숨을 바꾸겠는가(마가 7:36)"라고 하셨습니다. 또한 예수님의 이적 중에 대부분이 바로 아프고 병든 자를 고치시고, 죽은 자를 살리신 것입니다. 이와 같이 예수님께서도 우리 인간의 건강을 중히 여기신 것을 알 수 있습니다.

그런데 우리 기독교인 중에는 육체를 천시하는 경향을 가끔 볼 수 있는데, 이것은 잘못된 생각이며, 하나님의 뜻에 어긋나는 것입니다. 이 세상에 살 동안 육을 떠난 영과 혼은 존재할 수 없는 것입니다. 예수님께서 육을 천시 했다면 육으로 나시지 않았을 것이고, 병자를 고치시지도 않았을 것이며, 하나님께서 자기의 형상대로 우리 인간을 창조하지도 않았을 것입니다.

영과 육의 싸움에서 육을 쳐서 복종해야 한다는 것은 육신의 정욕, 안목의 정욕, 이생의 자랑인 이 육신의 죄성을 과감히 버리고 육신을 깨끗하고 정결하게 하여 주님을 닮는 생활을 하라는 뜻이지, 육신을 천시하라는 의미는 결코 아닐 것입니다.

만약에 이 세상에 사는 동안에 육을 천시하고 관리하지 않는다면 주님께서 건강을 빼앗아 가실 것입니다. 나의 재물도 하나님의 것이고, 나의 지혜도 하나님의 것이며, 나의 건강도 또한 하나님의 것입니다. 우리는 관리자에 불과합니다. 하나님께서 우리에게 주신 건강을 잘 관리하는 것은 우리 믿는 자들이 꼭 지켜야 할 의무라고 생각합니다. 우리가 건강을 잘 관리하게 되면 하나님께서 건강한 모습으로 장수하도록 하실 것은 분명한 일입니다.

필자는, 건강을 위해서도 가장 중요한 것은 신앙생활이라고 생각합니다. 우선 하나님께서 사랑하시는 자녀인 우리 모두가 영육이 강건하게 살기를 원하시기 때문입니다. 어느 부모가, 자식들이 병고(病苦) 속에 살기를 바라겠습니까? 아버지 하나님께서도 그 자녀들이 건강하게 살기를 바라시고 건강의 복 주시기를 원하십니다. 예수님께서 말씀으로 각종 병자들을 고치시고 귀신들을 쫓아내신 것은, 주님이 오시기 7백 년 전에 선지자 이사야를 통해 "그는 참으로 우리의 질고(疾苦)를 지고 우리의 슬픔을 담당하신다(사53:4)."

는 예언을 이루신 것입니다(마8:11). 또 지금도 당신의 사람들을 통해 놀라운 치료의 역사를 계속하시는 것은 그 자녀들이 건강하게 살기를 원하시기 때문입니다.

성경은, "여호와를 경외하면 장수한다. 그러나 악인의 나이는 짧아진다(잠10:27)." "자녀들아 주님 안에서 너희 부모에게 순종하여라. …네가 땅에서 잘되고 장수하게 하려는 것이다.(엡6:2~3)." 약속하셨습니다. 많은 신앙인들이 무병장수하는 걸 보면 이런 말씀에 공감할 것입니다. 또 신앙인들은 병이 나면 기도부터 합니다. 하나님께서 치료하실 병이면 의사의 손을 사용하지 않고 직접 고쳐주시기 때문입니다. 또 의사의 손을 이용하여 고치실 병은 병원에 가도록 하시기 때문입니다.

하나님께서 주신 육체를 잘 사용해야합니다. 달란트 비유를 아시지요, 1달란트 받은 자는 관리를 잘못했기 때문에 주인에게 책망을 받았을 뿐 아니라, 1달란트 마저 빼앗기지 않았습니까. 입시생이 공부는 게을리 하면서 주님께 일류대학에 합격하기를 간구한다면 이보다 어리석은 것이 어디 있겠습니까? 열심히 공부하면서 주님께 지혜와 총명을 간구할 때 주님께서 어여삐 여기사 지혜를 더해 주실 것입니다.

마찬가지로 지기의 건강은 전혀 돌보지 않고 건강하기를 기대한다면 이 이상 둔한 사람은 없을 것입니다. 우리는 건강관리를 잘 하면서 주님께 건강을 간구해야 할 것입니다. 따라서 그리스도인은 평소에 건강관리를 잘 하셔서  질병에 걸리지 않도록 해야겠고, 이미 질환으로 고생하는 분은 건강관리에 최선을 다해야 하겠습니다. 하나님이 주신 건강을 잘 관리하셔서 건강하기를 원하시는 하나님의 뜻을 이루어 드리는 우리가 되어야겠습니다. 건강해야 하나님께서 원하시는 사명을 감당할 수 있습니다. 우리 그리스도인이 건강한 삶을 살기 위해서는 먼저 길이요, 진리요, 생명이신 예수께서 병든 자를 고치시고 죽은 자를 살리신 이적을 살펴봄으로써 주 안에서 건강하게 사는 바른 길을 찾을 것으로 믿습니다. 전인적인 건강은 예수 안에서 성령으로 이뤄지기 때문입니다.

분명하게 건강은 건강할 때 건강을 지켜야 합니다. 건강에 문제가 생긴 다음에 건강의 중요성을 느낀다면 늦을 수도 있습니다. 필자가 평소에 존경하던 S목사님께서 생전에 건강에 대하여 큐티 노트에서 말씀하신 것을 여기에 옮깁니다. 요점은 "우리가 이 세상에 살아 있는 동안에 건강해야 하는 이유는 오로지 나를 아끼고 사랑하는 사람들을 위해서 입니다." 이것입니다. "이번 수술에서 세 가지를 깨달았습니다.

첫째로, 사는 것이나 죽는 것이나 모두가 하나님의 은혜라는 것입니다. 내가 더 살고 싶어서 사는 것이 아니고 일찍 죽고 싶어서 죽는 것도 아닙니다. 살게 하시는 이도 하나님이요 죽게 하시는 분도 하나님이십니다. 그래서 살아도 주를 위해서 살아야 하고 죽어도 주를 위해서 죽어야 합니다. 쾌유는 전적으로 하나님의 은혜일뿐입니다.

둘째로, 참된 신앙은 수동태입니다. 수술 받으러 들어가는 환자는 오직 의사의 손에 자신을 맡길 수밖에 없습니다. 믿음은 우리를 온전히 하나님께 맡기는 것입니다. 참된 신앙의 힘은 피동적인 데서 옵니다. 성령에 의해 움직이는 것만이 참된 힘이요 영원한 것입니다. 피동적인 것에서 능동적인 삶이 잉태합니다. 그리고 그 능동적인 삶에서 참된 힘이 나옵니다.

셋째로, 나의 육신이란 내 것이 아니라, 나를 사랑하는 사람의 것이라는 점입니다. 내가 아프니까 나의 가족과 ○○○교회 교인들이 너무 힘들어했습니다. 더 깊이 들어가 보면 자신의 삶이란 없는 것입니다. "우리가 이 세상에 살아 있는 동안에 건강해야 하는 이유는 오로지 나를 아끼고 사랑하는 사람들을 위해서 입니다." 성도들을 위해서 건강해야 하고, 나의 가족들을 위해서 건강해야 하고, 나를 아끼는 사람들을 위해 건강해야 합니다. 이것이 이번에 깨닫게 된 교훈입니다." 마음에 감동이 져려오지 않습니까? 자신을 사랑하는 사람들을 위하여 건강해야 합니다.

우리가 바르게 알아야 할 것은 인간이 행복한 삶을 영위하는 것은 하나님의 뜻입니다. 하나님의 창조 사역의 과정에서 보여주듯 인간이 창조되기 전에 이미 모든 것이 지어졌습니다. 삶의 조건들이 완벽하게 갖추어 졌습니다. 인간이 살기에 더 없이 좋은 환경이 조성된 것입니다. 여기에 사람이 채워지면서 세계는 더욱 완벽한 삶의 무대가 되었습니다.

하나님께서 심히 기뻐하실 정도로 창조된 세계로 행복하게 살 수 있는 모든 조건이 갖추어진 것입니다. 그러나 어느 때 조화가 깨지면서 행복한 삶이 무너지고 말았습니다. 삶 자체가 질곡이고 고역이 된 세상으로 바뀐 것입니다. 그러므로 인간은 늘 현실에서 시온의 행복을 꿈꾸며 살아갑니다. 이러한 행복에 대한 염원은 인간들로 하여금 행복의 조건들을 만들도록 독려하게 됩니다. 그러나 인간들은 조화를 상실했기 때문에 모든 의도와 계획은 이기적인 산물만 쌓아올릴 뿐입니다. 행복한 삶이란 실현하기 어려운 소망일 수밖에 없습니다. 따라서 낙원을 이루는 것은 영원한 과제로 남을 뿐입니다. 인간의 어쩔 수 없는 운명인 셈입니다. 그러나 가능성의 여지는 남아 있습니다. 하나님의 은혜가 바로 여기에 있는 것입니다. 시온의 그 행복, 아름다운 관계를 찾을 수 있는 길을 제시하신 것입니다.

우리들이 사는 현실의 공간에서 그 꿈을 이룰 수 있는 방법을 가르쳐 주셨습니다. 그것은 바로 그리스도를 통한 창조 질서의 회복뿐입니다. 하나님께서 건강한 관계를 회복하기 위한 사명을 주신 것입니다. 오직 그리스도 안에 삶으로 그의 군사가 되어 세상을 변화시키는 사명자가 되도록 격려하십니다. 사명자는 건강한 삶의 소유자라야 합니다. 우리가 알아야 할 것은 예수를 믿고 성령으로 거듭난 모든 성도는 사명자라는 것입니다. 예수님이 공생애에 하셨던 이 땅에 하나님의 나라를 건설하는 사명자입니다.

참 자유를 간직하며 선한 양심과 맑은 영혼을 지닌 자만이 행복한 삶의 조건들을 회복할 수 있는 능력을 소유합니다. 개인적 행복이든, 사회적 범주의 행복이든, 그것을 일구는 자는 온전한 삶을 사는 자, 즉 건강한 삶의 소유자인 것입니다.

하나님의 자녀인 성도들은 건강해야 할 책임이 있습니다. 세상을 변화하는 능력은 그리스도 안에서 사는 건강한 삶에서 비롯되기 때문입니다. 성도는 사명자입니다. 사명 자는 하나님의 뜻을 향해 가는 자입니다. 영-혼-육의 건강은 사명 자의 무기입니다. 건강해야 사명을 감당할 수가 있기 때문입니다.

스펜서라는 사람은 '건강의 유지는 우리들의 의무다. 생리학적 도덕이라고 해야 할 것이 존재하는 것을 아는 사람은 극히 드물다'고 했습니다. 건강은 단순한 행운이 아니라 힘써 지켜야 할 도덕적인 의무라는 것입니다. 왜냐하면 건강이란 자신뿐만 아니라 온 사회의 행복과 발전에 지대한 영향을 주는 힘이기 때문입니다. 성도에게 있어서 건강은 하나님께서 주시는 특권을 담는 그릇이요, 의무를 감당할 무기요, 축복을 그 삶에 적용시키는 수단이 됩니다. 이제 그와 같은 내용을 함께 살펴보도록 하겠습니다.

**첫째, 하나님의 영광을 나타내기 위하여 건강해야 한다(고전10:31).**

**1)병약한 심신은 뭇사람의 오해를 받게 됩니다**. 사람들은 어떤 내막보다는 현상적인 것을 더 중시하고, 어떤 원인보다도 그 결과를 중요하게 여깁니다. 우선 눈에 보기 좋고 마음에 선한 영향을 주며 자신들에게 이익이 되는 일을 인정합니다. 욥이 하나님의 깊은 섭리에 의해 사단에게 큰 시련을 당하고 병이 들었을 때 그 절친한 친구들조차 욥의 당한 일과 처지를 이해하지 못했음을 우리

는 압니다. 아니 한 걸음 더 나가 "생각하여 보라 죄 없이 망한 자가 누구인가?"(욥4:7)라고 하며 욥의 병이 죄로 인한 것이라고 오해합니다. 이처럼 병약한 성도는 뭇사람에게 부정적인 선입관을 주고 오해를 하게 하는 예가 많습니다. 하나님의 영광보다는 하나님의 저주와 징계를 떠올리게 합니다. 성도가 건강하지 못하면 전도의 문이 막힐 수도 있습니다. 세상 사람들은 모두 보이는 면을 가지고 판단하기 때문입니다. 건강하지 못하면 하나님께 누를 끼치게 되는 것입니다.

**2)병약한 자는 이웃의 수고를 요구합니다**. 성도가 이 세상에서 하나님의 영광을 나타내려면 이웃과 사회에 무언가를 '주는 자'가 되어야 합니다. 즉 받는 자가 되어서는 곤란한 것입니다. 받을 때도 있지만 받는 것보다 더 많은 것을 이웃에게 베풀어야 이웃이 그를 하나님의 복 받은 백성으로 인정하고 가까이 하게 됩니다. 물질을 베풀고, 사랑과 관심을 쏟고, 몸과 마음으로 수고해 주고 봉사해야 이웃은 환영하고 그를 통해 하나님께 감사하며 영광을 돌리는 것입니다. 그런데 만일 성도가 극히 병약하다면, 그 사람은 주는 자가 아니라 받는 자가 될 것입니다. 눅5:18,19의 중풍병자를 보십시오. 그를 주님께 데려오기 위해 수많은 이웃의 수고와 봉사가 요구되지 않았습니까? 그러므로 이웃에게 폐를 끼치고 수고를 요구하는 입장으로는 하나님의 영광을 드러낼 수가 없는 것입니다. 건강한 심신의 성도들이 되어야 하는 이유가 거기에 있음을 기억합시다.

**둘째, 사명을 감당키 위해서 건강해야 한다(수14:11).**

**1)유용한 그릇이 되기 위함입니다.** 병약한 성도일지라도 하나님께서 사명의 그릇으로 쓰신 경우가 있습니다. 바울 사도, 칼빈 선생, 헬렌켈러 등 위대한 사역자들도 많습니다. 몰로카이섬의 다미안 신부는 문둥병에 걸린 뒤 더 효과적으로 사명을 감당했습니다. 하지만 그와 같은 믿음의 영웅들은 특별한 예입니다. 성도가 다 그와 같은 초인적인 영웅이 될 수 없으며, 그와 같은 예도 드뭅니다. 대개, 병들면 하나님이 주신 사명 감당은 고사하고 자기 몸 하나 유지하기에도 버거워 하는 사람이 됩니다. 힘과 의지와 정열이 끓는 사람을 하나님께서 사용하시기를 기뻐하십니다. "그러므로 누구든지 이런 것에서 자기를 깨끗하게 하면 귀히 쓰는 그릇이 되어…주인의 쓰심에 합당케 되리라"(딤후2:21)고 했습니다. 건강한 심신, 그것은 주님의 일꾼들의 기본 요건입니다.

**2)마귀를 대적키 위함입니다.**성도의 삶은 영적인 전쟁의 연속입니다. 그 영혼과 생활에는 늘 사단의 시험과 유혹이 가해집니다. 또 사명을 감당한다는 것은 사단의 영역을 파괴하고 그곳에 하나님의 복음 진리와 의와 사랑의 깃발을 꽂는다는 의미를 지녔습니다. 이와같은 일은 그 영혼과 육체가 강건한 사람만이 순탄하게 행할 수 있는 것입니다. 필자가 매주 특별 개별집중치유를 하면서 생각하는 것이 건강하지 못하면 이 사명을 감당할 수가 없다는 것입니다. 출1:10에 보면 애굽의 바로 왕이 히브리인을 멸절하려고 했을 때 히브리 여인은 애굽 여인과 같지 아니하고 건장하여 산파들이 오기

도 전에 아기들을 순산함으로써 이스라엘 남아들이 보전되었으며 그로 인해 출애굽 구원의 기반을 마련했던 것입니다. 강건한 성도는 이처럼 사단의 공격과 유혹을 쉽게 이길 수가 있는 것입니다(엡6:10,11).

**셋째, 행복한 삶을 살기 위함이다(잠4:22).**

**1)질병은 온갖 불행의 온상입니다.** 건강을 잃고 극심한 질병에 시달린다면 그것은 온갖 불행의 요인이 됩니다. 가정의 즐거움도 깨지게 되고, 경제적으로도 큰 손실을 가져오며 명예도 부귀도 소용없는 것이 되고 맙니다. “일평생을 어두운 데서 먹으며 번뇌와 병과 분노가 저에게 있으리라”(전5:17)고 한 것처럼, 건강을 상실한 사람이 한 사람이라도 그 가정에 있으면 가정의 평화와 희망도 더불어 상실되고 맙니다. 물론 하나님의 복음 진리와 그 권능 안에서 그와 같은 상황을 극복한 사람들도 많습니다. 그래도 그 과정 중에 수많은 사람들의 시간과 마음과 물질이 허비되었음을 유의해야 합니다. 그러므로 성도들은 평소 건강할 때 더욱 그 건강을 유지키 위해 노력해야 하는 것입니다.

**2)건강은 삶의 고난을 이기는 힘이기 때문입니다.** 기싱이라는 사람은 건강의 가치에 대해 아주 좋은 말을 했습니다. “건강한 신체와 맑은 정신을 가진 자에게는 악천후처럼 좋은 것도 없다. 변화무쌍한 하늘, 폭풍우도 아름답고 짜릿함을 느끼게 해준다”고 한 것입니다. 건강한 사람들은 삶의 고난적 상황도 별 문제없이 극복해 나갑

니다. 오히려 그 고난적 상황을 극복해 나가는 과정 속에서 인생의 보람과 지혜를 터득합니다. 중국 북간도의 연변 자치구 조선족들을 보십시오. 그들은 나라도, 돈도, 명예도 없었지만 볍씨 한줌과 건강한 심신 하나로 오늘 중국 땅에서 가장 잘 사는 종족 중 하나가 되지 않았습니까? 건강은 최고의 '부'입니다.

정리합니다. 이 세상에서 예방이 최선인 것 몇 가지가 있습니다. 화재, 범죄, 전쟁, 그리고 병입니다. 그중 질병을 예방하고 건강을 유지하는 것이 성도에게 가장 귀한 인생의 지혜로운 행위가 될 것이며, 하나님의 축복과 뜻 안에서 인생을 살아가는 기반이 될 것입니다. 건강은 건강할 때 지켜야 합니다. 그런데 대체적으로 건강할 때는 건강의 중요성을 느끼지 못합니다. 질병이 생겨서 고통을 당해보아야 건강의 중요성을 느끼고 그때서야 건강에 관심을 가지는 분들이 있습니다. 그러나 이미 늦었는지도 모릅니다. 이 책을 읽으시고 건강의 중요성을 다시 한 번 생각하시어 예방건강하시기를 바랍니다. 예방이 최고라는 것을 가슴에 새기시기를 바랍니다.

**충만한 교회에서는** 매주 목요일 밤 19:30-21:30 성령, 기도, 내적치유집회를 정기적으로 진행하고 있습니다. 성령세례와 체험을 원하시는 많은 분들이 찾아오셔서 성령세례를 받고, 방언기도를 분출시키며, 질병과 마음의 상처를 치유 받고 있습니다. 담임목사가 일일이 1시간이상 안수하여 성령으로 기도하며 성령의 강력한 역사가 일어나서 오시는 분들이 많은 은혜를 받고 있습니다.

# 3장 내면이 정리돼야 건강하게 된다.

(마 15:18-20)"입에서 나오는 것들은 마음에서 나오나니 이것이야말로 사람을 더럽게 하느니라. 마음에서 나오는 것은 악한 생각과 살인과 간음과 음란과 도둑질과 거짓 증언과 비방이니 이런 것들이 사람을 더럽게 하는 것이요 씻지 않은 손으로 먹는 것은 사람을 더럽게 하지 못하느니라."

하나님은 예수를 믿고 성령으로 거듭난 성도들이 성령으로 전인격이 지배를 받기를 소원하십니다. 세상 말에는 끼리끼리 논다는 말이 있습니다. 마찬가지로 성도들도 끼리끼리 모여서 있습니다. 희한한 일입니다. 그렇기 때문에 자신과 통하는 사람을 보면 자신의 심령 상태와 비슷하다고 보면 거의 일치할 것입니다. 그래서 예수를 믿고 교회에 들어오면 말씀과 성령으로 내면을 정리하는 기간이 있어야 합니다. 성경에 나오는 아브라함, 야곱, 요셉, 다윗 등등을 보면 내면을 정리하는 기간이 있었다는 것을 발견할 수가 있습니다.

성령이 역사하는 교회시대를 살아가는 성도님들 역시 내면을 정리하는 시간을 가져야 합니다. 그래야 생명의 말씀과 성령으로 전인격이 성령의 지배를 받아야 하나님께서 원하시는 대로 영육이 건강한 축복을 받으면서 살아갈 수가 있습니다. 교회와 성도들은 내면의 정리에 대하여 관심을 가져야 합니다.

**첫째, 내면의 모습이 환경에 나타난다**. 우리가 깨달아 알아야 될 것은 내 주위에 이루어지는 환경은 나와 취미가 비슷한 사람들끼리 모여서 친구가 되고 이웃이 되어 살게 되는 것입니다. 나와 전혀 다른 사람은 합쳐서 살지 못합니다. 취미가 같은 사람끼리, 사상이 같은 사람끼리 모입니다. 유유상종(類類相從)하여 같은 무리가 함께 모여서 함께 삽니다. 그런데 알아야 될 것은 나의 소원과 생각이 환경을 만들어 낸다는 것입니다. 이것은 마음에 소원과 생각이 무리지어 있습니다. 그런데 그 마음에 있는 소원과 생각이 우리 환경에 나타나서 우리 환경을 만들어 갑니다.

골로새서 3장 1절로 3절에 "그러므로 너희가 그리스도와 함께 다시 살리심을 받았으면 위의 것을 찾으라. 거기는 그리스도께서 하나님 우편에 앉아 계시느니라. 위의 것을 생각하고 땅의 것을 생각하지 말라. 이는 너희가 죽었고, 너희 생명이 그리스도와 함께 하나님 안에 감추어졌음이라" 우리가 그리스도 믿음으로 말미암아 하나님 안에 감추었으므로 위에 것을 생각하라. 땅에 것을 생각하지 말고 위에 것을 생각하라. 우리가 위에 것을 생각하면 그것이 밖의 나의 생활 속에 나타나는 것입니다. 먼저 내 마음의 생각에 무리 짓던 것이 몸 밖으로 현실화 되는 것입니다. 내 마음에 항상 생각하던 그것이 나의 환경에 일어나는 거예요. 내 생각에 전혀 없던 것이 환경에 일어나지 않습니다.

누가복음 6장 45절에 "선한 사람은 마음에 쌓은 선에서 선을 내고 악한 자는 그 쌓은 악에서 악을 내나니 이는 마음에 가득한 것을 입으로 말함이니라." 아, 저 사람은 항상 악을 행하느냐. 수렁이 빠지느냐. 먼저 마음속에 악이 있기 때문에 그 악이 무리지어서 그 생활

속에 나타나는 것입니다. 아, 저 사람은 항상 선한 일이 주위에 일어나고 선한 사람들과 함께 모인다. 왜 그러느냐. 그 마음속에 있는 선이 밖으로 나온 것입니다. 로마서 8장 5절로 6절에 "육신을 따르는 자는 육신의 일을, 영을 따르는 자는 영의 일을 생각하나니 육신의 생각은 사망이요, 영의 생각은 생명과 평안이니라" 영의 생각을 하는 사람에게 영적인 역사가 일어나고 육신의 일을 생각하는 사람에게는 육신의 일이 나타나지 영적 생각이 일어나지 않습니다. 늘 시원한 맥주나 한 글라스 마셔야 되겠다는 사람에게 성령 충만이 오지 않습니다. 그 사람 맥주가 오지 성령이 오지 않습니다. 전혀 생각하지 않은 것은 상관이 없습니다. 생각이 나의 무리가 되는 것입니다.

마음에서 나오는 소원과 생각이 환경을 더 좋게 만들기도 하고 더 나쁘게 만들기도 하는 것입니다. 굉장히 마음에 생각과 소원이 중요합니다. 생각과 소원이 먼저 있고 난 다음에 그것이 무리지어 내 환경에 나타나는 것입니다. 그러므로 내게 이루어지는 환경은 바로 내가 마음과 생각에 만들어 놓은 것이 내 환경에 나타나는 것입니다. 얼토당토 안한 것이 나오지 않습니다. 내 마음에 가득한 것이 밖으로 나오는 것입니다.

긍정적인 생각으로 긍정적인 말을 하느냐, 부정적인 생각으로 부정적인 말을 하느냐 하는 작은 차이가 우리 인생을 180도로 완전히 달리 만들어 놓습니다. 긍정적인 생각을 하고 긍정적인 말을 하는 사람은 환경에 긍정적인 환경이 다가오는 것입니다. 부정적인 생각을 하고 부정적인 말을 하는 사람은 부정적인 것이 무리지어 나타나는 것입니다. 무리의 법칙이에요. 모든 우리 주위에 일어나는 것은 무리의 법칙에 영향을 받습니다. 내 생각이 그 무리의 법칙에 따라서 똑같은 환경을 끌어당기는 것입니다. 내 소원과 꿈이 그 소원과 꿈대로 환경을 끌어 당겨서 그렇게 만드는 것입니다.

요즘 광고를 듣다 보면 "생각대로"라는 말이 광고에 많이 나옵니다. 결국 내 마음 속의 소원과 생각대로 내가 삶의 환경을 만들어 나갈 수가 있다는 것입니다. 참 희한한 친구를 거느리고 삽니다. 마음속에 꿈과 희망, 미래를 마음속에 다 가지고 있습니다. 친구입니다. 이 친구들이 마음속에만 있는 것이 아닙니다. 이 친구들이 자신과 함께 그 꿈과 희망과 미래의 환경으로 인생을 만들어 가는 것입니다. 어릴 때는 별로 그것을 몰랐는데 나이를 먹고 보니까 앉으나 서나 나 혼자 있다고 생각이 안 됩니다. 내 속에 꼭 여러 명이 같이 있어요. 희한합니다. 그 여러 명이 항상 내 마음 속에 이야기를 하고 있어요. 의논을 하고 있어요. 그리고 그 이야기하고 의논한 결과가 기도를 통해서 이루어지는 것입니다. 그 여러 명이 누구냐면 하나님 아버지와 예수님과 성령님이십니다. 나 혼자 있는 것이 아닙니다. 모든 일에 아버지와 아들과 성령 삼위일체 하나님이 마음속에 계셔서 이야기를 하고 의논을 합니다. 아버지와 아들과 성령이 나와 함께 의논해서 의견일치가 되는 것은 반드시 이루어집니다.

**둘째, 수치심과 부끄러움은 버려야 한다**. 예수를 믿으면서 영육의 고통을 달고 사는 것은 옛 사람이 없어지지 않아서 수치심과 부끄러움을 버리지 못하기 때문입니다. 예를 든다면 예수를 믿고 교회에 다니면서 영육의 문제를 가지고 있으면 믿음이 부족하기 때문이라는 잘못된 생각으로 인한 것입니다. 영육의 고통과 문제를 생명의 말씀과 성령으로 치유하려고 하지 않기 때문에 믿음생활을 20년을 해도 영육의 문제를 달고 사는 것입니다. 이로 인하여 목사가, 장로가, 권사가, 안수집사가 집사가 영육의 문제가 있는 것을 수치심이나 부끄러움 때문에 밖으로 발성하지 못하고 혼자만 끙끙 앓고 살아간다는 것입니다.

그러나 이는 지극히 잘못된 이론입니다. 절대로 예수를 믿었다고 완벽할 수가 없는 것입니다. 육체를 가지고 사는 이상 모두 문제를 가지고 살아가고 있다고 인정해야 자신이 영육이 건강하게 지낼 수가 있습니다. 예수를 믿고 목사가 되고, 장로가 되고, 권사가 되고, 안수집사가 되고, 집사가 되었어도 육체를 가지고 있기 때문에 영육의 문제 있을 수가 있는 것입니다. 있는 것이 당연한 것입니다. 이를 인정하고 자신에게 일어나는 영육의 문제를 하나님과 담임목회자에게 드러내고 시인해야 치유가 되는 것입니다. 만일 부끄럽고 수치스럽다고 드러내지 않고 숨기면서 하나님께서 해결하여 주시기만 바라고 기도한다면 영원한 천국에 갈 때까지 해결 받지 못하고 치유되지 않을 수가 있습니다. 하나님은 마음을 열고 자신의 영육의 문제와 질병과 영적인 문제를 드러내고 시인해야 해결하시고 치유하시기 때문입니다.

우리가 밝히 알고 대처해야 할 것은 혈통을 따라서 위로 올라가 보면 누구나 우상을 숭배했을 수가 있고, 무당을 초청하여 굿을 했을 수가 있고, 제사도 지냈을 수가 있고, 잡신도 섬겼을 수가 있고, 마음에 상처도 받았을 수가 있습니다. 자신은 완벽하다고 생각하거나 자랑하는 성도는 교만한 것입니다. 문제가 없다고 마음을 열지 않으니 성령의 역사가 일어나지 않아 자신을 정확하게 보지 못하는 것입니다. 예수님은 누가복음 5장 31-32절에서 "예수께서 대답하여 이르시되 건강한 자에게는 의사가 쓸 데 없고 병든 자에게 라야 쓸 데 있나니 내가 의인을 부르러 온 것이 아니요, 죄인을 불러 회개시키러 왔노라" 말씀하셨습니다. 자신에게도 문제가 있을 수 있다고 생각하고 겸손해야 합니다. 목회자와 성도는 너나나나 할 것 없이 육체를 가지고 있는 한 누구나 완벽하지 못하고 영육의 문제가 있을 수가 있습니다. 그렇기 때문에 자신의 영육의 문제를 드러내어 해결하려고 해야 합니다. 혹에라도 목사가, 장로가 원사가 안수집사가 집사가 귀신이나 마음의 상처나 질병으로 고생한다고 흉을 잡아 입방아를 찧고 다니는 성도가 되어서는 안 됩니다.

하나님은 자신이 인정하고 드러내고 입술로 시인하는 부분만 치유하여 주십니다. 많은 목회자와 성도들이 잘못알고 있는 것은 교회에 다니면서 예배드리고 기도하고, 능력자에게 안수 받으면 오만가지 문제가 자동으로 해결되는 것으로 알고 있습니다. 그러나 하나님은 그렇게 역사하시지 않습니다. 마음을 열고 인정하고 드러내고 시인하는 부분만 치유하여 주십니다.

그리고 금식하면 만사가 다 되는 것으로 알고 행하는 분들이 있습니다. 금식은 자신의 육성이 너무나 강해서 성령의 역사가 일어나지 못할 때 하는 것입니다. 목회가 안 되고, 가정이나 개인의 문제를 해결하기 위해서 금식하는 것은 샤머니즘의 신앙의 잔재에서 기인한 것입니다. 절대로 금식한다고 교회 부흥 되고, 가정의 문제 해결되고, 영육의 질병이 치유되는 것이 아닙니다. 오히려 부작용만 나타나기도 합니다. 어떤 목사님과 사모님은 21일 금식을 2번하셨다는데 두 분 모두 육체의 질병과 골다공증 수치가 높아졌다는 것입니다. 필자의 견해로는 차라리 금식하는 기간에 성령의 역사가 일어나는 곳에 가셔서 말씀 듣고 기도하고 안수 받으면 성령의 지배와 장악이 되면서 영적인 목회자와 성도로 변화되어 문제가 해결이 된다는 것입니다. 하나님의 역사가 일어나게 하려면 인간적인 노력을 하면 할수록 방해가 된다는 것입니다. 인간적인 열정이나 노력으로 문제가 해결이 되고 질병과 상처가 치유된다면 밤을 새워가며 기도하면 자신이 원하는 대로 해결이 될 것 아닙니까? 절대로 그렇게 되지 않습니다.

분명하게 자신은 예수를 믿을 때 죽었고, 다시 예수님으로 태어나 예수님의 인생을 사는 것입니다. "그리스도의 사랑이 우리를 강권하시는 도다. 우리가 생각하건대 한 사람이 모든 사람을 대신하여 죽었은즉 모든 사람이 죽은 것이라. 그가 모든 사람을 대신하여 죽으심은 살아 있는 자들로 하여금 다시는 그들 자신을 위하여 살지 않고 오직 그들을 대신하여 죽었다가 다시 살아나신 이를 위하여 살게 하려 함이라(고후 5:14-15)" 그러므로 자신의 옛 사람이 없어져야 성령님이 역사하셔서 자신을 장악하시는 것입니다. 자신을 성령님이 장악하고 지배를 해야 능력도 강하게 나타나고, 문제도 해결되고, 질병이나 상처도 치유가 되는 것입니다.

우리는 예수를 믿고 교회에 들어와 믿음생활을 해도 영-혼-육이 완벽할 수가 없는 것입니다. 목사, 장로 권사, 안수집사, 집사가 영육의 문제가 있다는 것이 수치심이나 흉이 될 수가 없습니다. 그러내어 해결하려고 해야 합니다. 절대로 부끄러움이나 흉이 아니고 극히 정상적인 것입니다. 육체를 가지고 있는 한 영원한 천국에 갈 때까지 성화되어야 합니다. 질병이 있다고, 귀신에게 고통을 당한다고, 수치스럽게 여기거나 부끄러워 말을 못하는 것은 귀신의 장난입니다. 밝히 드러내야 성령의 역사로 문제가 해결되고 질병이나 상처나 귀신역사가 치유되는 것입니다.

**셋째, 자화상과 삶의 환경인 것이다.** 우리 모든 사람은 자화상을 가지고 있어요. 아침이나 저녁이나 집에 가면 큰 거울 앞에 서서 자신의 모습을 보잖아요. 왜냐, 자기의 자화상을 마음속에 그려보는 것입니다. 부정적인 자화상을 가진 사람도 있고 긍정적인 자화상을 가지고 있는 사람도 있는데 부정적인 자화상을 가진 사람은 벌써 출발부터 망했습니다. 긍정적인 자화상을 가지고 있는 사람은 출발부터 성공을 가지고 출발하게 되는 것입니다.

모세가 가나안 땅을 정탐하러 보냈던 정탐꾼 열두 명이 와서 보고를 합니다. 그 중에 열 명은 말하기를 "그 정탐한 땅을 악평하여 이르되 우리가 두루 다니며 정탐한 땅은 그 거주민을 삼키는 땅이요 거기서 본 모든 백성은 신장이 장대한 자들이며 거기서 네피림 후손인 아낙 자손의 거인들을 보았나니 우리는 스스로 보기에도 메뚜기 같으니 그들이 보기에도 그와 같았을 것이니라"

메뚜기 자화상. 우리가 가서 그들 비교해 보니 그들이 장대하고 커서 우리는 메뚜기 같더라. 어림도 없다. 우리 들어가면 우리의 사랑하는 자녀들이 다 사로잡힐 것이고 우리는 칼날에 죽을 것이다. 애굽으로 도로 돌아가자! 완전히 부정적인 자화상을 가졌습니다. 모든 이스라엘 백성들이 거의 휩쓸렸습니다. 사람들은 긍정적인 것보다도 부정적인 것에 휩쓸립니다. 긍정적인 말은 좀처럼 따라하지 않고, 부정적인 말은 쉽게 따라 합니다.

사람들은 긍정인 것보다 부정적인 것을 좋아하고 귀를 기울입니다. 부정적인 자화상을 많이 가지고 있습니다. 그런데 여호수아와 갈렙은 갔다 와서 보고하는데 "이스라엘 자손의 온 회중에게 말하여 이르되 우리가 두루 다니며 정탐한 땅은 심히 아름다운 땅이라 여호와께서 우리를 기뻐하시면 우리를 그 땅으로 인도하여 들이시고 그 땅을 우리에게 주시리라. 이는 과연 젖과 꿀이 흐르는 땅이니라. 다만 여호와를 거역하지는 말라 또 그 땅 백성을 두려워하지 말라. 그들은 우리의 먹이라. 그들의 보호자는 그들에게서 떠났고 여호와는 우리와 함께 하시느니라. 그들을 두려워하지 말라"(민 14:7~9)

승리의 자화상입니다. 그들은 우리의 밥이다. 먹이다. 하나님이 같이 계시므로 우리는 능히 들어가서 점령할 수 있다. 우리 것이다. 가자. 그런데 군중들이 돌을 들어서 이 두 사람을 쳐 죽이려고 했습니다. 그때 하나님이 나타나셔서 열 사람은 하나님의 형벌로 다 죽이고 그 사람들 따랐던 백성들은 다 죽을 때까지 40년을 광야에서 방황을 하게 되고 죽고 오직 광야를 살아서 남아서 후손들과 함께 가나안 땅에 들어간 사람은 여호수아와 갈렙 밖에 없었습니다. 긍정적인 자화상을 가진 두 사람밖에 없었습니다.

마가복음 9장 23절에 "예수께서 이르시되 할 수 있거든이 무슨 말이냐 믿는 자에게는 능히 하지 못할 일이 없느니라" 자기를 볼 때 그렇게 생각해야 돼요. 할 수 있거든이 무슨 말이냐 믿는 자에게는 능히 하심이 없느니라. 나는 그리스도를 믿고 의지하므로 능치 못 하심이 없다. 예수님 안에서 할 수 있다. 하면 된다. 해 보자. 빌립보서 4장 13절에 "내게 능력 주시는 자 안에서 내가 모든 것을 할 수 있느니라" 하나님이 내게 능력을 주시니까 내가 모든 것을 할 수 있다. 로마서 8장 28절에 "우리가 알거니와 하나님을 사랑하는 자 곧 그의 뜻대로 부르심을 입은 자들에게는 모든 것이 합력하여 선을 이루느니라" 모든 하는 일마다 하나님이 합력하여 선하게 만들어 주신다. 고린도후서 5장 17절에 "그런즉 누구든지 그리스도 안에 있으면 새로운 피조물이라 이전 것은 지나갔으니 보라 새 것이 되었도다" 이전에 나는 무능하고 무력하고 사람들에게 손가락질 받았지만 이전 사람이 아니야. 나는 예수 사람이야. 나는 새것이 되었어. 하나님이 같이 계시므로 모든 일을 하나님과 함께 하므로 할 수 있다. 하면 된다. 해 보자. 갈보리 십자가를 바라보고 예수 그리스도의 대속을 통해서 새로운 긍정적인 자화상을 가져야 됩니다.

영-혼-육체의 축복에 입각한 자화상을 가지십시오. 하나님은 자녀들의 전인축복을 원하십니다. 예수 그리스도의 십자가의 보혈을 통하여 용서와 의의 자화상을 가지십시오. 용서받은 의인이다. 보혈로 말미암아 나는 거룩하고 성령 충만한 사람이 되었다. 나는 예수님이 채찍에 맞았으므로 병 고침을 받았다. 치료받은 사람의 자화상을 가지십시오.

예수님이 나의 저주를 대신하시므로 아브라함의 복과 형통을 가진 사람이 되었다. 부활과 영생천국의 자화상을 가지십시오. 무엇을 하든지 내 영혼이 잘되고 범사가 잘되며 강건하게 된다는 자화상을 가지십시오. "내 영혼아 여호와를 송축하라 내 속에 있는 것들아 다 그 성호를 송축하라 내 영혼아 여호와를 송축하며 그의 모든 은택을 잊지 말라 저가 네 모든 죄악을 사하시며 네 모든 질병을 고치시며 네 생명을 파멸에서 구속하시고 인자와 긍휼로 관을 씌우시며 좋은 것으로 네 소원을 만족하게 하사 네 청춘을 독수리 같이 새롭게 하시는 도다"(시 103:1~5). 긍정적이고 적극적이고 밝고 맑고 환한 자화상을 가지십시오. 거울 들여다보고 메뚜기다. 메뚜기! 그렇게 생각하면 적막강산(寂寞江山)입니다. 나는 하나님이 같이 계시므로 내일은 오늘보다 다음 달은 이번 달보다 명년은 금년보다 나아진다. 할 수 있다. 하면 된다. 해 보자. 밝고 맑고 환한 마음에 자화상을 가진다는 것은 굉장히 중요한 것입니다.

골로새서 3장 7절로 10절에 "너희도 전에 그 가운데 살 때에는 그 가운데서 행하였으나 이제는 너희가 이 모든 것을 벗어 버리라 곧 분함과 노여움과 악의와 비방과 너희 입의 부끄러운 말들을 벗어 버리라 너희가 서로 거짓말을 하지 말라 옛 사람과 그 행위를 벗어 버리고 새 사람을 입었으니 이는 자기를 창조하신 이의 형상을 따라 지식에까지 새롭게 하심을 입은 자니라" 우리를 창조하신 하나님의 형상을 따라 새롭게 되었다는 자화상을 마음에 가져야 되는 것입니다. 생각과 꿈과 믿음과 말씀이 자기 자화상을 다스리는 것입니다. 내가 인생을 살면서 내가 어떻게 변하느냐. 내가 생각을 변화시키고 꿈을 변화시키고 믿음을 변화시키고 말을 변화시키면 내 자화상을 달라지고 내 인생이 달라지는 것입니다.

**넷째, 건강할 때 건강에 관심을 가져라**. 일반적인 교회에서 성도들의 개인 건강에 대하여 관심을 갖는 경우가 많지 않는 것이 사실입니다. 강단에서 개인 건강에 대하여 설교하고 강조하는 교회는 많지 않습니다. 그런데 하나님께서는 성경말씀 여러 곳에서 건강과 질병에 대하여 강조하고 계십니다. 잠언서 4장 22절에서 "그것은 얻는 자에게 생명이 되며 그의 온 육체의 건강이 됨이니라." 말씀하셨습니다. 신명기 7장 12-15절에서는 "너희가 이 모든 법도를 듣고 지켜 행하면 네 하나님 여호와께서 네 조상들에게 맹세하신 언약을 지켜 네게 인애를 베푸실 것이라. 곧 너를 사랑하시고 복을 주사 너를 번성하게 하시되 네게 주리라고 네 조상들에게 맹세하신 땅에서 네 소생에게 은혜를 베푸시며 네 토지소산과 곡식과 포도주와 기름을 풍성하게 하시고 네 소와 양을 번식하게 하시리니, 네가 복을 받음이 만민보다 훨씬 더하여 너희 중의 남녀와 너희의 짐승의 암수에 생육하지 못함이 없을 것이며, 여호와께서 또 모든 질병을 네게서 멀리 하사 너희가 아는 애굽의 악질에 걸리지 않게 하시고 너를 미워하는 모든 자에게 걸리게 하실 것이라." 하나님의 뜻은 예수를 믿고 성령으로 거듭난 성도들이 전인적인 복과 건강하기를 원하십니다.

이렇게 하나님께서도 건강에 관심이 많으십니다. 그런데 성도들은 건강할 때는 건강에 관심이 없습니다. 왜 건강하니까! 그러다가 질병이 생기거나 정신적이고 영적인 문제가 생기면 그때야 이리 뛰고 저리 뛰는 것이 보통입니다. 교회에서도 성경 공부시키고, 기도모임을 중요하게 여기고, 교회를 성장시키고, 교회를 짓는 일에는 관심이 많으나 성도들의 개개인의 건강에 대하여는 교회성장에 밀리는 것이 보통입니다. 성도들이 평소에 건강에 대하여 관심을 갖지 않고 지내다가 나이를 먹고 병이 하나 오면 그때야 건강에 관심을 가지고 병 고치려고 백방으로 노력하지만 병 고치기 녹록치 않습니다. 분명하게 영적인 면이 열리지 않으면 하나님께서 원하시는 전인적으로 건강한 삶을 살아갈 수가 없습니다. 건강하게 살기를 바라고 원하지만 태어나서 건강에 대해 배운 바도 들은 일도 없습니다. 그러니 병이 오면 속수무책입니다. 또 어떻게 해야 건강하게 사는 방법을 모릅니다. 알고 있는 것이 모두 열심히 예배드리고 열심히 봉사하고 열심히 철야기도하고 열심히 성경 읽으면 건강하다고 합니다. 모두들 운동하면 건강하게 살줄 알고 운동, 운동하는데 너무도 모르는 말입니다. 좋은 음식 가려 먹어야 하고 운동은 필수 건강에 도움이 됩니다. 그러나 병과는 무관합니다. 생로병사라고 했듯이 병이 빨리 오고 늦게 오는 차이일 뿐 죽을 때는 다들 병들어 죽게 됩니다. 그러나 병이 무엇인지 왜 아픈지 원인을 알면 병 고치기 쉽고 고생을 하지 않아도 됩니다. 사람이 병이 생기는 주된 원인은 내면세계의 불균형입니다.

늙고 병드는 것이 같은 맥락입니다. 태어나면서부터 몸속에 쓰레기(어혈, 죽은피, 콜레스톨)가 생성되기 시작합니다. 예수를 믿었어도 나이를 먹으면 먹을수록 많아집니다. 성령의 역사가 마음 안에서 분출되지 않기 때문입니다. 살아가면서 스트레스로 인하여 좋은 피는 적어지고 사혈이 혈관에 붙어 혈관이 좁아져 혈액 순환 장애로 쑤시고 저리고 욱신대고 목덜미가 뻣뻣하고 힘을 못 씁니다 이것이 늙는 것이고 혈관이 좁아지다가 막혀 피가 흐르지 못하면 병이 됩니다. 생명의 말씀과 성령의 역사로 혈관을 막고 있는 사혈을 청소하고 막힌 혈관이 뚫어져 피가 흐르면 어떤 병이든 그 즉시 회복됩니다. 성령으로 깊은 영의기도를 해야 합니다. 마음 안 성전에 계시는 성령의 역사로 어혈, 죽은피, 콜레스톨을 몸 밖으로 배출하는 성령으로 기도하고 내면을 치유 받아야 합니다. 반드시 썩고 죽은피와 사기 덩어리는 밖으로 배출시켜야 합니다. 주일날 예배드리면서 성령으로 기도하여 내면 몸속에 쌓인 쓰레기를 밖으로 배출해야 합니다. 기침이든지 하품이든지 울음이든지 배에서 나오는 소리를 이용하든지 좌우지간 밖으로 배출을 해야 합니다. 젊었을 때부터 이런 기도와 성령의 역사를 체험하는 습관이 되어 지속적으로 해야 합니다. 그러면 몸 안에 쓰레기가 쌓이지 못합니다. 아예 습관이 되어, 몸에 익숙해져야 합니다.

병이 온 사람은 당연히 어혈이 많이 찬 사람이고, 나이를 먹은 사람은 당장 아프지 않아도 언제 어디가 아플지 모를 시한폭탄과 같습니다. 몸속에 싸인 어혈을 청소하면 청소한 양 만큼 몸이 다시 생성됩니다. 피가 맑아 혈관이 막히지 않고 잘 흐르면 약이 필요 없고 병원 갈일 없습니다. 몸속에 싸인 어혈을 깨끗이 청소하면 병고치고 건강해지고 예뻐지고 힘이 펑펑 솟아나고 무병방수하며 하나님의 영광을 나타내는 도구가 됩니다. 사는 날까지 건강하게 살려면 지금부터 몸속에 싸인 세상의 쓰레기 청소하시기를 바랍니다. 교회에 오셔서 예배시간에 몸속에 싸인 쓰레기를 청소해야 합니다. 교회는 이런 일을 해야 하나님께서 함께하시는 교회입니다.

# 4장 영과 육체에 병이 생기는 원인

(막 6:30-33)"사도들이 예수께 모여 자기들이 행한 것과 가르친 것을 낱낱이 고하니, 이르시되 너희는 따로 한적한 곳에 가서 잠깐 쉬어라 하시니 이는 오고 가는 사람이 많아 음식 먹을 겨를도 없음이라. 이에 배를 타고 따로 한적한 곳에 갈 새 그들이 가는 것을 보고 많은 사람이 그들인 줄 안지라 모든 고을로부터 도보로 그 곳에 달려와 그들보다 먼저 갔더라."

하나님은 건강할 때 쉬면서 건강에 관심을 가지라고 말씀하십니다. 하찮은 미물도 관심을 가지면 달라집니다. 미물들과 마찬가지로 사람도 그러합니다. 어떤 것이 필요한지, 어떤 마음이 필요한지, 어떤 것이 지금 힘든지, 조그마한 '관심'을 가지면 궁예의 관심법이 없어도 다 보입니다. 건강에 관심을 가지면 건강해진다는 것입니다. 건강에 관심이 있는 사람은 생각도 건강합니다. 우리 몸은 생각하는 대로 됩니다. '나을 수 있다'는 긍정적인 생각보다, '나을 수 없다'라는 부정적인 생각을 하게 되면 우리 몸은 정말로 회복되기 어렵습니다. 암이 있는 부위에 손을 대고 '넌 곧 없어진다.'는 생각을 늘 하고 있으면 암세포가 없어지거나 줄어들고, 더 자라지 않거나 자라더라도 그 속도가 느려진다고 합니다.

몸을 변화시키고 건강하게 만드는 데 긍정적인 생각이 얼마나 좋은 영향을 미치는지 바로 보여 주는 사례라 할 수 있습니다. 긍정적인 생각 외에도 몸 안의 독소를 배출시키는 것 역시 내 몸을 살리는 근본적인 건강법입니다. 몸 안의 독소만 제거해도 예고 없이 찾아오는 질병으로부터 몸과 마음을 건강하게 지킬 수 있습니다. 그런데 몸 안에 독소를 배출시키는 기술이나 약은 세상에 없습니다. 반드시 생명의 말씀과 성령으로 배출시키는 합니다. 성령으로 장악이 되면 성령께서 독소를 배출하십니다. 나쁜 생각을 좋은 생각으로 바꾸는 것도 넓은 의미에서의 '해독'입니다. 한마디로 건강에 관심을 가지라는 것입니다. 하나님의 뜻대로 건강하게 살아가려면 부지런해야 합니다. 돼지 같이 게으르지 말고 부지런해야 건강도 지킬 수가 있는 것입니다. 절대로 게으른 사람이 건강할 수가 없습니다.

악보에는 쉼표가 있습니다. 음악 악보는, 음표만으로 되어 있지 않고 반드시 쉼표가 나옵니다. 어떤 분이 악보 보며, 노래하다 죽었답니다. 이유는 쉼표가 없어서…. 휴식의 시간이 꼭 필요합니다. '따로' 시간을 내고, '조용한 곳을 찾아' 지친 영과 육이 쉼을 얻게 해야 합니다. 그래야, 아름다운 연주가 가능한 것입니다. 아름다운 쉼이 있을 때, 나의 인생교향곡은 멋지게 연주될 것입니다. 예수님의 제자들은, 계획대로 휴식을 취했을까요? 사역에 바빠서 결국 쉬지 못했습니다. 사람들이 먼저 알고, 쉬로 가는 장소에 몰려와 있었습니다. "그들이 가는 것을 보고 많은 사람이 그들인 줄 안지라 모든 고을로부터 도보로 그 곳에 달려와 그들보다 먼저 갔더라"(막6:33). 일하는 것보다, 휴식하는 게 더 어렵습니다. 늘 있는 일이 아니기에, 더 많은 계획과 철저한 준비가 필요입니다.

필자는 쉬는 것도 투자라고 생각합니다. 쉼도 재테크입니다. 재테크만 신경 쓰지 말고, 쉼 테크도 잊지 말아야 합니다. 휴식은, 버리는 시간이 아닙니다. 새로운, 창조의 시간입니다. 캐나다의 영성신학자 유진 피터슨은, 만약 일과 쉼 중에서 선택해야 한다면 일이 아니라 쉼을 선택해야 한다고 말합니다. 그는 "바쁜 사람은 게으른 사람이다."라고 말합니다. 그들은 정작 해야 할 일은 하지 않고, 깊이 있는 일을 하지 않고 의미 없는 일만하기 때문이라고 합니다. 이에 대해 피터슨 박사는, 멜빌의 '백경'이라는 소설을 인용하면서 이렇게 설명하고 있습니다. "고래잡이배가 모비 딕이라는 흰 고래를 좇고 있는데, 바다는 출렁이고 선원들은 혼신의 힘을 다해 노를 젓는다. 그런데 그 배에는 아무 일도 하지 않고, 조용히 그림처럼 앉아있는 사람이 한 명 있는데 바로 작살 잡이다. 작살 던지는 사람은 아무 것도 하지 않는 것처럼 보인다. 하지만 꼭 필요한 때, 결정적인 순간에 그는 작살을 정확하게 쏘아 고래를 잡는 것이다. 분주함은 우리에게서 이런 영성과 예리함을 빼앗아 수준을 낮춘다. 휴식은 결코 멈춤이 아니고, 더 멀리 뛰기 위한 움츠림이다." 영혼의 휴식을 통해 얻은 샤프함과 활력, 편안함, 건강하고 멋진 신체를 통해, 자신의 목표에 한 발자국 더 가까이 다가갈 수 있습니다.

**첫째, 예수님도 휴식을 강조하셨다**. 스트레스와 영육의 무기력과 탈진은 하나님의 말씀대로 살지 않은 연고입니다. '고속도로를 여행하다 보면, 갓길도 있고 휴게소도 있습니다. 우리는 갓길에 잠시 쉬어가기도 하고, 필요하면 휴게소도 찾습니다. 우리 인생에 갓길 같은 것이, 휴식입니다.' 제자들은 사역(전도)을 마치고, 예수께 모여서 보고했습니다. "사도들이 예수께 모여 자기들이 행한 것과 가르친 것을 낱낱이 고하니"(막6:30). 크게 2가지였는데, 그들이 "행한 것"과 "가르친 것"이었습니다. 막6:12-13절에 언급된, 제자들 사역의 요약입니다. 행위와 교훈이, 잘 조화를 이루고 있었습니다. 보고 받으신 예수께서, 제자들에게 휴식을 제안하셨습니다. "…너희는 따로 한적한 곳에 가서 잠깐 쉬어라…"(막6:31상). 제자들이 휴식이 필요하다는 것을, 예수께서는 아셨습니다. 지금까지의 사역이 치열했습니다(막6:12-13). 제자들은 주님의 명령대로 회개하라하며 복음을 전파하고, 귀신들을 축출하고, 병자들을 치료했습니다. 사람들에게, 치일대로 치인 지친 상태였습니다. 사람들의 발길이 끊이지 않아, 식사할 겨를도 없었습니다. "…오고 가는 사람이 많아 음식 먹을 겨를도 없음이라"(막6:31하). 치열한 사역이 있었다면, 휴식도 필요합니다. 휴식은 결코, 낭비나 사치가 아닙니다. 내일을 위한 준비입니다. 예수께서는 휴식을 권고하시면서, 몇 가지를 말씀하셨습니다. "이르시되 너희는 따로 한적한 곳에 가서 잠깐 쉬어라 오고 가는 사람이 많아 음식 먹을 겨를도 없음이라"(막6:31). 예수님께서 말씀하신 휴식의 법칙은 첫째로 "따로" 해야 한다. 휴식의 방식에 관한 설명입니다. 휴식은 사람들과 격리되어야 가능합니다. 복잡한 것으로부터 벗어나야 합니다. 둘째로 "한적한 곳"에서 해야 한다. 휴식의 장소(공간)에, 관한 말씀입니다. 셋째로 "잠깐" 해야 한다. 휴식의 정도에, 관한 언급입니다. 예를 든다면 계속 쉬면, 실업자요 백수입니다.

제자들은 예수님의 권고를 따라, 배를 타고 한적한 곳으로 갔습니다. "이에 배를 타고 따로 한적한 곳에 갈 새"(막6:32). 우리는, 쉬어야(휴식을 필요로)하는 존재입니다. 하나님이 애초부터, 우리들을 그렇게 만드셨습니다. 이걸 무시하면, 여러 가지 문제들이 발생합니다. '능률저하'가 나타납니다. 사역이나 삶에 감도나 수준이 떨어집니다. '관계악화'가 될 수 있습니다. 가족, 직장동료, 주변 사람들을 불편하게 할 수 있습니다. 주변 사람들을 위해서라도 영육이 건강해야 합니다.

그래서 충분한 휴식이 필요합니다. 세상에 가서 일을 하든지, 목회를 하든지 쉬어야 합니다. 피로에 쌓인 직장상사 짜증 유발기가 됩니다. 자꾸 피로가 쌓이면 영육의 무기력이나 탈진에 빠지게 됩니다. 이렇게 되면 행복한 삶이나 사역이 어렵습니다. 하나님께서 결코 원하시는 것이 아닙니다. 심각한 경우에는, 과로사로 죽음에 이르기도 합니다. 무서운 건, 중간과정이 없습니다. 화산 폭발하듯 한 순간에 폭발합니다. 후회해도 대는 늦을 수가 있습니다. 예방이 필수입니다.

휴식은 육적인 휴식과 정신적인 휴식과 영적인 휴식이 필요합니다. 첫째로 육신의 휴식입니다. 휴식은, 꼭 필요합니다. 열심히 살았다면, 더욱 그렇습니다. 하나님도 쉬셨습니다. 우리야 오죽하겠습니까? 휴식하지 않아도 된다는 크리스천은 교만한 사람입니다. 왜 그렇습니까? 사람을 창조하신 하나님도 6일 일하고 하루를 쉬셨는데 자신이 무어라고 쉬지 않아도 된다는 것입니까? 교만한 것입니다. 현대인들은, 전쟁터를 방불케 하는 생존현장에 던져진 채 살아갑니다. 우리 교회 성도들을 보면 마음이 아플 때가 있습니다. 육체적인 피로만이 아니라, 정신적 스트레스가 이만저만 아닙니다. 생존경쟁이 심하기 때문입니다. 한국인의 40대 사망률이, 세계 최고입니다. 무한경쟁시대, 스트레스 상당합니다. 주일은 교회에 나와서 예배드리고 쉬면서 하늘의 능력을 공급받아야 합니다. 주일날 성령으로 충만 받아야 영육이 자기 기능을 발휘할 수 있습니다. 영국의 극작가, J. 포드는 말했습니다. "노동만 하고 쉬는 것을 모르는 사람은, 브레이크가 없는 자동차와 같이 위험하기 짝이 없다. 기계를 계속 사용하고 쉬지 않는다면 기계의 수명은 짧아진다." 잠간잠간 쉬어가야 합니다. 잘 먹고 성령으로 기도하며 육체가 쉬고 잠만 푹 자도, 상당수는 힘을 얻습니다. 능력의 종 엘리야도 탈진했습니다(왕상19:1-9). 로뎀 나무 아래에서 하나님께서 주신 음식과 물을, 자고, 먹고, 자고, 먹고 하여 힘을 얻어서 40주야를 걸어서 하나님의 산 호렙에 이릅니다. 문제는 하나님께서 주시는 음식을 먹었다는 것입니다. 우리도 자신 안에 계신 하나님으로부터 생기를 공급받아야 합니다. 생기는 성령입니다. 그래야 세상을 이길 수가 있습니다.

예수님의 일상은, 복음서를 보면 너무 바쁘셨습니다. 그렇지만 허둥대지 않으셨습니다. 그 이유를 '예수 전'의 작가, 르낭은 이렇게 말합니다. "예수 그리스도의 삶, 이처럼 완벽하고 조화된 풍성한 삶의 모본이 어디 있겠는가? 그는 열심히 일하셨다. 그러나 그는 적절히 쉬셨다. 그는 일할 때와 쉬실 때를 아셨다. 그는 열중할 때와 관조할 때를 아셨다. 그는 즐거워할 때와 슬퍼할 때를 아셨다. 그는 사람들과 어울릴 때를 아셨고, 홀로 있을 때를 아셨다. 그는 사람들과 어울릴 때 즐거워하셨다. 그러나 그는 홀로 있을 때도 여유로우셨다. 그에게는 언제나 여유가 있었다. 그래서 사람들은 즐겁게 그를 따라 다닐 수가 있었다….”

둘째로 영적인 안식입니다. 진정한 휴식이 되려면, 육체나 정신의 휴식만이 아니라, 영적안식이 필요합니다. 왜냐하면, 우리는 영적 존재이니까? 육신을 쉬는 휴식과 함께, 영혼의 안식을 위한 별도의 쉼이 있어야 합니다. 평소에는 마음으로 기도를 해애 합니다. 자신의 내면에서 신령한 능력을 공급받아야 합니다. 주일날 안식일입니다. 하나님은, 우리를 만드신 분이십니다. 인간에 대해, 그분이 가장 잘 아십니다. 우리 몸 사용설명서가, 성경에 들어있습니다. ‘휴식(안식)’은, 하나님이 주신 사용설명서의 중요한 목록 중 하나입니다. 우리의 건강과 행복한 삶을 위해, 휴식은 필요하고 하나님은 명령하셨습니다. 하나님은 안식일을 명령하셨습니다. “안식일을 기억하여 거룩하게 지키라 엿새 동안은 힘써 네 모든 일을 행할 것이나 일곱째 날은 네 하나님 여호와의 안식일인즉 너나 네 아들이나 네 딸이나 네 남종이나 네 여종이나 네 가축이나 네 문안에 머무는 객이라도 아무 일도 하지 말라 이는 엿새 동안에 나 여호와가 하늘과 땅과 바다와 그 가운데 모든 것을 만들고 일곱째 날에 쉬었음이라 그러므로 나 여호와가 안식일을 복되게 하여 그 날을 거룩하게 하였느니라"(출20:8-11). 이것 무시하면, 다 망가집니다.

마음의 여유와 기쁨이 있는 삶은, 하나님으로부터 말미암게 됩니다. 영어성경(NIV)은, 막6:31절에서 예수님이 이렇게 말씀하신 것으로 되어 있습니다. "come with me(나와 함께 가자)" 영적인 안식은 예수님과 함께 하는 것입니다. 예수님과 하나 되는 것입니다. 주일은 다 내려놓고, 하나님을 만나고 예배하라는 것입니다. 생명의 말씀으로 영을 깨우며 성령으로 충만 받으며 영혼의 쉼을 얻게 됩니다. 안식일은 인간의 행복을 위해, 하나님이 만들어주신 제도입니다. 인류가 여가를 즐기고 휴식을 찾게 된 것은, 오래된 문화가 아닙니다. 불과 100여전 전만 해도, 휴일을 갖는다는 것은 일부 특권층에게나 해당되었습니다. 그런데 오래 전 고대 사회부터, 이 '쉼'의 문화를 정착시킨 민족이 유대인입니다.

고대부터 유대인들처럼, 안식에 대한 철저한 개념을 가지고 있는 민족은 없습니다. 유대인들은 안식일 오전에, 회당에 나가 하나님의 말씀을 접합니다. 낮에는 낮잠을 자고, 저녁에는 가족과 대화하며, 다음날의 일상을 준비합니다. 이런 휴식을 통해 유대인들은, 지구촌에서 가장 창조적인 백성이 되었습니다. 전 세계에서 유대인은 고작 2%에 불과(1400만 명)한데, 세계를 이끌고 있습니다. 2,000년을 나라 없이 지냈지만, 여전히 건재합니다. 그들을 지켜온, 힘이 무엇일까요? "유대인들이 안식을 지킨 것이 아니라, 안식일이 유대인을 지켰습니다." 하나님께서 안식일을 지키는 유대인을 지켰습니다.

우리 삶에 꼭 필요한 것 중 하나가, 적당한 휴식입니다. 일하는 것이 하나님의 뜻이라면, 쉬는 것도 하나님의 뜻입니다. 19세기 초에 인디언들에게 복음을 전했던 브레이너드(David Brainerd) 선교사가 있습니다. 건강을 돌보지 않고 선교사역을 하다가, 몸에 무리가 와서 27세의 젊은 나이에 죽었습니다. 그는 죽으면서 이런 말을 남겼습니다. '나는 휴식도 하나님의 일인 것을 몰랐다.' 하나님은 일과 휴식이라는, 두 개의 리듬을 함께 가지고 계셨습니다. 따라서 우리 인간도, 일을 열심히 해야 하지만, 쉬기도 해야 합니다.

요즈음 많은 크리스천들과 개척교회 목회자들이 세상일과 목회로 인하여 무기력과 탈진에 빠져서 일을 하지 못하고, 목회를 쉬는 것을 볼 수가 있습니다. 생명을 잃는 것도 볼 수가 있습니다. 이것은 결코 하나님의 뜻이 아닙니다. 하나님의 말씀 안에서 쉬면서 일하여 영육의 무기력이나 침체나 탈진에 빠지는 일이 없기를 바랍니다.

**둘째, 건강할 때 건강을 지키라는 것이다.** 필자는 평소에 예방신앙을 강조합니다. 군대에서 지휘관할 때 예방활동의 중요성이 무의식에 심겨져 있기 때문입니다. 건강도 건강할 때 예방하라는 것입니다. 우리 몸은 기계와 같습니다. 건강은 건강할 때 지켜야 합니다. 건강을 잃으면 모든 것을 잃게 됩니다. 친구도 생활도 재산도 모든 것을 잃게 됩니다. 모든 삶의 근본 토대는 건강입니다. 부자가 많은 재산을 창고에 넘치도록 쌓아 놓았다 하더라도 건강하지 못하면 그림의 떡이 되고 맙니다.

아무리 많은 재능과 능력, 재산이 있더라도 건강하지 못하면 누리지 못 하게 됩니다. 몸이 약해서 보약을 먹느니 차라리 가난하더라도 건강해서 보약을 먹지 않는 것이 낫습니다. 건강은 타고난 체질도 중요하겠지만 관리가 더욱 중요합니다. 돈을 많이 버는 것도 중요하지만 돈을 낭비 하느냐 절약을 하느냐에 따라 부자도 되고 가난한 자도 될 수 있습니다. 마찬가지로 건강도 몸을 함부로 하느냐 아니면 절제하느냐에 따라 강건해지기도 하고 허약하기도 합니다.

약한 체질이라 하더라도 과로를 피하고 과음 과식을 삼가 하면 건강한 생활을 할 수도 있습니다. 이름은 잘 기억이 안 나지만 고대의 유명한 수학자였던 사람인데 그는 체질이 허약체질 이었다고 합니다. 의사는 그가 마흔 살을 살지 못하고 죽을 것이라고 단언했습니다. 이 말을 듣고 그는 수학을 연구하고 공부하는 시간 이외에는 모든 시간을 잠을 자는데 사용했습니다. 대부분의 연구도 허약한 탓으로 침상에서 드러누운 채 하는 경우가 많았다고 합니다. 이러한 노력으로 그는 80세까지 건강을 지키며 많은 업적을 남겨 놓았다고 합니다. 만일 그가 무절제한 폭음과 과로로 자 신을 혹사시켰다면 어떻게 되었을까요? 아마 의사의 말대로 40세도 채 못 되어 죽었을 것입니다.

우리 몸은 기계와 같습니다. 무리하게 취급하면 망가지고 맙니다. 20년도 넘게 지금도 옛날의 포니 차를 타고 다니는 사람도 있습니다. 자동차의 수명은 10년이면 많이 쓰는 것이나 조심해서 타고 다니 면 20년도 쓸 수 있습니다. 반대로 아무리 새 차라도 관리를 제대로 못하면 얼마 못가 망가지고 말 것입니다. 특히 노년은 젊었을 때와는 달리 체력이 점점 떨어지고 있는 상태이기에 위험하다고 합니다. 너무 무리해서 쓰러져 다시 일어나지 못하는 사람도 이시기에 특히 많다고 합니다.

모든 병의 원인은 과로와 스트레스에 있다고 합니다. 스트레스는 과로를 만드는 원인이 되기도 합니다. 마음속에 불안이 쌓이면 잠을 못 이루게 됩니다. 근심으로 밤을 새우거나 육체를 다른 취미 나 일로 혹사시키게 됩니다. 사람들이 일에 시달려 스트레스가 발생하는 경우도 있지만 혼자라는 불안에서 오는 경우도 있습니다. 세계적인 고산지대인 알프스 산장에 폭설이 쏟아져서 외부와 고립되어 버린 사람을 소재로 한 소설이 있습니다. 그는 쌓인 눈 때문에 문밖에 한 발짝도 나갈 수 없는 상태에 빠지게 되었습니다. 그는 알프스 산 속의 적막에서 오는 불안에 빠지게 됩니다. 그는 불안에 지친 나머지 허깨비를 보는 등 점점 정신 분열증 증세로 시달립니다.

몸도 늙어 거의 한달 남짓 사이에 백발이 되었습니다. 남들과 고립 되어 있는 외로움이 얼마나 자신의 심신에 치명적인가를 보여주는 소설입니다. 프랑스 영화 '빠삐용'이라는 영화에서 본 것인데 탈출하다 도망간 죄수에게는 다시는 도망가지 못하도록 잔인한 형벌을 줍니다. 그것은 탈출한 죄수를 독방에 가두는 것입니다. 독방에서 일 년쯤 감금되면 바싹 늙어 버린 중늙은이의 모습이 되어 버립니다. 견딜 수 없는 외로움이 지속되면 그 스트레스로 순식간에 늙어버리고 정신적으로도 이상하게 되는 것입니다.

그 기간이 길면 길수록 점차 환상과 망상에 시달립니다. 고통스럽게 죽어가는 것입니다. 이러한 외로움에서 오는 불안을 떨치기 위해서는 의지할 수 있는 누군가가 절대적으로 필요합니다. 마음 편한 친구를 사귀는 것도 한 방법일 것입니다.

한자(漢字)의 사람 인(人)자의 모양을 보게 되면 두 사람이 서로 의지하는 모습입니다. '서로 의지하지 않고는 살 수 없는 것이 사람이다'라 는 뜻입니다. 어쨌든 우리는 남과 인간관계를 맺으려면 정신적이든 경제적이든 간에 남에게 도움이 되거나 도움을 받을 수 있는 사람이 필요합니다.

남의 도움을 받으려면 먼저 도움을 줄 수 있는 힘이 자신에게 있어야 합니다. 힘은 자신의 능력에서 나옵니다. 남의 힘을 빌어서 나오는 힘은 믿을 것이 못됩니다. 그것은 남에 의해서 좌우되는 것이라 변동이 많기 때문입니다. 자신의 힘의 근본은 인간관계 나 실력이 있어야 하며 그것을 갖기 위해서는 강한 의지와 의욕이 필요합니다. 능력은 사회적으로 인정받을 수 있게 됩니다. 능력은 많은 사람들에게 도움을 줄 수 있기 때문입니다. 남한테 필요한 사람이 될 때 외로움에서 오는 스트레스를 줄일 수 있습니다. 사지가 멀쩡해도 무능하다면 사회에서 필요 없는 존재가 됩니다. 그는 사람들 속에 따돌림을 받아 고립될 것입니다. 건강은 사회에 잘 적응하며 사는 것도 포함이 됩니다. 건강하게 오래 사는 것만으로 생에 무슨 의미가 있는가를 생각해 보겠습니다. 건강하게 살려고 하는 이유는 여러 가지가 있겠지만, 자신의 실력이나 업적으로 남에게 도움을 주기 위해서이기도 할 것입니다.

남에게 도움을 주는 이유는 남에게 소중한 사람으로 기억되고 싶기 때문입니다. 세상에서 가장 불행한 사람은 잊혀진 사람이라고 어느 시인은 말하지 않았습니까? 오래도록 사람들의 가슴속에 살아 있는 사람이 되려면 평소에 많은 사람들에게 도움을 남길 수 있어야 합니다. 외로움을 벗어나기 위해서는 누군가의 가슴에 소중한 사랑을 남겨야 하지 않을까 생각해 봅니다. 남에게 도움이 되는 사람은 외로움을 벗어날 수 있을 것입니다. 건강은 건강할 때 지켜야 합니다. 규칙적인 생활을 하고 과로를 피해야 됩니다. 성령으로 기도하여 스트레스가 잠재의식이 쌓이지 않게 해야 합니다. 육체를 무분별하게 사용하지 말고 무리하지 말아야 합니다. 자신이 도움을 줄 수 있는 사람을 찾아야 합니다. 자신에게 도움을 줄 수 있는 분은 하나님이십니다. 먼저 영적으로 건강해야 한다는 말입니다. 이와 같으면 건강한 생활을 해 나갈 가능성도 많아질 것입니다.

**셋째, 영성에 관심을 가지고 관리하여야 한다**. 영혼이 건강해야 정신이 건강하고, 정신이 건강해야 육체가 건강한 것입니다. 필자가 18년이란 세월동안 성령으로 개별치유사역을 하다가 내린 결론은 크리스천이 예방신앙을 하지 않는다는 것입니다. 영-혼-육체에 문제가 생기면 그때야 이리 뛰고 저리 뛰고 한다는 것입니다. 평소에 관리 관심이 중요합니다. 영혼이 건강하지 않으면 정신도 육체도 건강하지 못하다는 것입니다. 하나님께서는 노력하지 않고 그냥 거저 되게 하지 않습니다. 건강한 영혼을 유지하기 위해서도 그만큼 노력이 필요합니다. 아니, 이 세상에 부모님 말고, 노력하지 않고서도 얻을 수 있는 게 있습니까? 마찬가지로 우리의 영혼을 건강하게 유지하기 위해서 많은 노력을 기울여야 하는 것이 마땅함에도, 우리는 너무나 노력 없이 신앙생활을 하고 싶어 합니다. 아니, 건강한 영혼을 유지하는 것이 중요하다는 것조차도 모르고 있는 것 같습니다. 건강할 때 건강을 지켜야 한다는 것을 알면서도, 사람들은 병원신세를 지고 나서야, 건강의 소중함을 알고 운동을 하고, 먹을 것을 가려먹기 시작합니다. 아니, 병원에 온들 어쩔 수 없는 병든 몸으로 결국 죽음을 맞는 사람들도 수없이 많이 있습니다. 우리의 영혼도 육체와 마찬가지입니다. 우리의 영혼도 건강할 때 지켜야 합니다. 어떻게 영혼의 건강을 지킬 수 있습니까?

1)**정기적인 영적 진단을 받아야 합니다.** 육체나 영혼이나 모두 다 건강할 때 지켜야 합니다. 주기적으로 병원에 가듯이 수련회나 특별집회 등을 통해 내 영혼의 건강을 진단해야 합니다. 1년에 한 번씩 하라는 정기진단을 바쁘다고 무시하고, 돈이 든다고 무시했다가 나중에 큰 낭패를 당하는 경우를 너무나도 많이 봅니다. 영혼의 건강도 마찬가지입니다. 영육정밀치유와 각종 집회 등을 통해서 내 영혼의 건강상태를 점검하고, 회복하는 귀한 시간들이 꼭 필요합니다. 성령치유 집회 참석 통해서 내 영혼의 상태를 드러내고, 하나님 말씀에 순종하며 버릴 것은 버리고 예수님께로 헌신할 것은 과감하게 던지는 시간들이 우리에게 반드시 필요한 것입니다. 그래서 우

리가 년 말 년 시에 개별집중정밀치유를 두 번 한 것입니다. 시간이 들고, 돈이 들어도 정기진단을 받아야 하는 것처럼, 우리의 영혼상태도 꼭 점검되어져야 하는 것입니다.

**2)규칙적인 운동을 해야 합니다.** 건강을 유지하기 위해서 꾸준한 운동을 하듯이 꾸준한 예배와 신앙생활을 통해서 내 영혼을 단련해야 합니다. 영적인 건강은 당신의 신앙을 훈련하는데서 옵니다. 정말 바빠서, 운동할 시간이 없어서 운동을 하지 못하는 사람들이 너무나 많이 있습니다. 하지만 정작 건강에 이상이 있어서 병원신세를 진 사람들은 운동을 시작합니다. 그것은 시간이 없어서가 아니라, 운동을 자신의 우선순위에 넣지 않았기 때문입니다. 관심을 갖지 않았기 때문입니다. 중요한 것을 알면서도 제쳐놓았기 때문입니다. 마찬가지로 우리의 영혼도 규칙적인 운동이 필요합니다. 규칙적인 예배를 통해서 하나님을 만나고 각종 부서와 소그룹활동과 신앙생활을 통해서 우리의 영혼을 단련해야 합니다.

바쁘다고, 시간이 없다고요? 내 삶의 가장 우선순위에 영과 진리로 드리는 예배가 있어야 할 줄 믿습니다. 건강은 영혼의 건강에서 찾아옵니다. 진정한 영육간의 위험은 우리가 영적으로 건강하지 못할 때옵니다. 우리와 주님과의 관계에서 건강하지 못하게 되면 사람들과의 관계가 깨어질 때 오는 고통을 겪게 되고 영적으로 약해질 것입니다. 탈진이 찾아올 수가 있습니다. 인간은 강철이 아닙니다. 하나님도 6일 일하시고 하루를 쉬셨습니다. 쉴 때는 쉬어야 합니다. 절대로 사람은 강철이 아닙니다.

# 5장 육체는 날로 쇄하나 영은 새로워져야

(고후 4:16)"그러므로 우리가 낙심하지 아니하노니 우리의 겉사람은 낡아지나 우리의 속사람은 날로 새로워지도다"

하나님은 "겉 사람은 후패하나 속사람은 날로 새롭도다"라고 강조하십니다. 인간의 신체 조건이 쇠퇴하는 데 따라서 예수 그리스도를 증거하는 그 증거력도 쇠퇴하는 것입니까? 그렇다면 성경에 "겉 사람은 후패하나 속사람은 날로 새롭도다."(고후 4:16). 겉 사람은 썩고 폐해서 점점 쇠잔해 가지만 속사람은 날로 새롭다는 말씀은 무슨 뜻입니까? 바울 선생도 "나이 많은 나 바울은……"(몬 1:9). 하고 자기 나이가 많은 것을 이야기한 일이 있습니다. 그러나 바울 선생이 나이가 많아서 젊었을 때 가졌던 그 빛나던 그리스도의 증거자로서의 능력이 쇠잔했다든지 쇠감했다는 그런 이야기가 없습니다. 영원한 천국에 가는 그 시간까지 절정을 향해서 올라가다가 부르시니까 가 버린 것입니다. 속사람이 날로 새로워지니까, 겉 사람이 없어지면서 전인격이 성령의 지배를 받으니 건강해진 것입니다.

**첫째, 타락한 인간은 하나님과 관계가 없는 인간을 말합니다.** 영적으로 보면 죽은 인간을 말하는 것입니다. 아담과 하와가 영적으로 죽었다는 것은 영이신 하나님과 천국과의 교통이 끊어지고 신령한 지식이나 경험을 갖지 못하게 되었다는 것입니다. 죽은 사람은 세상에 대해서 아무런 반응이 없기 때문에 보지 못하고 듣지 못하고 냄새 못 맡고 맛도 못보고 촉감도 없습니다. 그러므로 세상에 일어나는 일을 전혀 알지 못하는 것처럼 영적으로 죽은 사람은 영적으로 죽었기 때문에 하나님을 보지도 못하고 듣지도 못하고 교통하지도 못하고 예수님을 깨달아 알지 못하고 성령의 역사에도 느낌이 없고 천사들이 오르락내리락해도 전혀 모릅니다. 천국에 대한 지식은 아예 전혀 몰라요. 짐승들이 왜 신앙이 없습니까? 영혼이 없기 때문에 짐승들은 현실적인 감각의 세계에서만 살지 영적인 세계는 전혀 모릅니다. 아무리 침팬지가 사람을 닮았다고 해도, 침팬지가 하나님께 예배드리고, 하나님께 기도한다는 말은 들은적도 기록한 부분도 본적이 없습니다. 왜냐하면 영적으로 죽은 침팬지는 영이 없기 때문에 육신의 일만 생각하지 영의 일은 생각하지 않습니다.

오늘 사람도 하나님의 형상과 모양대로 지음 받았지만 영이 죽었으므로 하나님과의 관계가 끊어져서 전혀 교통을 하지 아니하므로 하나님에 대한 지식이 하나도 없습니다. 안 믿는 사람들에게 물어보세요. 하나님을 아는가. 전혀 모르지요. 예수님을 아느냐, 모르지요. 성령님을 아느냐, 전혀 모르지요. 천국과 지옥을 아느냐, 전혀 모릅니다. 하나님과의 교통이 끊어지므로 하늘나라에 대한 영적 지식이 하나도 없게 된 것입니다. 고전 2:14에 "육에 속한 사람은 하나님의 성령의 일들을 받지 아니하나니 이는 그것들이 그에게는 어리석게 보임이요, 또 그는 그것들을 알 수도 없나니 그러한 일은 영적으로 분별되기 때문이라"

성령이 오셔서 영을 살려 주어야 영의 세계에 반응이 있습니다. 성령이 임하여 그 영혼에 생기를 불어넣어 주니 성령으로 영이 살아나자 모두 하나님을 알게 되고 예수님을 믿게 되고 성령의 감동을 받게 되고 기적을 체험할 수 있게 된 것입니다. 성령으로 말미암지 않고는 하나님을 아버지라고 부를 수 없고 예수님을 구주로 부를 수도 없습니다. 하나님의 기적을 체험할 수도 없는 것입니다. 그렇기 때문에 영적으로 죽는다는 것은 없어지는 것은 아닙니다. 그러나 하나님과의 교제가 끊어지고 교제가 끊어진 결과로 하나님에 대한 지식이 전혀 없다는 것입니다. 하늘나라에 대한 정보를 전혀 소유하지 못했습니다.

그리고 죽은 것은 부패하는 것처럼 영적으로 부패하여 악령이 거쳐하게 된 것입니다. 사람들도 죽으면 집에 두지 못하지 않습니까? 얼마 안 있으면 시체가 부패하기 때문에 땅에 파묻는 것입니다. 영적으로 죽었다는 것은 영이 부패한 것을 말합니다. 우물물에서 끊어진 도랑물은 썩어집니다. 거기에 가면 온갖 더러운 무당벌레나 장구벌레 같은 것이 우굴 거리는 것입니다. 영적으로 죽었기 때문에 썩어짐으로 온갖 마귀와 귀신들이 사람들의 마음속에 들어와서 우글거리는 것입니다. 사람들은 말합니다. "어떻게 사람의 얼굴을 쓰고 저런 말을 하는가, 사람의 얼굴을 쓰고 저런 행동을 하는가." 그런 말을 합니다. 그것은 겉으로는 사람으로 얼굴을 갖고 몸을 갖고 있지만 귀신이 그 썩은 영혼에 들어와서 완전히 부패되어서 악마화 되었기 때문에 사람이 할 수 없는 말을 하고 행동을 하게 되는 것입니다.

하나님이 없고 영이 죽었기 때문에 부패하고 가증하여 선을 행하는 사람이 없다고 성경은 말하고 있는 것입니다. 그러나 이와 같이 영이 죽은 사람은 겉 사람으로 사는데 겉 사람은 어떠한 사람입니까? 겉 사람은 죄와 악, 질병과 고생, 죽음으로 우겨 싸여 삽니다. 오늘 그 사람들이 사는 세상에 어느 곳에 가나 죄악이 득실거리지 않습니까? 질병과 고통이 앞뒤를 가려놓은 것입니다. 언제나 어디가도 죽음이 꽉차있는 것입니다. 시편38편 4~6절에 “내 죄악이 내 머리에 넘쳐서 무거운 짐 같으니 내가 감당할 수 없나이다. 내 상처가 썩어 악취가 나오니 내가 우매한 까닭이로소이다 내가 아프고 심히 구부러졌으며 종일토록 슬픔 중에 다닌다”고 말한 것입니다.

겉 사람이 하루 종일토록 우울함과 슬픔에 쌓여산다는 것은 마음에 기쁨과 즐거움과 소망의 근본인 하나님께서 주인되지 못했기 때문입니다. 부귀, 영화, 공명을 얻으면 기쁘고 즐겁고 소망찰 것으로 생각하지만 얼마 지나지 않으면 그 부귀도 영화도 공명도 즐거움이 되지 못합니다. 하나님과 관계가 막혀서 영이 죽어 있으니 기쁨의 샘이 말라버린 것입니다. 하나님이 기쁨이신데 하나님은 우리 살아있는 영혼 속에 들어와서 기쁨의 샘이 되는 것입니다. 성경에는 하나님 앞에는 기쁨이 충만하고 그 우편에는 즐거움이 넘친다고 했으므로 하나님이 우리 영혼 속에 들어와 계셔야 기쁨의 샘에서 진실한 기쁨이 들어와서 삶에 힘이 생기고 용기가 생기고 치료의 역사가 넘쳐나게 되는 것입니다. 그러나 하나님이 없는 사람은 그 속에 기쁨의 샘이 없으므로 겉 사람을 가지고 사는 사람은 늘 슬픕니다.

많은 분들이 육신의 병보다 마음에 병이 너무 깊이 들어서 슬프고, 좌절되고, 절망 되었는데 우리 충만한 교회 매주 화-수-목요일 하는 개별집중정밀치유 집회에 나와서 예수 그리스도를 구주로 모시고 난 다음 슬픔이 사라지고 절망이 치료받았다고 육신의 질병의 고통보다 너무나 너무나 마음에 고통에서 해방된 것이 즐겁다는 말을 합니다. 모든 세상 사람들은 죄악 가운데 살고 육신의 사람을 가지고 살기 때문에 슬픔의 삶을 면할 수가 없는 것입니다.

쇼펜하우어는 "인생은 의미가 없다. 그러므로 나지 않은 것이 행복인데 이미 낳았으니 빨리 죽는 것이 낫다"라고 말했습니다. 싱글턴 역시 "옳은 것도 없고 적당한 것도 없다. 우리는 잿더미 속에서 씨를 뿌리고 먼지 속에서 추수한다."고 말했습니다. 이들은 겉 사람의 실상을 말한 것입니다. 겉 사람은 타락으로 인해 영적으로 죽은 상태이기 때문에 죄와 악, 질병과 고생, 죽음으로 육에 쌓여 살고 있는 것입니다.

그 사람은 또한 하루도 쉬지 않고 염려, 근심, 낙심, 절망, 슬픔, 미움, 분노, 시기, 질투 등 온갖 마음의 억압으로 답답한 인생을 삽니다. 답답하지 않은 사람이 하나도 없어요. 남편을 봐도 답답하고 아내를 봐도 답답하고 자식을 봐도 답답하고, 우리 국가를 봐도 답답하고, 어디가도 답답한 것 없는 데가 없어요. 매일같이 신문을 봐도 답답한 소식만 꽉 들어차 있고 텔레비전이나 라디오를 들어도 답답한 일들만 가득 차 있는 것입니다. 왜냐하면 겉 사람이 사는 세계는 답답한 세계인 것입니다. 겉 사람들이 사는 세계는 염려, 근심, 낙심,

절망, 슬픔, 미움, 분노, 시기, 질투 등이 있는데 이를 짊어지고 가자니 얼마나 상처투성이 입니까? 짐은 무겁고 끌고 갈 힘은 없고, 그래서 마음에 분노가 생기고 염려, 근심, 불안, 초조, 절망이 생겨난 것입니다. 자기 힘으로 인생을 살아가는 사람들의 고뇌입니다.

시편38편 8절에 "내가 피곤하고 심히 상하였으매 마음이 불안하여 신음하나이다" 피곤하고 심히 상했으니까 어찌할 수 없이 마음이 불안하고 신음을 하지 아니할 수 없습니다. 욥기17장 7절에 "내 눈은 근심 때문에 어두워지고 나의 온 지체는 그림자 같구나" 사는 것이 그림자같이 살고 희망 없이 살고 온 천지가 낙심천지인 것입니다. 이것이 겉 사람이 타고난 삶인 것입니다. 겉 사람은 인간관계의 갈등, 억압, 소외, 대결 등 끝없는 알력 속에 삽니다. 겉 사람이 사는 곳에는 언제나 소리가 시끄럽습니다.

**둘째, 예수님의 구원과 속사람의 부활합니다.** 그런데 오늘 둘째로 생각하고 싶은 것은 이 영이 죽고 겉 사람만 살아난 이 인생들을 살려주기 위해서 예수님이 이 땅에 오셨다는 것입니다. 2천 년 전에 하나님의 아들이 사람의 몸을 쓰고 이 땅에 왔다는 것 너무나 신기한 것입니다. 하나님이 사람 살리시려고 그 아들이 사람의 몸을 쓰시고 이 땅에 오셔서 사람처럼 사시고 주님이 십자가를 짊어졌다는 것입니다. 로마 빌라도의 뜰에서 주님이 말뚝에 묶여서 등허리에 채찍을 맞은 것 보십시오. 죄를 지은적도 없고 죄를 알지도 못한 순수한 하나님의 아들이 로마의 무자비한 군인들의 채찍에 등이 갈기 갈기 찢어지고 선지피가 촬촬 흘렀습니다. 그는 몸부림치며 고통을 당했습니다. 성경은 말하기를 “저가 채찍에 맞음으로 너희가 병 고침을 얻었느니라.”고 말하고 있는 것입니다. 우리를 고쳐 주시기 위해서 그 대가를 지불하기 위해서 엄청난 채찍에 맞고 고통을 당하면서도 참았습니다. 지치고 피곤하고 굶주린 배를 안고 주님은 십자가의 무거운 짐을 지고 골고다로 올라갈 때 넘어지고 또 쓰러지고 넘어졌습니다. 눈물이 얼굴을 가리었습니다. 그는 십자가상에 매달려서 6시간을 고통을 당했습니다. 보통 사람이 그랬으면 자기 죄로 그랬다고 말하지요. 하나님의 아들이 죄를 지은적도 없는 그분이 그렇게 할 필요가 없는데 우리가 죄를 지어서 영원히 멸망으로 갈 것을 불쌍히 여겨서 우리 건지시려고 당신이 우리의 죄와 불의, 추악, 저주와 절망을 대신 짊어진 것입니다.

성경은 사53장에 “그가 찔림은 우리의 허물 때문이요 그가 상함은 우리의 죄악 때문이라 그가 징계를 받으므로 우리는 평화를 누리고 그가 채찍에 맞으므로 우리는 나음을 받았도다 우리는 다 양 같아서 그릇 행하여 각기 제 길로 갔거늘 여호와께서는 우리 모두의 죄악을 그에게 담당시키셨도다.”라고 말한 것입니다. 내 죄 때문에 우리의 불의, 추악, 저주 때문에 우리의 멸망 때문에 대신 주님이 그것을 갚으려고, 그 억센 고통과 모진 고통을 당하면서도 참고서 내려오지 않았습니까? 열두 영이나 되는 천사에게 명령해서 십자가에서 내려올 수 있습니다. 그래도 주님은 안내려왔습니다. 우리를 사랑하시기 때문에 우리 대신 그 죽음을 맛보고 우리에게 자유와 해방을 주시기 위한 것입니다. 예수 그리스도의 십자가 멍에 밑에 들어가면 그리스도의 흘리신 보혈의 능력으로 말미암아 우리 영혼이 살아나고 자유와 해방을 선물로 받게 되는 것입니다. 그러므로 주님은 십자가에 못 박혀서 절체절명의 속사람을 살려 일으킨 것입니다. 우리 속사람은 완전히 죽어서 어찌하든지 살 수 없는 부패한 속사람이 예수 그리스도를 믿음으로 그 보혈로 씻음 받고 성령이 와서 죽은 나사로를 일으키듯이 우리 속사람을 살려 일으켜 주신 것입니다.

에베소서 2장 1-6절에 "그는 허물과 죄로 죽었던 너희를 살리셨도다. 그 때에 너희는 그 가운데서 행하여 이 세상 풍조를 따르고 공중의 권세 잡은 자를 따랐으니 곧 지금 불순종의 아들들 가운데서 역사하는 영이라. 전에는 우리도 다 그 가운데서 우리 육체의 욕심을 따라 지내며 육체와 마음의 원하는 것을 하여 다른 이들과 같이 본질상 진노의 자녀이었더니 긍휼이 풍성하신 하나님이 우리를 사랑하신 그 큰 사랑을 인하여 허물로 죽은 우리를 그리스도와 함께 살리셨고 (너희는 은혜로 구원을 받은 것이라) 또 함께 일으키사 그리스도 예수 안에서 함께 하늘에 앉히시니"라고 말한 것입니다.

그러므로 예수 그리스도를 통해서 우리는 값없이 선물을 받아 죽은 영혼이 살아나서 그리스도와 함께 부활, 승천 이미 영적으로 하늘에 앉아있는 것입니다. 성경은 "누구든지 그리스도 안에 있으면 새로운 피조물이라 이전 것은 지나갔으니 보라 새 것이 되었도다." (고후 5:17)라고 말했는데 우리 힘으로 새것이 안 됩니다. 새로운 옷을 입었다고 새것이 되는 것이 아닙니다. 새로운 집에 이사 갔다고 새사람이 됩니까? 속사람이 살아나서 새것이 되어야 새것이 되지, 겉을 아무리 변화시켜도 소용이 없는데 예수 그리스도가 오시면 그리스도를 통해서 옛사람은 십자가에 못 박아 버리고 겉 사람은 없애 버리고 속사람을 살려 일으켜 주는 것입니다.

고린도후서 5장 17절에 "그런즉 누구든지 그리스도 안에 있으면 새로운 피조물이라 이전 것은 지나갔으니 보라 새 것이 되었다"고 말하는 것입니다. 우리는 십자가 멍에 밑에 들어가면 그 십자가의 보배로운 피로 말미암아 죄인 된 옛사람은 사라지고 용서와 의를 받은 사람으로 거듭나게 되는 것입니다. 의인으로 거듭나서 우리 주님과 함께 교통하고 하나님의 영광을 체험할 수 있습니다. 죄의 담이 하나님과 우리 사이를 첩첩이 막아 놓았는데 예수님의 십자가의 보혈이 죄의 담을 헐어 버리고 용서와 의의 옷을 입혀 주시고 하나님의 영광에 참여하게 된 것입니다. 그리스도의 십자가 멍에 밑에 들어가면 모든 세속과 더러움이 다 사라지고 보혈로 말미암아 성령이 오셔서 우리를 거룩하고 성령 충만한 사람으로 만들어 주시는 것입니다. 오늘 우리 힘으로 아무리 거룩하게 되려고 해도 세상과 죄악으로 묶여 있으니 못됩니다. 예수님의 보혈이 내려와야 우리를 세상과 죄악에서 씻어 버리고 그 사슬을 끊고 성령이 오셔서 거룩한 사람으로 만들어 주는 것입니다.

예수님의 십자가의 멍에 밑에 우리가 들어가서 믿고 순종하고 따라가면 주님은 그 멍에를 통하여 우리의 육신의 연약과 질병을 대속하시고 우리에게 치료와 건강을 허락하여 주시는 것입니다. 우리 힘으로 되는 것이 아니라, 십자가 멍에 밑에 들어가서 따라가면 그렇게 되는 것입니다. 주님 십자가를 통하여 우리의 저주를 짊어지시고 아브라함의 축복을 허락하여 주신 것입니다. 그렇기 때문에 우리가 이 세상에서 헐벗고 굶주리고 피땀을 흘리고 괴로워하는 삶이 십자가로 청산되고 예수님의 십자가를 믿고 순종하면 예수님은 십자가의 보혈을 통하여 우리를 저주에서 해방시켜 주시고 아브라함의 복으로 채워 주시는 것입니다. 그 무엇보다도 우리가 십자가 밑에 들어가서 주님을 따라가면 주님은 십자가에 죽으심과 부활의 은혜를 통해서 우리에게 영생 천국 인이 되게 만들어 주는 것입니다.

"하나님이 세상을 이처럼 사랑하사 독생자를 주셨으니 누구든지 그를 믿는 자마다 멸망하지 않고 영생을 얻게 하려 하심이라"(요 3:16). 예수께서 오셔서 멸망을 없애고 영생 천국인으로 만들어 주셔서 이 세상에 사망이 와도 우리는 두렵지 않고 죽음의 저 강 건너 영광스러운 영원한 축복의 나라로 들어갈 수 있는 기대와 소망으로 충만하게 되는 것입니다. 그러므로 우리는 주님 안에서 새로운 자기가 되었다는 것을 인식해야 되는 것입니다. 십자가 밑에 들어가서 보혈의 능력으로 나는 새사람이 된 것을 알고서 살아야 되는 것입니다. 신령한 속사람이 육체적 겉 사람 속에 살고 있다는 것을 알아야 되는 것입니다. 옛날은 나는 육신의 사람밖에 몰랐는데 이제 거듭난 속사람이 속에 있어서 육신의 사람 속에서 살고 있다는 것을 알아야 됩니다. 그래서 육신의 사람과 자꾸 분쟁과 알력이 생깁니다. 겉사람이 속사람을 자꾸 유혹해서 넘어뜨리려고 합니다. 이러므로 겉 사람의 말을 듣지 말고 겉 사람을 제어하고 다스릴 수 있어야 된다는 것을 깨달아 알아야 되는 것입니다. 겉 사람으로 살지 말고 속사람으로 살아야 됩니다. 겉 사람은 감각적이고 체험적이고 환경적이고 유혹적이고 억압적으로 속사람을 자꾸만 괴롭히는 것입니다.

**셋째, 속사람은 날로 새로워집니다**. 속사람이 새로워지고 힘을 얻고 능력을 얻어서 겉 사람으로 살지 말고 이제 우리는 속사람으로 살아야 되겠습니다. 속사람이 어떻게 새로워집니까? 말씀으로 새로워지는 것입니다. 말씀을 통해서 영적인 내가 누군지를 발견하게 되는 것입니다. 속사람이 어떠한 사람이냐, 의로운 사람, 거룩한 사람, 치료받은 사람, 축복받은 사람, 영생복락을 얻은 사람, 영혼이 잘되고 범사에 잘되며 강건하게 된 사람이 속사람이다. 속사람은 택하신 족속이요, 왕 같은 제사장이요, 거룩한 나라요, 그의 소유된 백성이 되었다. 속사람은 알면 알수록 겉 사람에 대해서 강하게 일어날 수 있는 것입니다. 겉 사람의 공격을 물리치고 겉 사람을 따라가지 않는 것입니다. 유혹에 넘어가지 않는 것입니다. 그러므로 속사람을 말씀으로 우리가 강하게 해야 되는 것입니다.

로마서 12장 2절에 "너희는 이 세대를 본받지 말고 오직 마음을 새롭게 함으로 변화를 받아 하나님의 선하시고 기뻐하시고 온전하신 뜻이 무엇인지 분별하도록 하라" 말씀으로 우리는 새로워집니다. 또한 나의 의인은 믿음으로 말미암아 살리라고 했으므로 속사람은 육신이 주는 감각적인 정보로 살지 않고 말씀이 주는 정보로 삽니다. 눈에는 아무 증거 안보이고 귀에는 아무 소리 안 들리고 손에는 잡히는 것 없어도 하나님이 주신 말씀에 입각해서 말씀을 믿음으로 사는 것이 속사람인 것입니다. 겉 사람은 눈에 보이는 것, 귀에 들리는 것, 냄새 맡고 맛보는 것, 만져보는 것, 현실적인 감각과 체험을 통해서 삽니다.

그러므로 겉 사람이 자꾸 속사람을 공격합니다. '믿음, 헛된 소리다. 안 보이는데 왜 믿느냐. 안 들리는데 왜 믿느냐. 냄새도 안 나고 맛도 없고 체험도 못했는데 왜 믿느냐. 거짓말하지 마라. 믿지 마라.' 겉 사람의 공격은 심합니다. 나사로가 무덤에 들어가서 나흘이 되어 썩은 냄새가 나는데 예수님이 오셔서 무덤 문을 열어 놓으라고 하니까 예수님의 말씀은 속사람의 말씀입니다. 그러나 마리아와 마르다는 아직 속사람이 살아나지 못하였으므로 겉 사람으로 살기 때문에 예수님보고 말했습니다. "주여, 죽은 지 나흘이 되어 썩은 냄새가 납니다. 그 사람을 무덤에서 왜 끌어냅니까?" 주님이 "마르다여, 내가 믿으면 하나님의 영광을 보리라 하지 않았느냐!" 믿음은 속사람이 믿는 것입니다. 겉 사람은 감각적으로 삽니다. 믿음으로 살려면 겉 사람이 자꾸 저항을 하고 반대를 하는 것입니다. 그렇기 때문에 말씀을 많이 읽고 많이 기도해서 속사람이 강해져서 믿음으로 사기기를 바랍니다. 세상 사람은 육신의 감각을 좇아 살지만 우리는 하나님의 말씀을 믿음으로 눈에는 아무 증거 안보이고 귀에는 아무 소리 안 들려도 말씀대로 살아가는 것입니다.

로마서 1장 17절에 "기록된바 오직 의인은 믿음으로 말미암아 살리라 함과 같으니라."고 말한 것입니다. 그리고 속사람은 성령의 은혜로 삽니다. 우리는 속사람을 살리기 위해서 하나님이 주신 성령을 모시고 있습니다. 성령은 바람과 같이 우리와 같이 계시고 우리 안에 와서 계십니다. 우리 속사람은 성령이 도와 주셔야 힘을 얻을 수 있습니다. 그렇기 때문에 속사람은 언제나 성령님을 인정하고 환영하고 모셔 들이고 의지하며 성령의 도움을 간구해야 되는 것입니다. 성령은 우리의 가정교사요, 우리의 변호사요, 우리의 안내인이요, 우리의 돕는 선생인 것입니다. 보혜사 성령님이 우리 속사람을 강하게 하셔서 늘 겉 사람을 이기고 속사람으로 살 수 있게 도와주는 것입니다.

그리고 우리는 기도의 힘으로 살아야 됩니다. 속사람은 기도를 통해서 삽니다. 겉 사람은 기도하지 말라고 말합니다. 속사람이 살아서 강해지면 겉 사람에 붙어서 주인 노릇하던 귀신들이 떠나가야 하니까, 악랄하게 공격을 합니다. 피곤하고, 아프고, 고달프고, 괴롭습니다. 그래서 겉 사람이 자꾸 속사람보고 말하기를 "기도하지 마라. 편안히 쉬어라. 게임이나 해라. 그러면 좋지 않으냐. 왜 하루 종일 엎드려 기도하려고 하느냐." 겉 사람과 싸우고 마귀와 싸우는 것이 쉽지 않습니다. 기도의 힘을 통해서 순간순간마다 마귀의 공격을 밀어내고 속사람의 힘을 강하게 해서 속사람을 통해서 겉 사람을 누르고 마귀를 대항하고 사는데 기도가 아니고는 안 됩니다. 기도는 우리가 호흡하는 것과 같습니다. 숨을 안 쉬면 4분 만에 죽습니다. 기도하지 아니하면 속사람은 살아나지 못합니다. 그러므로 우리는 앉아도 기도하고 서서도 기도하고 걸어도 기도하고 찬송은 곡조 붙은 기도입니다. 늘 찬송 부르고 이렇게 해서 기도를 통해서 속사람이 생명이 넘쳐나야 되는 것입니다. 기도를 너무나 어렵게 생각하시면 안 됩니다. 기도는 자신 안에 성전삼고 주인으로 계시는 하나님께 집중하며 찾는 것입니다.

세월이 흘러갈수록 겉 사람은 점점 노쇠해지고 무능력해집니다. 어찌할 도리가 없어요. 저도 저 자신을 생각하면 40대, 50대에는 체력으로 성령사역을 했습니다. 그런데 이제 성령사역은 체력으로 하는 것이 아니라는 것을 성령께서 깨닫게 하셨습니다. 성령께서 체력으로 사역하면 잘못될 것을 아시고 성령의 인도를 받으면서 사역하라고 알려주신 것입니다. 그래서 하루에 3번 집회하던 것을 두 번으로 줄인 것입니다. 성령의 인도를 받으니까, 더 강력한 역사가 일어나고, 말씀의 비밀도 더 잘 깨닫습니다.

겉 사람은 후패해 집니다. 별 도리가 없어요. 노인들보고 손가락질 하지 마세요. 불쌍히 여겨 주세요. 왜냐하면 겉 사람이 후패하면 모든 것이 둔해지고 쇠패해지고 낡아지는 것입니다. 그러나 속사람은 날로 새롭고 강성해지고 신령한 생명으로 충만해지는 것입니다. 속사람은 하나님 말씀을 늘 먹으므로 하나님의 생기로 살아지고 생명이 넘치고 믿음으로 살므로 주님과 동행하고 성령이 함께 하시므로 생기발랄하게 되고 기도하므로 하나님과 교제해서 천국이 속에 들어와서 겉 사람은 후패하나 속은 날로 새로워지는 것입니다. 나이가 들면 들을수록 속사람의 능력으로 겉 사람이 장악이 됨으로 전인적으로 건강해지는 것입니다.

그래서 하나님과 함께 살다가 때가 오면 하나님께서 "어, 이제 이사 올 때가 왔다. 더 이상 낡아지고 파벽풍상이 된 겉 사람 속에 있지 말고 벗어버리고 나오라." 하늘 문이 열리고 주님께서 천군천사와 함께 우리를 마중하러 나오면 우리는 주님의 안내를 받아서 눈물과 근심과 탄식과 이별하는 것이나 곡하는 것이나 앓는 것이 없는 영원한 우리의 고향집으로 돌아가게 되는 것입니다.

겉 사람으로 사는 사람은 그날이 절망입니다. 그날에 그들은 영원한 천국이 없습니다. 어둡고 캄캄한 지옥으로 내려가야 됩니다. 마음에 영원한 고통을 안고 갑니다. 슬픔을 안고 갑니다. 탄식을 안고 갑니다. 좌절을 안고 갑니다. 온갖 고통을 다 당하면서 영원히 몸부림치며 지옥으로 내려가는 것입니다. 그러나 속사람이 살아난 사람은 낡은 겉 사람 벗어 버리고 살아있는 사람 그리스도와 함께 기뻐 춤을 추며 영광 가운데 영원한 천국에 들어가서 주님과 함께 영원히, 영원히, 영원히, 영원히, 영원히 살 것입니다. 그 아름다운 고향에 들어갈 때 한사람도 빠지는 사람 없기를 주님 이름으로 축원합니다.

# 2부 근본이 해결되지 않는 연고로

## 6장 육체에 뭉쳐있는 사기덩어리

(잠4:22-23)"그것은 얻는 자에게 생명이 되며 그의 온 육체의 건강이 됨이니라. 모든 지킬 만한 것 중에 더욱 네 마음을 지키라 생명의 근원이 이에서 남이니라."

예수를 믿었어도 건강하지 못한 첫째 이유는 예수 믿기 전에 형성된 잠재의식의 노폐물을 처리하지 않았기 때문입니다. 세상에서 살아가다가 예수를 믿었으면 반드시 생명의 말씀과 성령으로 잠재의식에 형성된 세상 것들을 정화해야 합니다. 그래야 예수를 믿으면서 불필요한 고통을 당하지 않습니다. 이유는 사람의 마음속에는 생명과 사망이 동시에 넘쳐나기 때문입니다. 어떤 사람은 생명의 말씀이 가슴에서 넘쳐 밖으로 나오는 말씀이 충만하고, 다른 사람은 사망의 세력이 넘쳐나는 사람도 있는 것입니다. 행복과 절망도 마음에서 넘쳐 나옵니다. 사람들은 마음을 다스리기 보다는 환경을 다스리려고 하는 것입니다. 그런데 성경은 마음을 다스리는 자가 환경을 다스린다고 말하고 있는 것입니다. 우리가 내 마음을 다스리면 그것은 곧장 우리 환경을 다스리게 되는 것입니다. 마음을 잘 다스리면 환경이 따라서 잘 다스려지는 것입니다. 자기 마음을 다스리는 자는 성을 빼앗는 자보다 낫다고 말한 것입니다. 우리는 마음의 중요성을 알고 내 마음을 끊임없이 다스려야 되는 것입니다.

발명왕 에디슨은 "마음이 지옥을 천국으로 만들 수도 있고 천국을 지옥으로 만들 수도 있다."고 말했었습니다. 하나님의 기적이 마음에서 넘쳐 나오는 것입니다. 미국의 작가인 데일 카네기는 "가장 조심해야 할 일은 가난도 질병도 아닌 당신의 생각입니다. 왜냐하면 생각이 당신을 지배하기 때문에 생각을 다스리면 생각은 우리 삶을 다스린다."는 것입니다.

**첫째, 마음을 도둑질하고 죽이는 것은 마귀이다.** 마귀는 언제나 우리 마음을 도적질하고 죽이고 멸망시키려고 애를 쓰고 있는 것입니다. 아담 때부터 에덴 천국을 뺏은 마귀는 모든 불행의 근원이 되는 것입니다. 삶속에 다가오는 거대한 불행, 그것이 사람이 만들어 준다고 생각하면 안 됩니다. 그 배후에 보면 마귀가 도사리고 있는 것입니다. 요한복음 8장 44절에 "너희는 너희 아비 마귀에게서 났으니 너희 아비의 욕심대로 너희도 행하고자 하느니라. 그는 처음부터 살인한 자요 진리가 그 속에 없으므로 진리에 서지 못하고 거짓을 말할 때마다 제 것으로 말하나니 이는 그가 거짓말쟁이요, 거짓의 아비가 되었음이라" 마귀는 그 자체가 거짓말인 것입니다. 입만 열면 거짓말을 하는 것입니다. 마귀는 거짓말을 통해서 사람을 속이고 도적질하고 죽이고 멸망시키는 일을 하는 것입니다.

우리가 이 이 땅에 사는 동안 우리는 매일 근심, 걱정을 하면서 살아나갑니다. 근심을 병이 아닌 것으로 생각하는 사람이 많은데 그렇지 않습니다. 모든 병의 근원이 근심에 있는 것입니다. 정신질

환의 원인이 되는 것은 우리 마음을 파멸시키는 독이 되는 것입니다. 마음을 파멸시키면서 육체에 근육통이 생기게 합니다. 마음의 근심으로 생긴 사기 덩어리입니다. 필자는 개별적인 정밀치유사역을 합니다. 많은 크리스천들이 스트레스와 상처로 마음이 평안한 삶을 살지 못하면서 생긴 근육통증으로 고생하는 분들이 아무 많습니다. 이렇게 고통을 당하다가 소문을 듣고 필자를 찾아옵니다. 목덜미가 아파서 꼼짝을 할 수가 없다는 것입니다. 목에다가 손만대어도 악하면서 소리가 나온다는 것입니다. 그러면 필자가 이렇게 말합니다. 왜 이렇게 진전이 되도록 방치했습니까? 그러면서 목덜미에 손은 얹으면 자지러지게 소리를 지릅니다. 성령의 역사가 목덜미를 장악하도록 합니다. 어느 정도 장악이 되면 "예수님의 이름으로 명하노니 목덜미에 뭉쳐진 사기를 풀어질 지어다." 하면서 환자에게 호흡을 들이쉬고 내쉬면서 기도하라고 합니다. 조금 지나면 하품이나 기침이나 트림을 통하여 사기가 떠나가기 시작을 합니다. 계속기도하게 하다가 지금도 아픕니까, 하고 질문하면 이제 아프지 않습니다. 기침이나 하품이나 트림이나 소리로 떠나가니 통증이 없어진 것입니다. 그렇기 때문에 분명하게 목덜미 통증을 일으킨 인격적인 존재가 있었다는 것입니다. 인격적인 존재가 성령의 역사로 떠나가니 치유가 되는 것입니다. 그런데 목덜미 통증으로 머리가 깨지도록 아프기도합니다. 편두통이 생기기도 합니다.

미국의 유명한 메이요, 클리닉이라는 굉장히 유명한 병원의 창설자인 메이요 박사는 근심에 대해 이렇게 말합니다. "근심은 혈액 순환과 심장 및 신경계 전체에 영향을 미쳐서 건강에 막대한 영향을 끼칩니다. 나는 지금까지 과로로 죽은 사람은 거의 못 보았지만, 근심으로 인해 죽은 사람은 많이 보았습니다." 일 많이 해서 과로해서 쓰러지면 죽지는 않지만 근심을 하는 사람은 심장마비가 걸리든지 뇌일혈이 걸리든지 죽습니다. 이러한 근심은 절대로 하나님의 뜻이 아닙니다. 근심하면 인체에 여러 가지 질병이 생깁니다.

요한복음 14장 27절에 예수님은 "평안을 너희에게 끼치노니 곧 나의 평안을 너희에게 주노라 내가 너희에게 주는 것은 세상이 주는 것과 같지 아니하니라. 너희는 마음에 근심하지도 말고 두려워하지도 말라하라." 우리가 마음에 근심, 염려가 짓누를 때 어떻게 합니까? 골방에 들어가서 예수님 십자가를 생각하고 예수님 이름을 자꾸 부르는 것이 좋습니다. 예수님 이름을 자꾸 부르면 마음속에 근심이 사라지고 평안이 다가오는 것입니다. 하나님은 우리가 근심, 걱정으로 가득한 삶이 아니라, 기쁨과 행복으로 가득한 삶을 살기를 원하시는 좋은 하나님이십니다. 마음에 슬픔과 좌절과 절망, 분노, 불안, 공포, 불행 등은 삶을 파멸시키는 마귀의 독극물입니다. 마음속에 염려, 근심, 불안, 초조, 절망으로 근심이 가득한 쓴 독이 넘쳐날 때 이를 달게 할 수 있는 예수님의 십자가를 예언한 것입니다. 예수님의 십자가를 가슴속에 받아들이면 성령의 역사가 마음 안 성전에서 일어나 마음에 염려, 근심, 불안, 초조, 절망이 예수 그리스도의 십자가로 말미암아 달아 지는 것입니다. 근심의 독이 사라지는 것입니다.

타락한 사람은 마귀의 성품을 그대로 마음에 가지고 있기 때문에 마귀의 성품이 여러 가지 나쁜 허물로 이 세상에 나타나는 것입니다. 허물이 없는 사람이 없는 것은 모두다 마귀의 자식으로 우리가 태어났기 때문에 마귀의 성품이 밖으로 나와서 그것으로써 물고 찢고 싸우는 것입니다. 우리 한국이 북한과 좀 사이가 좋아지고 이제는 총질 안 해도 되겠다 싶으니까 곧장 또 서로 욕을 하고 부딪히고 야단입니다. 그게 뭐냐, 속에 선한 것이 들어있지 않고 마귀의 성품이 들어있기 때문에 항상 불행한 일을 가져오는 악한 생각이 터져나오는 것입니다. 마음에 근본적으로 좋아야지 만들어서 며칠 좋게 하는 것은 오래가지 못하는 것입니다. 마귀는 우리에게 따라다니면서 마음을 어지럽게 하는 것입니다. 영어로 말하면 오브세션이라고 해서 마귀는 사람을 붙어 다니면서 모든 일을 어지럽게 만드는 것입니다. 오해를 하게 하고 마음이 착잡하게 만들고 그렇게 해서 마음에 어지러움을 가지게 하는 것입니다. 이럴 때 마귀를 가만히 내버려 두면 안 됩니다. 성령의 역사로 몰아내야 합니다. 그렇지 않으면 억압을 가져오는 것입니다. 정신적으로 억압을 가져오고 생활에 억압을 가져와서 억압은 병을 가져오는 것입니다.

마음에 병들고 육신에 병들고 생기를 빼앗아가는 것입니다. 잠언서 17장 22절에 "마음의 즐거움은 양약이라도 심령의 근심은 뼈를 마르게 하느니라" 마음에 즐거움이 있는 사람은 요사이 보약 안 먹어도 되는 것입니다. 양약인 것입니다. 그러나 마음에 근심은 뼈를 썩게 만드는 것입니다. 뼈를 썩게 만드니까 온 몸을 가만히 내버려 둘 턱이 없습니다. 근심, 걱정하면 몸에 형언할 수 없는 병이 들게 되는 것입니다. 그것을 가만히 내버려두면 마음속에 우울증을 가져오는 것입니다. 마귀가 마음에 슬픔을 가져오면 여러분 감당할 수 없습니다. 환경에서 우울증이 들어와서 속마음을 잡으면 그 슬픔은 말로 다 할 수 없고 사는 것이 귀찮고 죽는 것이 아름답게 보이고 괴로움이 형언할 수 없는 것입니다. 우울증은 앓아보지 않는 사람은 그 무서운 괴로움을 모릅니다. 그러나 마귀가 우울증을 가져오기 때문에 마귀와 거센 투쟁을 하고 물리쳐내야 마귀가 물러가는 것입니다. 만일 우울하고 희망을 잃고 슬픔과 고독의 수렁에 빠지게 된 것을 내버려두면 삶을 악마화시켜서 될 대로 되라. 그래서 모든 악의 극치를 자행하는 것입니다.

레이 버위크(Ray Burwick) 박사는 사람이 분노하면 "감추어진 폭탄"을 마음속에 가지고 있는 것이라고 말하는 것입니다. 분노해 가지고서 자식이 부모를 죽이기도 하고 형제간을 죽이기도 하고 길거리에서 아무도 관계없는 사람을 죽이기도 하는 것은 폭탄입니다. 분노는 마음에 감추인 폭탄이라고 말합니다. 분노는 위궤양, 고혈압, 편두통, 우울증, 심하면 정신이상까지 가져오는 무서운 파괴력을 가지고 있는 것입니다. 한 번 우리가 화를 내면 과학적으로 생리학적으로 조사해 보면 여러분 몸속에 8만 4천 개의 세포가 죽습니다. 8만 4천개의 세포가 죽습니다. 어떠한 사람은 심히 분노한 다음 눈 앞이 캄캄해진다고 눈에 세포가 죽습니다. 어떠한 사람은 화를 내고 난 다음에 심장이 벌렁벌렁하지 않습니까? 세포가 죽습니다. 한번 분노하는데 8만 4천개의 세포가 죽고 그렇게 죽은 세포의 빈

공간에 콜라겐이라는 물질이 지나치게 많이 들어가서 기억력도 감퇴되고 노화가 촉진되어서 빨리 늙어서 할아버지가 되고 할머니가 되고 마는 것입니다. 그러므로 감추어진 폭탄인 분노를 우리가 물리쳐내어야 먹는 음식이 양분이 되는 것입니다.

**둘째, 우리에게 가장 귀중한 것들은**. 우리는 이 세상에 살면서 금이나 은이나 보석이 중요하다고 생각하지만 그것보다 더 귀중한 것이 마음 안 성전에서 하나님으로 나오는 마음에 기쁨, 감사, 평안, 소망 등이 있는 것입니다. 마음이 기쁘고 감사하고 평안하고 소망이 넘쳐나는 것은 너무나 귀한 것입니다. 그것 아무것도 아닌 것 같지만 그만큼 귀한 것이 없어요. 이러한 것이 있어야 마음이 감동되고 감격하게 되고 삶을 활기차고 행복하게 만들어 주는 것입니다. 행복 행복하지만 마음에 기쁨이 있고 평안이 있어야 행복이 다가오는 것입니다. 기쁨도 평안도 없는데 행복은 다가오지 않는 것입니다.

로마서 15장 13절에 "소망의 하나님이" 하나님은 소망의 하나님입니다. 하나님이 자신에게 오면 내일에 대한 소망을 넣어주는 것입니다. 마귀가 오면 소망을 빼앗아버리지만 "소망의 하나님이 모든 기쁨과 평강을 믿음 안에서 너희에게 충만하게 하사 성령의 능력으로 소망이 넘치게 하시기를 원하노라" 소망을 가지고 산다는 것은 성령으로 충만하다는 것입니다.

잠언 15장 15절에 "고난 받는 자는 그 날이 다 험악하나 마음이 즐거운 자는 항상 잔치하느니라." 마음이 기쁘면 잔치하는 것과 같이 즐겁습니다. 사람들도 만나면 아휴 오래간만입니다. 정말 기쁩니다. 반갑습니다. 손을 따뜻하게 만져주고 등을 쓰다듬어주면 참 기분이 좋습니다. 그런데 만나도 손주 죽은 시어머니처럼…. 요사이 잘 지냅니까? 와서 봐! 잘 지내는지 안 지내는지…. 퉁명스럽게 대답하고 그러면 뭐라고 말합니까? 아이고, 오늘 재수 없다. 저런 것 만나서…. 마음에 응어리가 뭉쳐 있으면 육체에 사기덩어리가 생깁니다.

필자가 이런 집사를 치유한 적이 있습니다. 안양에서 목회하시는 목사님께서 저희 교회에 성령치유사역 훈련을 받으러 다녔습니다. 그런데 어느날 목요일 밤 집회를 하는 날입니다. 집회가 끝나 가는데 목사님이 오셔서 하시는 말씀이 자기네 교회 집사인데 팔이 마비되어 올라가지를 않는 다는 것입니다. 팔이 올라가지 않을 정도로 팔이 마비가 된 것은 분노를 발하고 혈기를 내며 스트레스를 받아서 근육에 사기가 뭉쳐서 생긴 것입니다. 성령의 임재를 요청하고 안수를 했습니다. 그러자 성령의 역사로 악을 쓰면서 발작을 한동안 하다가 기침을 사정없이 했습니다. 필자가 마비된 팔에 손을 얹고 "예수님의 이름으로 명하노니 팔이 마비되도록 뭉쳐진 사기덩어리는 녹을 지어다. 풀릴 지어다." 하면서 한 5분 동안 안수를 하니까, 기침을 사정없이 하면서 오물을 토하면서 사기 덩어리가 배출되었습니다. 성령님께서 치유가 되었다고 감동하셔서 팔을 올려보라고 했더니 아주 잘 올리는 것입니다.

필자가 물었습니다. 언제부터 이렇게 되었느냐고…. 그랬더니 한 20일이 되었다는 것입니다. 한의원에서 침을 맞고 정형외과에서 물리치료를 받아도 치유가 되지 않아서 장애인이 되는 줄로 알았더니 하나님의 은혜로 치유되어 감사하다는 것입니다. 예배를 잘 드리고 성령 충만한 생활을 하여 관리를 잘하라고 당부하고 돌려보냈습니다. 집회가 끝나고 집으로 돌아갔습니다. 그런데 필자의 사모가 이렇게 말하는 것입니다. 목사님! 사모님이 말씀하시는데 그 집사가 문제가 있는 집사라는 것입니다. 팔이 마비되기 전에 주일 저녁예배를 마치고 목사님에게 왜 듣기 좋은 말씀도 많은데 영적인 설교를 하여 마음에 거부가 일어나게 하느냐고 따지면서 시비를 걸면서 두 시간정도 따지고 돌아갔다는 것입니다. 그런데 아침에 일어나니 팔이 마비가 되어 올라가지 않는 것입니다. 얼마나 놀랐겠습니까?

직장에 가서 사정을 이야기하고 치유받기 시작을 했는데 치유가 되지 않은 것입니다. 당장 목사님을 찾아와 무릎을 꿇고 용서를 구하고 안수를 받아도 치유가 되지 않은 것입니다. 이리저리 다니면서 치유를 받으려고 해도 치유가 되지 않으니 목사님이 저에게 데리고 온 것입니다. 와서 5분 만에 20일 동안 치유 받지 못한 팔을 치유 받은 것입니다. 이 집사가 팔이 마비가 된 이유는 책을 읽는 분들이 판단하시기를 바랍니다. 앞의 글들을 성령의 임재가운데 정독했으면 이유를 알 수가 있을 것입니다.

우리가 기쁘고 즐거우면 다른 사람에게 기쁨과 즐거움을 전달해주는 것입니다. 다른 사람 마음도 기쁨과 즐거움을 누릴 수가 있습니다. 하나님으로 인하여 기뻐하는 것이 힘이고 말합니다. 마음에 기쁨이 있어야 힘이 생겨요. 힘을 가지고 있어야 인생에 성취를 가져올 수 있는 것입니다.

아침에 일찍 일어나고 저녁에 늦게 누우며 고생의 떡을 먹음이 헛됩니다. 하나님을 사랑하는 자에게는 마음에 잠을 준다고 마음에 평안을 주는 것입니다. 우리가 이 세상에 살아보면 마음에 평안과 기쁨이 물질적인 부요로 말미암아 온다는 것은 참말이 아닙니다. 전혀 없는 것은 아니지만 물질적인 축복이 있어도 주님 그 나라와 그 의를 먼저 구하고 가져야지 하나님 없이 물질을 아무리 소유해도 그것이 행복이 되지 못하는 것입니다.

마음속에 자리 잡은 믿음, 소망, 사랑, 의, 평강, 희락 등은 세상 그 무엇으로도 바꿀 수가 없어요. 이 하나님의 보배를 질그릇에 담고 있으면 그것이 갖다 주는 만족과 기쁨은 말로 다할 수가 없는 것입니다. 야고보서 1장 17절에 "온갖 좋은 은사와 온전한 선물이 다 위로부터 빛들의 아버지께로부터 내려오나니 그는 변함도 없으시고 회전하는 그림자도 없으시니라" 변치 않는 하나님께서 변치 않는 아름다운 소망을 보물로 주시는 것입니다. 하나님은 은혜를 받아서 마음속에 간직하고 평안과 소망을 가지고 사는 것이 얼마나 좋습니까?

잠언 4장 20절로 23절에 "내 아들아 내 말에 주의하며 내가 말하는 것에 네 귀를 기울이라 그것을 네 눈에서 떠나게 하지 말며 네 마음속에 지키라 그것은 얻는 자에게 생명이 되며 그의 온 육체의 건강이 됨이니라. 모든 지킬 만한 것 중에 더욱 네 마음을 지키라 생명의 근원이 이에서 남이니라." 내 마음에 하나님 말씀을 읽고 듣고 묵상하고 말씀의 진리를 채워 놓으면 여러분 얼마나 큰 아름다운 보화가 되는지 모릅니다. 기쁨이 마음속에서 넘쳐나는 것입니다. 우리가 말씀을 가지고 기도하고 말씀을 가지고 원수를 대적하고 말씀을 가지고 찬미하고 감사하면 말씀에서 상상할 수 없는 놀라운 은혜가 넘쳐나는 것입니다. 말씀을 많이 읽고 듣고 외우는 것 굉장한 큰 보배가 되는 것입니다.

**셋째, 마음의 쓴 물을 달게 하는 것은 성령님이다**. 우리 마음에 쓴물은 하나님이 갖다 주시는 것이 아닙니다. 하루를 이 세상에서 살면 마음이 쓰디 쓸 때가 많지 않습니까? 마음에 독극물은 마귀가 갖다 주는 것으로써 예수님 십자가 밑으로 나가지 않고, 성령의 역사가 일어나지 않으면 달아 지지 않습니다. 마음에 독극물이 언제나 마음을 쓴 마음으로 만들어서 불행하게 만들어주는 것입니다. 우리는 항상 예수 십자가를 마음에 모시고 살 수 있기 때문에 십자가 밑에 나가 간구하면 상상할 수 없는 치료가 넘쳐나고 기적이 넘쳐나고 기적과 행복이 넘쳐나는 것입니다. 십자가를 마음속에 품고 십자가를 바라보고 사십시오. 우리가 항상 예수 죽인 것을 몸에 짊어짐은 예수의 생명도 우리 몸에 나타나게 하려 함이라. 예수님 죽음이 내가 마음속에 모시고 있으면 생명의 역사를 일으켜 주시는 것입니다. 우리 주 예수님은 자신을 위해서 죽었기 때문에 지금은 성령의 능력으로 자신을 위해서 살고 있는 것입니다. 영혼이 잘됨 같이 범사에 잘되며 강건하게 만들어 주고 소망 차게 하고 기적이 일어나게 인생을 도와주기 위해서 같이 계신 것입니다. 성령께서

24시간 같이 계시므로 성령님을 의지하고 기도하고 간구하면 성령이 기적을 베풀어 주시는 것입니다. 항상 좋은 일이 생겨나는 것입니다. 나쁜 일은 우리 발에 채이도록 많지만, 좋은 일은 우리가 기도하고 구해야 성령께서 갖다 주는 것입니다. 성령님은 기도하지 않으면 절대로 역사하시지 않습니다. 좋은 일을 많이 가져야 되는 것입니다. 이 보배를 질그릇인 우리 속에 가져야 돼요. 그래야 행복을 누리고 살 수 있는 것입니다. 마귀의 세력은 십자가에서 주님이 다 멸해버리고 만 것입니다. 십자가에 달리사 극도의 슬픔과 버림받은 아픔과 공포와 육신의 고통을 대신 당해주신 것입니다. 예수 죽음 내 죽음, 내 죽음을 주님이 다 청산해 주신 것입니다.

베드로전서 3장 18절에 "그리스도께서도 단번에 죄를 위하여 죽으사 의인으로서 불의한 자를 대신하셨으니 이는 우리를 하나님 앞으로 인도하려 하심이라" 예수님은 의로운 사람으로써 불의한 우리를 대신 하셨습니다. 우리를 위해서 슬픔도 대신하고 고통도 대신하고 아픔도 대신하고 실패도 대신하고 절망도 대신하고 우리를 위해서 대신 죽어주신 예수님이 우리에게 항상 같이 계신 것입니다. 그 예수님에게 무릎을 꿇고 그를 마음에 끌어안고 기대십시오. 주님, 나는 내 힘으로는 살 수가 없습니다. 나를 붙들어서 살려 주십시오. 주님께 내어 맡기고 의지하면 주님께로부터 생명수가 넘쳐나서 마음속을 채워 주시는 것입니다. 우리가 보통 사람하고 다른 것은 우리에게는 대신 죽어주신 예수님이 언제나 같이 하기를 원하시는 것입니다. 너희가 없는 것은 구하지 아니함이라고 우리가 예수님께 나가서 주님께 구하고 주님 끌어안아야 되는 것입니다. 주님, 끌어안고 의지하고서 주님 날 대신해서 죽으신 예수님의 생기와 생명으로 나를 살려달라고 기도하면 하나님이 상상을 초월하는 기적으로 마음에 평안이 다가오고 기쁨이 다가오고 지혜와 총명과 모략과 재능이 다가와서 삶을 성공하고 살 수 있게 만들어주는 것입니다. 절대로 외롭지 않습니다. 주님과 함께 산다는 것을 잊지 말아야 되는 것입니다. 그러나 주님은 구하지 않는데 강제로 끌고 가지는 않습니다. 주님께 구해야 되는 것입니다. 주님은 구하기를 기다리고 계신 것입니다. 우리가 주님의 고통당하신 능력을 이어 받아야 되는 것입니다.

예배 때마다 성령의 역사가 일어나면 아무리 이 육체에 독극물이 끼어있다 해도 주님이 같이 계셔서 독극물을 정화시키고 승리할 수 있는 것입니다. 성령 충만이 아주 중요한 것입니다. 교회에 나와 예배를 드릴 때마다 성령으로 충만 받으면 육체에 뭉쳐있는 사기 덩어리가 성령으로 정화되는 것입니다. 그렇기 때문에 예배 때마다 성령의 역사가 일어나는 교회를 다니는 것은 축복 중에 축복입니다.

빌립보서 4장 6절로 7절에 "아무 것도 염려하지 말고" 아무 것도 염려하지 말고 "다만 모든 일에 기도와 간구로, 너희 구할 것을 감사함으로 하나님께 아뢰라 그리하면 모든 지각에 뛰어난 하나님의 평강이 그리스도 예수 안에서 너희 마음과 생각을 지키시리라" 마음에 불안과 공포가 사라지도록 입술로써 구하고 시인하면 그대로 이루어진다는 것입니다. 아무것도 걱정하지 말고 성령의 임재가운데 입술로 시인하라는 것입니다. 입술로 시인하는 그 말이 나가서 건강하게 만들어 주는 것입니다. 말이 얼마나 큰 힘을 가지고 인생을 다스려 간다는 것을 깨닫게 되면 정말 행복해지는 것입니다.

삶의 환경이 우리를 변화시키지 않습니다. 오직 성령으로 마음이 변화되면 삶이 변화됩니다. 아무리 사람을 변화시켜 보려고 환경을 변화시켜 놓아도 변화되지 않습니다. 사람은 마음이 변해야 변화됩니다. 아무리 말씀을 많이 알고 교회에서 봉사를 열심히 해도 인간적인 노력으로는 마음이 변화되지 못합니다. 성령의 역사가 자신 안의 성전에서 분출될 때 마음이 변화되는 것입니다. 고약하고 불효한 자식을 변화시켜 보려고 좋은 옷을 입히고 좋은 환경에 갖다 주고 좋은 음식을 먹여도 그 마음이 변화되지 않으면 그래도 역시 불효하고 고약한 자식이 되는 것입니다. 우리가 마음을 새롭게 하려면 성령의 역사로 회개하는 마음이 있어야 새로워지는 것입니다. 사람이 회개를 하지 아니하면 새로워 질수가 없어요. 언제나 자기 타당화해서 자기가 옳다고 변명하고 전부 내 탓이 아니라 네 탓이다. 부모 탓이다. 형제 탓이다. 이웃 탓이다. 나라 탓이다. 남의 탓만 하고 완악한 마음을 가지면 절대로 마음이 변화되지 않습니다. 마음이 변화되려면 성령님의 강권하심으로 하나님 앞에서 마음이 깨어져서 내 탓으로 생각하고 무릎을 꿇어야 되는 것입니다. 하나님의 뜻을 따르는 마음을 가져야지 정말 내 마음만 꽉 완악하게 지키면 어떻게 마음이 변화될 수 있습니까? 마음을 열고 자신도 그런 문제가 있을 수 있다고 받아 들여야 변화가 됩니다. 내면이 변화되는 것은 마음을 열고 받아들여야 변화가 되는 것입니다.

# 7장 뼈 신경에 응고된 사기덩어리

(잠17:22)"마음의 즐거움은 양약이라도 심령의 근심은 뼈를 마르게 하느니라."

하나님은 마음의 상처와 스트레스로 형성된 사기 덩어리를 성령의 역사로 녹여내라고 말씀하십니다. 많은 크리스천들이 세상을 살아오면서 받은 스트레스를 바로바로 해소하지 못하고 살아가는 것이 보통입니다. 이 스트레스가 쌓여서 사기 덩어리가 됩니다. 사기 덩어리란 나쁜 기운이 모여서 뭉쳐진 것입니다. 허리에 뭉쳐있기도 합니다. 그러면 당연하게 허리가 아프고, 허리 디스크가 되기도 합니다. 어깨에 뭉쳐있기도 합니다. 그러면 오십 견이나 견통이 생겨서 한쪽 팔이 올라가지 못하고, 어깨가 심하게 아프기도 합니다. 명치끝에 뭉쳐있어서 스트레스나 상처를 받으면 숨이 컥컥 막히고 명치끝에 손을 대면 자지러지게 아프기도 합니다.

양쪽 젖가슴 가운데를 손으로 누르면 자지러지게 아프고, 조금만 스트레스를 받아도 숨이 제대로 쉬어지지 않습니다. 목 바로 아래에 가슴에 사기가 뭉쳐서 건드리기만 해도 아프기도 합니다. 스트레스를 조금만 받아도 숨이 막히고 주여! 소리가 나오지 않습니다. 명치끝이 끊어지게 아프고 숨을 쉴 때 입으로 뜨거운 기운이 올라오기도 합니다. 그러면서 아랫배는 치디 차가운 냉방입니다. 내증이라는 말입니다. 젊은 여성이 이렇게 아랫배가 차가우면 임신이 잘 되지 않습니다.

어떤 분들은 갈비뼈 아랫부분에 사기가 뭉쳐서 바로 눕거나 엎드리지 못하는 분들도 있습니다. 특정한 장기에 뭉쳐있기도 합니다. 병원에 가서 CT를 찍어도 MRI 검사를 해도 증상이 나타나지 않는 것이 특징입니다. 병원에서 의사들이 신경성 질병이라고 합니다. 근육과 뼈 관절이 아파서 정형외과에 가면 물리치료 받으라고 합니다. 그러나 물이치료를 10년을 받아도 치유가 되지 않는 것이 보통입니다. 모두 스트레스로 사기가 뭉쳐서 생긴 것들이기 때문입니다.

얼마 전 토요일 개별집중정밀치유를 하면서 체험한 사실입니다. 원래 사모님이 목사님만 집중정밀치유를 받게 해달라고 하시는 것을 우리 사모가 권면하여 부부가 함께 집중정밀치유를 받게 된 것입니다. 사모님 나름대로는 자신에게는 문제가 없으니 목사님만 받으면 된다고 생각한 것입니다. 사모님을 기도하실 때 방언기도를 아주 유창하게 잘하셨습니다. 필자가 안수를 해보니 잠재의식에 상처가 있었습니다. 방언기도를 바르게 하도록 시정하여 드렸습니다. 그러시고 집중정밀치유를 받게 된 것입니다. 한참 기도를 하는데 정말 말로 표현하지 못할 잠재된 질병의 영이 드러났습니다. 중풍의 영입니다. 성령님께서 사모님에게 질문을 해보라는 것입니다. 친정 어른들의 건강에 문제가 없느냐고…. 사모님하시는 말씀이 친정어머니가 혈압합병증으로 고생을 많이 하신다는 것입니다. 한참 안수를 해드렸습니다. 성령님께서 이렇게 말해주라는 것입니다. 친정어머니 병수발 할 때 "나도 이렇게 될 수 있다고 생각하면서 병 수발하라."고 말해주라는 것입니다. 이렇게 말하면 사모님이 상처를 받으실 것 같아서 이렇게 조언하였습니다. 사모님! 사모님을 관리하시면서 친정

어머니를 돌봐드리세요. 하나님은 하나님의 일 열심히 한다고 건강 관리하여 주시지 않습니다. 사모님의 육체를 맡긴 것이니 사모님이 관리하셔야 합니다. 이와 같이 중풍의 영은 성령의 깊은 임재가 되면 정체를 폭로합니다. 필자가 체험한 바로는 혈통에 흐르는 중풍의 영이 잠재하여 있다가 스트레스를 받아서 잠재의식에 상처가 포화상태가 되면 정체를 폭로하는 것입니다. 우리 충만한 교회 정밀성령치유 집회할 때 중풍의 가족력이 있는 분들이 성령의 지배와 장악이 되면 중풍 당한 사람 같이 손과 발이 오그라드는 현상이 일어납니다. 중풍의 영이 정체를 폭로한 것입니다. 성령의 역사를 일으켜서 떠나보내면 정상이 됩니다. 미리 예방하는 것이 최선입니다.

**첫째, 마음의 빚을 용서하지 못할 때.** 남의 죄를 용서하지 못하고 마음속에 미움을 갖고 있는 그것이 마음에 병을 가져오는 큰 원인이 되는 것입니다. 마음에 응어리가 되어 뼈와 신경에 사기가 응고되어 팔이 마비가 되기도 합니다. 앞장에서 설명한 바와 같이 마음의 상처와 충격과 스트레스로 인하여 뼈와 신경과 근육에 사기 덩어리가 생기는 것입니다.

전북 익산에서 목회를 하시다가 받은 스트레스와 마음의 상처로 인하여 8년 동안 오십 견과 어깨 근육통증으로 고생하다가 치유 받은 목사님의 이야기입니다. 이 목사님이 우리교회에 치유의 능력을 받기 위해서 오셨습니다. 하루가 지나고 이틀이 지났습니다. 3일째 되던 날, 내가 오십 견이나 근육통으로 고생하는 분이 있으면 앞으로 나오라고 했습니다. 그랬더니 이분이 손을 들고 앞으로 나왔습니다. 나와서 나에게 이렇게 말했습니다. "목사님! 저는 목회 스트레스와 마음의 상처와 맺힌 응어리로 인하여 8년 동안 오십 견과 어깨 근육통증으로 오른쪽 팔을 사용하지 못합니다." 그래서 필자가 "성령께서 이 시간 치유하여 주실 것입니다." 그랬더니 이분이 비웃는 것입니다.

8년 동안 이 방법, 저 방법을 다 사용해도 낫지 않았는데 어떻게 금방치유 되냐는 것입니다. 내가 아무 소리도 하지 않고 어디가 아프냐고 하니까, 오른쪽 팔이라는 것입니다. 그래서 내가 어깨에 손을 대니까, '아~' 하면서 괴성을 질렀습니다. 아프다는 오른쪽 어깨에 손을 얹고 본인에게 호흡을 들이쉬고 내쉬라고 하면서 성령의 불을 집어넣었습니다. 어느 정도 성령으로 장악이 되었습니다. 원래 오십 견이나 근육통은 성령의 불을 집어넣어 성령이 장악되면 금방 치유가 됩니다. 그래서 내가 "목과 어깨를 잡고 팔과 연결된 신경과 인대 디스크는 제자리에 들어갈지어다." 하고 명령을 했습니다.

그러면서 성령의 감동을 받으니 성령께서 어깨에 뭉쳐있는 사기 덩어리에 악한 영이 잡고 압박하고 누르고 있으니 귀신을 성령으로 물리치라는 것입니다. 그래서 어깨를 잡아서 오십 견을 일으키는 귀신은 정체를 밝힐 지어다. 했더니 기침을 하면서 팔을 막 돌리다가 흔드는 것입니다. 성령께서 역사하시는 것이 눈으로 보였습니다. 그래서 성령님 더 강하게 역사하여 주옵소서. 하면서 계속 불을 집어넣으면서 강하게 역사하여 주실 것을 명령했습니다.

조금 지나니 팔 흔드는 것이 약해지는 것입니다. 성령의 권능에 의하여 오십 견을 일으키는 질병의 영이 제압을 당한 보증입니다. 내가 명령을 했습니다. "지금 이렇게 팔을 흔들었던 더러운 질병의 영은 떠나갈지어다." 하니까 기침을 사정없이 한 동안 했습니다. 기침이 잠잠해졌다. 그래서 목사님에게 팔을 올려보라고 했습니다. 그랬더니 어깨통증이 있어 올리지를 못하겠다는 것입니다. 그래서 내가 어깨에 손을 얹고 "어깨 통증을 일으키는 사기는 예수 이름으로 명하노니 떠나가라." 했더니 막 소리를 지르는 것입니다. 그러면서 기침을 했습니다. 필자는 계속 어깨에 손을 얹고 뿌리까지 빠질지어다. 하면서 명령을 했습니다. 한 5분 동안 기침을 하다가 멈추었습니다.

그래서 목사님에게 팔을 올려보라고 했더니 머리위로 쑥 올리는 것입니다. 통증이 없느냐고 했더니 어깨에 통증이 조금 있다는 것입니다. 그래서 어깨에 손을 얹고 통증은 완전하게 치유될 지어다. 하고 한참 안수를 하고 팔을 올려보라고 하니 잘도 올리는 것입니다. 8년 동안 고생하던 오십 견과 어깨통증이 단 10분 만에 치유가 된 것입니다. 이렇게 스트레스와 마음의 응어리는 근육통을 일으키다가 팔을 마비시키기도 합니다.

뼈와 신경에 뭉쳐진 시기 덩어리를 치유하려면 성령의 임재 하에 마음에 맺힌 것을 풀어야 합니다. 마태복음 6장 14절로 15절에 "너희가 사람의 잘못을 용서하면 너희 하늘 아버지께서도 너희 잘못을 용서하시려니와 너희가 사람의 잘못을 용서하지 아니하면 너희 아버지께서도 너희 잘못을 용서하지 아니하시리라"고 했습니다.

우리가 하나님께 큰 용서를 받았는데 우리에게 죄 지은 자를 용서하지 아니하면 우리 죄도 하나님이 용서하는 것을 취소해 버리겠다는 것입니다. 그리고 용서 안 해주는 만큼 고통의 감옥에 갇혀서 괴로움을 받겠다는 것입니다. 많은 사람의 고통이 약을 먹어도 낫지 아니하고 치료를 받아도 효과가 없고 괴로운 사람 많습니다. 또 많은 가정 문제, 사회 문제, 생활 문제, 기대하지 않은 고통이 다가오고 염려, 근심이 다가올 때가 많습니다. 그 때 우리가 늘 생각해야 될 것은 내가 내게 죄지은 자를 용서해 주지 않아서 하나님이 나에게 이런 고통을 가하는 것이 아닌 가 깊이 생각해 봐야 되는 것입니다. 용서하지 못하는 마음은 인간 영혼에 가장 강력한 독소로 작용하여 자신을 괴롭히고 인간관계에 불화와 갈등을 조장합니다. 또한 자신의 인격을 파괴하고 신체적인 병의 증상을 나타냅니다.

용서하지 못하는 마음은 독소가 되어 불면증, 변비, 소화불량, 두통, 면역력 저하, 암 등 질병을 유발한다고 합니다. 그러나 용서하지 못한 마음을 가질 때 가장 큰 피해를 보는 사람은 내 원수가 아니라 내 자신인 것입니다. 내가 마음속에 용서하지 못하고 원한을 품고 있으면 그것이 독을 받아서 내가 고통을 당하지 원수는 고통을 당하지 않습니다. 마음의 병은 육신의 병보다 더 아프고 괴로워 자살 충동까지 느끼게 됩니다. 우리 삶의 기쁨과 행복을 앗아가는 마음의 병은 용서하지 못할 때 생기는 것입니다. 에베소서 4장 32절 우리 다 같이 한번 읽어 보십시다. "서로 친절하게 하며 불쌍히 여기며 서로 용서하기를 하나님이 그리스도 안에서 너희를 용서하심과 같이 하라"고 그렇게 말씀하신 것입니다.

**둘째, 복수와 원한의 빚**. 용서하지 못한 마음을 가지고 그 독소를 가슴에 품고 새해를 또 맞이하면 새해 역시 고통의 굴레가 우리에게 떠나지 아니하고 괴로워하게 되는 것입니다. 그러므로 용서는 선행을 베푸는 것이 아니라, 내가 살아 나가기 위해서 절실하게 필요한 삶의 요소가 되는 것입니다. 복수와 앙갚음의 마음을 마음에 품고 있는 사람의 고통을 제가 읽어 본적이 있습니다. 어느 여학교 교장 선생님인데 심한 관절염으로 굉장히 고통으로 밤잠을 못자고 몸을 잘 움직이지 못해요. 온갖 치료를 다 받고 약이라는 약은 다 먹어도 아무 효과가 없이 점점 관절염은 나빠집니다. 그래서 그는 교회 나가서는 목사님하고 상담을 했습니다.

목사님이 "혹시 마음속에 원한을 품고 있는 것이 있습니까? 미워하는 사람 있습니까?" 고개를 숙이더니 끄덕끄덕 했습니다. "누구를 미워합니까?" "우리 남편을 미워합니다." "얼마나 미워합니까?" "죽이고 싶도록 미워합니다." "남편하고 같이 삽니까?" "아니요. 10년 전에 이혼했습니다." "그런데 법적으로는 이혼했는데 마음으로는 이혼을 안 하고 있어요. 남편은 이혼해서 다른 여자하고 결혼해서 잘 살고 희희낙낙 하는데, 자기 혼자서 아직 남편을 놓아주지 못하고 마음에 품고 "이 죽일 놈아! 이 나쁜 놈아!" 항상 저주하고 욕을 하고 있는데 그 남편은 아무 고통도 안 당하는데 이 부인은 관절염으로 죽어가고 있었습니다. 그래서 목사님이 말했습니다. "빨리 이혼을 하세요." "아니 법적으로 했는데요?" "법적으로는 이혼했는데 마음으로 안했잖아요. 마음이 아침, 저녁으로 늘 품고 있잖아요. 남편을… 오늘 그 남편을 예수 그리스도 이름으로 회개하고 돌려보내세요. 바이! 바이! 하세요. 그래야 법적으로 이혼하는 것과 동시에 마음으로도 완전히 떠나보내야 되는 것입니다. 미워하지 말고 용서해서 가서 잘 살아라! 할렐루야 하고 보내세요." "못해요.

나는 못살아야지 잘사는 꼴 못 봐요." "그런다고 해서 못살 것 아닙니다. 당신이 못살게 돼요. 그 미움을 가지면 그 독이 당신의 심신을 괴롭히고 관절염을 괴롭히고 결국 당신이 못살게 되고 말아요. 그러므로 용서해 주세요." 그 목사님의 설득을 듣고서 엎드려서 "하나님, 우리 10년 전에 이혼한 남편을 내 마음에서 용서하고 떠나보냅니다. 예수님의 보혈로 씻어 주시고 가서 잘 살게 해주시옵소서. 하나님 아버지 미워하는 것을 회개합니다." 그 기도를 하고 난 다음부터 마음에 평안을 얻고 그 길로부터 관절염이 낫기 시작하여 얼마 있지 않다가 관절염이 다 사라지고 깨끗하게 되었다는 이야기를 읽어 본 것입니다. 백약이 무효이던 것이 용서하는 마음을 갖자 치료의 역사가 일어난 것입니다. 골로새서 3장 13절로 14절에 "누가 누구에게 불만이 있거든 서로 용납하여 피차 용서하되 주께서 너희를 용서하신 것 같이 너희도 그리하고 이 모든 것 위에 사랑을 더하라 이는 온전하게 매는 띠니라" 용서와 회개를 한 후에 성령의 임재가운데 뼈와 관절과 근육에 형성된 사기 덩어리를 녹여서 밖으로 배출해야 합니다. 반드시 밖으로 기침이나 하품이나 트림이나 울음 등으로 배출해야 합니다.

태중의 상처와 출생 후 버려짐의 상처로 인하여 심장병과 류머티즘 관절염으로 고통을 당하다가 치유 받은 어느 권사님의 간증입니다. 이 권사는 한창 전쟁 중인 51년도에 태어났습니다. 어머니가 출산하고 보니 여자아이이니까 할머니가 이 전쟁 중에 딸을 키워서 무엇 하느냐고 가져다 버리라고 하여 버렸다고 합니다. 버린 후 이틀이 지나서 죽었으면 땅에 묻어주려고 어머니가 현장에 가서 보았답니다. 그런데 아이가 그때까지 죽지 않고 울고 있기에 명이 긴 아이라고 데려다가 기른 아이가 바로 이 권사입니다.

권사는 이때 두려움과 공포에 시달린 후유증으로 심장병과 류머티즘 관절염으로 많이 고생을 하였습니다. 전철을 타려고 세 계단만 올라가도 쉬어야만 할 정도였다고 합니다. 그러다가 친구들의 권면을 받고 우리 교회에 오셔서 치유를 받았습니다. 자신을 지금까지 괴롭히던 질병을 치유 받을 수 있다는 사모하는 마음으로 맨 앞에 앉아서 은혜를 받았습니다. 성령의 불세례를 체험했습니다. 본인에게 호흡을 들이쉬고 내쉬면서 배에서 나오는 소리로 기도를 하라고 했습니다. 질병을 치유 받고 축귀를 하려면 기도가 바뀌어야 하기 때문입니다.

그래야 성령께서 장악하시고 역사합니다. 내가 알려준 대로 순수하게 기도를 했습니다. 성령이 완전하게 장악을 했습니다. 그래서 내가 기도시간마다 안수하면서 마음의 상처와 상처에 붙어사는 귀신을 물리쳤습니다. “예수 이름으로 명하노니 심장병을 일으키는 귀신은 떠나갈지어다.” 하면 막 악을 쓰다가 기침을 한동안 하다가 떠나갔습니다. 또 예수 이름으로 명하노니 상처를 통하여 류머티즘 관절염을 일으키는 귀신은 떠나갈 지어다. 하면 막 발작을 하고 기침을 하면서 귀신들이 떠나갔습니다. 몇 주를 성령이 감동하시는 대로 안수하면서 명령을 했습니다. 얼마 후 저에게 이렇게 간증을 했습니다. “목사님 내가 처음 여기 올 때는 계단 세 개를 올라가서 쉬고, 또 올라가고 했는데 지금은 오십 계단을 거뜬하게 올라갑니다.” 어머니 뱃속에서 태어난 후 들어온 두려움과 공포의 영으로 심장병과 류머티즘 관절염으로 고생을 했는데 말씀과 성령으로 내적치유하고 귀신을 쫓아내서 완벽하게 치유 받은 것입니다. 마음의 상처로 혈액이 뼈와 신경에 응고되어 발생한 질병입니다.

하버드 대학의 카논 박사는 연구 결과 화를 내면 보통 때보다 피가 훨씬 빨리 응고된다고 말했었습니다. 한 의학보고서 발표에 의하면 화가 나면 심한 복통이 일어나고, 맥박이 높아지면서 혈압이 상승하여 때로는 졸도하게 된다고 합니다. 그래서 평소 혈압이 높은 분들이 심하게 화를 내다가 혈압이 높아져서 뇌출혈로 죽을 때가 가끔 있습니다. 우리 한국말로는 예부터 화병으로 죽는다는 말인 것입니다.

우리 마음속에 웅크리고 있는 오래된 상처를 다 치료하고 가야 되는 것입니다. 사람들마다 이 세상에 살면서 마음에 상처를 입잖아요. 한 번도 상처 안 입은 사람은 아무도 없을 것입니다. 부모에게 받은 상처도 있고, 자식에게 받은 상처도 있고, 이웃에게 상처 받은 사람, 친구에게 상처 받은 사람, 상처받은 사람 많습니다. 상처를 그때그때 정화하지 않으면 사기덩어리가 되어 뼈와 관절과 근육에 뭉쳐서 질병을 일으키는 것입니다. 크리스천은 매 주일날 예배를 드리면서 마음에 쌓인 스트레스를 정화해야 합니다. 정말로 주일이 중요합니다.

**셋째, 내 뼈 속에 사무친 상처 입은 기억과 해결.** 어떤 부인이 심히 자기주장이 강하고 자기를 나타내려고 몸부림치는 그런 부인이기 때문에 사람들이 다 기피 했습니다. 남편에게도 자기주장을 심히 하고 고집이 세고 사람들하고 다투면 안 지려고 하는 강성한 여인이었습니다. 그래서 성령의 임재가운데 원인을 찾아보니 자랄 때 많이 구박을 받았어요. 부모에게도 멸시를 당하고 형제나 친구들에게도 구박을 당하고 사랑을 받지 못했어요. 그래서 자기를 보호하겠다는 본능이 있어서 언제나 사람들 앞에 가면 자기 본능을 나타내서 자기를 보호하려고 하는 마음에 상처를 가지고 있었는데 이것이 자라 결혼을 해서 가정을 이루고도 조금이라도 자기에게 상처를 준다고 생각하면 엄청나게 대결하고 싸우고 자기를 보호하는 본능이 나타나서 사람들을 기피하게 되고 사람들에게 사랑을 못 받았습니다. 그것을 깨닫고 난 다음에 자기 상처를 주님께 다 내놓고 성령의 임재가운데 현장을 보면서 어릴 때 입은 상처를 주님께 모두 드렸습니다. 회개하고 자복하고 기도하고 성령의 은혜로 그 마음의 상처가 다 아물고 난 다음에는 그렇게 착하고 사람들에게 사랑받는 귀한 여인이 되었다는 것입니다.

잠언서 17장 22절에 "마음의 즐거움은 양약이라도 심령의 근심은 뼈를 마르게 하느니라" 마음이 평안하고 즐거우면 그것이 약 공장이 되어서 모든 병을 고치지만 마음에 근심은 뼈로 마르게 한다. 뼈가 마를 정도로 고통이 오니까 어떤 살이 녹지 않겠습니까? 어떤 병이 들지 않겠습니까? 마음의 근심은 우리를 도적질하고 죽이고 멸망시키는 마귀의 도구인 것입니다. 하나님은 우리가 구체적으로 상체를 내놓아야 치료합니다. 무조건하고 하나님 저의 상처를 치유하여 주시옵소서, 하지 말고, 내가 언제 어떤 상처를 가지고 있는데 그 상처를 하나님께 내놓고 하나님 이 상처를 정화시켜 주시옵소서 할 때 성령께서 그 상처를 고쳐주는 것입니다.

하나님! 제가 청년 시절에 혹은 소녀 시절에 이런 고통을 당했었습니다. 고통을 지금도 마음에 품고 있었는데 그것이 지금 내 인격을 지배하고 있으니 주님 이 상처를 낫게 해 주시옵소서. 옛날로 돌아가서 그 상처를 하나님 앞에 펼쳐 놓고 하나님께 치료해 달라고 기도하면 하나님의 능력이 내려와서 그 상처를 치료해서 그 악한 영향력을 없애고 평안하게 만들어 주시는 것입니다.

잠언서 18장 14절에 "사람의 심령은 그의 병을 능히 이기려니와 심령이 상하면 그것을 누가 일으키겠느냐" 사람의 심령이 평안하면 어떠한 병도 능히 이깁니다. 또 심령이 상하면 아무도 고칠 수가 없습니다. 어떤 약도 어떤 의사도 치료를 못하는 것입니다. 그러나 고린도후서 5장 17절에 "그런즉 누구든지 그리스도 안에 있으면 새로운 피조물이라 이전 것은 지나갔으니 보라 새 것이 되었도다"

우리가 예수님 앞에 나와서 기도하고 드리면 옛날 것은 지나가고 새로운 피조물이 되는 것입니다. 옛날에 상처입고 고통당하던 그 모든 흔적은 사라지고 새로운 피조물이 되기 때문에 여러분 오늘 옛날에 상처 입은 마음을 가지고 현재 불행하고 고통스러운 사람은 그 상처를 치료해 달라고 해서 옛사람과 함께 다 치료해 버리고 새 사람으로 살아야 되는 것입니다. 이 해(年)가 지나기 전에 이유 없이 마음에 늘 불안하고 고통스럽고 불행하고 괴로우셨으면 그것을 다 청산해야 되는 것입니다.

심리학자들에 의하면 공격적인 행동은 어린 시절의 폭력과 학대로 인해 해결되지 않은 슬픔 때문이라고 설명합니다. 그래서 대부분, 어린 시절에 학대 받고 성장한 아이가 성인이 되면 폭력적인 사람이 되는 것입니다. 우연히 폭력적이지 않습니다. 과거에 어릴 때 상처 입은 그 상처가 아물지 않았기 때문에 성인이 되어도 그것이 나타나서 사람을 폭력적으로 만드는 것입니다. 마음속에 웅크리고 있는 상처 입은 기억을 해결하지 못하면 폭력적이고 파괴적인 행동으로 나타나 남에게 큰 고통을 가합니다. 또한 자신에게는 신체적인 병으로 나타나고 고통 가운데 빠지게 하는 것입니다.

상처와 스트레스로 인하여 뼈와 신경에 응고된 사기덩어리는 인간적인 방법이나 의술로는 치유가 불가능합니다. 반드시 성령의 역사가 일어나야 치유가 되기 시작하는 것입니다. 많은 크리스천들이 관념적인 믿음생활을 합니다. 관념적인 믿음생활을 하면서 자신은 예수를 믿었으니 스트레스와 상관이 없고, 영적인 문제와 상관이 없다고 믿어버립니다. 그런데 알고 보면 관념적인 믿음생활을 아무리 열심히 해도 자신 안에 쌓여있는 스트레스가 해소가 되지를 않습니다. 자신 안에 스트레스는 잠재의식에 집을 짓고 있습니다. 앞에서 말씀드린 사기 덩어리가 되기도 합니다. 그런데 평상시에는 나타나지 않습니다. 나이가 들고 갱년기에 들어가 서서히 체력이 떨어지면 드러납니다. 그러나면 때는 늦습니다. 치유하는데 시간도 많이 걸리고 잘못하면 치유하지 못하는 불치병으로 진전할 수도 있습니다.

그것뿐만이 아니고 잠재의식에 쌓여있는 스트레스 덩어리는 정신적인 문제를 일으키는 주범이 됩니다. 잠재의식의 쌓여있는 스트레스를 수시로 정화하지 않으면 마음의 병으로 나타나는 것이 보통입니다. 요즈음 40-50대 남성들에게도 나타나는 갱년기 증상이 그

것입니다. 모두 스트레스가 잠재의식에 쌓여서 마음과 몸의 기능이 정상적이지 못하여 생기는 병입니다. 혈기나 분노, 짜증은 물론이고, 공황장애, 불안장애, 우울증, 조울증, 불면증, 두통 등으로 나타납니다. 몸의 기능이 정상일 때는 모르고 지내다가 체력이 떨어져 몸의 기능이 비정상이 될 때에 슬슬 드러나기 시작을 합니다.

스트레스가 잠재의식이 쌓이면 피부병으로 나타나기도 합니다. 아토피, 피부트러블, 피부 갈라짐 등등으로 나타나기도 합니다. 그러다가도 내면을 성령으로 정화하면 언제 그랬느냐고 할 정도로 깨끗해집니다. 스트레스는 만병의 근원인 것입니다. 그렇기 때문에 스트레스는 생명의 말씀과 성령으로 매주일 마다 정화시키는 것이 좋습니다. 그런 측면에서도 교회는 참으로 좋은 곳입니다. 아니 예수님이 좋으신 분입니다.

그러면 어떻게 하느냐, 성령으로 세례를 받고, 생명의 말씀과 성령의 역사가 잠재의식을 정화하는 예배와 기도를 하는 것입니다. 반드시 성령의 역사가 일어나야 잠재의식이 정화되고 뼈, 관절이나 근육이나 신경이나 장기에 형성된 사기 덩어리가 성령의 역사로 녹아서 없어집니다. 시간이 걸립니다. 관념적인 교회에서 잠간잠간 기도하는 것으로는 잠재의식에 형성된 사기 덩어리가 부수어지거나 녹아지지 않습니다. 강력한 성령의 역사가 일어나야 뼈, 관절이나 근육이나 신경이나 장기에 형성된 사기 덩어리가 풀어지거나 녹아지거나 부수어지면서 떠나가는 것입니다. 반드시 밖으로 배출이 되어야 합니다.

# 8장 혈통에 숨어있는 사기덩어리

(민 14:18)"여호와는 노하기를 더디 하시고 인자가 많아 죄악과 허물을 사하시나 형벌 받을 자는 결단코 사하지 아니하시고 아버지의 죄악을 자식에게 갚아 삼사 대까지 이르게 하리라 하셨나이다."

하나님은 성도들의 혈통에 역사하며 알게 모르게 고통을 가하는 근본 원인을 성령으로 찾아서 해결하기를 소원하십니다. 왜 가계의 흐르는 저주의 원인을 찾아서 끊어야 되는지 바르게 알아야 합니다. 보수적인 목회자들과 신학자들이 예수를 믿었으면 새사람인데 혈통의 문제를 들추어내서 시간을 허비할 필요가 없다는 것입니다. 물론 이론적으로 보면 맞는 말입니다. 그러나 체험적으로 보면 다르다는 것을 알 수가 있습니다. 영의 세계는 육적인 눈으로 볼 수가 없고, 영의 눈으로만 볼 수 있는 세계입니다. 보이지는 않지만 빼앗고 빼앗기는 실제적인 역사가 일어나는 세계입니다.

물론 혈통의 문제가 아무런 문제를 일으키지 않는다면 들추어내서 해결하려고 할 필요가 없습니다. 무엇 때문에 아무런 문제를 일으키지 않는데 무의식과 잠재의식을 터치하면서 해결하려고 하겠습니까? 그런데 분명하게 문제를 일으키고 영적인 성장을 하지 못하도록 방해하기 때문에 사역을 하는 것입니다.

**첫째, 혈통에 흐르는 사기 덩어리가 있다.** 우리가 마땅히 '세대적 악령'에게 관심을 가져야 하는 이유는 그 악령으로 인해서 사람들이 당하는 고통이 너무도 크기 때문입니다. 세대적 악령이 일으키는 많은 문제들은 겉으로 보아서 우리의 기질과 연관이 있거나 부모로부터 유전된 것처럼 보이기 때문에 영의 문제를 소홀히 하고, 오로지 의학적으로 또는 심리학적으로 접근하고 다루는 실수를 할 위험이 많기 때문입니다. 영의세계를 보이는 방법으로 해결하려고 합니다. 실제로 영의 일에 관심이나 지식이 전혀 없는 세상 사람들은 물론이고, 대부분의 그리스도인조차도 세대적인 악령에 대해서 그 이름조차 들어보지 못하고 신앙생활을 하는 것이 일반입니다. 그러니 어려움을 겪으면서도 적절한 대응을 하지 못할 뿐만 아니라 예방을 위해서 악령을 추방하는 일은 더욱 하지 않습니다.

우리에게 이미 잘 알려진 무병(巫病)에 대해서는 이해하고 있지만, 그 밖의 현상들에 대해서는 별로 아는 바가 없을 것입니다. 질환은 크게 육체적인 것과 심리적인 것이 있으며, 이 두 가지가 복합적으로 나타나는 것이 있습니다. 병의 증상이야 어떠하든지 그 근원에 악령이 개입해 있다면 악령의 문제를 다루어야 할 것입니다. 우리가 흔히 말하는 '난치병'이나 '유전병'은 의학적으로는 유전자 이상에 의해서 발생하는 것으로 알려져 있습니다. 특정한 유전자가 이상을 보이는데 그 원인을 알 수 없는 것입니다. 다만 혈통적으로 그 부분이 취약하거나 부모로부터 유전되어 온 것으로만 알고 있을 정도입니다. 유전공학이 최근에야 각광을 받으면서 연구가 활발해져서 난치병을 치유하기 위한 연구가 많이 이루어지고 있고, 줄기 세포 또는 배아세포를 이용하여 난치병을 치유하려고 시도하고 있으며, 손상된 유전인자를 송두리째 제거하고 새로운 유전인자로 대치하려는 연구도 활발합니다.

악령이 병을 일으키는 능력은 우리의 신체구조 뿐만 아니라 유전인자에도 영향을 줄 수 있다고 보아야 할 것입니다. 악령이 우리의 죄를 틈타서 들어온 후에 우리를 괴롭게 할 권리를 확보한 후에 우리의 신체의 어떤 부분을 공격하면 질병이 생기며, 정신에 지속적으로 영향을 주면 생각이 바뀌게 되고 죄의 충동을 받아서 그 행동을 하게 되는 것입니다. 세대적인 악령은 한 번 침투하면 영적치유를 할 때까지 대를 이어서 계속 그 사람을 괴롭게 하게 됩니다. 부모 가운데 한 사람이 무당이 되면 그 자녀는 끊임없는 악령의 괴롭힘을 받아서 결국에는 무당이 되고 말듯이 악령이 계속 충동함으로써 그 유혹이나 충동을 이기지 못하고 행동에 옮겨 마침내 불행한 결과를 만들어냅니다.

세대적인 악령이 저지르게 하는 비행은 '간음' '폭행' '이혼' '낙태' '사기' '절도' '불륜' '성추행' '집착' '게으름' '가난' 등과 같이 많은 종류의 비행과 연관이 있습니다. 이런 죄얼들은 세대를 이어서 계속 이어지기 때문에 유전적인 것으로 오해하기 쉽습니다. 죄얼이란 남에게 해를 끼치는 행위 가운데 법적인 책임을 물을 수 없는 정도의 경미한 것을 우리는 죄얼(iniquity) 이라고 부릅니다. 사회적으로는 경범죄에 해당하는 것을 말합니다. 이런 죄얼들은 세대를 이어서 계속 이어지기 때문에 유전적인 것으로 오해하기 쉽습니다. 기질적인 유전으로 이해하거나 자라면서 본 것을 행동한다고 주장하는 '학습이론'이 있습니다. 긍정적이든지 부정적이든지 우리는 자라면서 줄곧 보게 되면 뇌에 영향을 주어 무의식의 기억중추에 저장되며 성인이 되어 그 행동을 할 수 있는 환경이나 자극에 노출되면 어린 시절 학습한 것을 행동에 옮기게 된다는 심리학의 이론입니다.

부모 세대에 반복적으로 비행을 저지른 가계(family)에서 다음 세대에 자녀 가운데 어느 한 사람에게 그와 같은 증상이 나타나게 되는데 함께 보면서 자란 다른 형제들에게는 전혀 나타나지 않는 행동이 한 자녀에게만 똑 같은 행동으로 나타나는 것을 충분히 설명하지 못하는 단점을 지니고 있습니다. 기질적 유전의 대표적인 질병인 당뇨병이나 고혈압의 경우에 여러 형제들이 있지만 모두 그 병에 걸리는 것이 아니라, 어떤 한 명에게서 나타나는 경우가 많습니다. 이와 같이 선별적으로 나타나는 유전병의 경우에 기질적인 유전으로만 설명하기에는 부족한 부분이 있습니다. 세대적인 악령은 자녀 가운데 어느 한 사람을 선택해서 집중적으로 공격하여 질병이나 비행을 일으키게 하는 것입니다. 이것을 저는 세대적인 악령이 숙주(무당의 영을 전이시키기 알맞은 대상자)를 선택하였기 때문에 질병과 비행이 발생한다고 보아 '선택이론'이라고 이름을 붙여봅니다. 반드시 성령으로 세례를 받아 혈통에 흐르는 사기 덩어리는 밖으로 떠나가게 해야 합니다.

**둘째, 혈통에 흐르는 사기는 예수 믿었다고 없어지지 않는다.** 지금 한국교회에는 많은 수의 크리스천들이 체험적이고 살아 있으며 성령의 인도를 받는 실제적인 믿음생활이 아니고, 많이 알고 열심히 하면 다된다는 관념적인 믿음생활을 하고 있습니다. 정말 문제가 심각합니다. 보이는 면을 가지고 판단하는 것입니다. 보이는 면으로 열심히 하면 성령 충만한 것으로 믿어버리는 것입니다. 필자가 제일 안타까워하는 것이 있습니다. 젊은 시절 믿음생활을 아주 열심히 하던 분이 영적이고 정신적인 문제로 정상적인 생활을 하지 못하고 요양원에서 지냈다는 말입니다. 저에게 전화를 하는 분들이 많습니다. 대표적인 예를 하나 들겠습니다. 목사님! 저는 ○○○에 사는 크리스천 김○○입니다. 저의 어머니를 어떻게 하면 좋겠습니까? 사연인즉, 자신의 어머니가 젊은 시절 복음에 열정이 있어서 노방전도도 다니고, 교회봉사도 열심히 하고, 예배란 예배는 빠지지 않고 다 드리고, 철야기도도 많이 하셨고, 교회 건축할 때 건축헌금도 많이 하셨고, 구역장으로 여전도회장으로 열심 있게 믿음생활을 하셨는데 50이 넘고 갱년기에 들어서 우울증에다가 불면증으로 고생하시다가 60대 초반에 너무 증세가 심하여 집에서 지낼 수가 없어서 3년 전에 요양원에 가셨습니다.

목사님! 제가 목사님의 책들을 읽고 영적인 면에 눈을 뜨고, 깨닫고 느껴지는 것은 어머니의 내면세계에 형성된 상처와 혈통의 문제를 젊은 시절에 해결하지 못하여 이런 지경까지 온 것 같습니다. 성령의 역사로 내면을 정화하는 신앙생활을 하지 못하고 무조건 열심히 하면 하나님께서 건강도 축복도 책임져주신다는 것으로 알고 믿음생활을 하신 것입니다. 무조건 열심히 많이 알면 되는 관념적인 신앙생활이 저의 어머니를 이 지경으로 만든 것 같습니다. 언제인가 성령 치유하는 곳으로 모시고 갔는데 입구에서부터 너무 악을 쓰면서 거부가 심하여 들어갈 수 없어서 돌아왔습니다. 외할머니도 어머니와 같은 증세로 고생하시다가 세상을 떠나셨습니다. 지금 저의 어머니가 같은 증상으로 고생을 하십니다. 주변에서 잘 이해하지 못하는 분들이 예수 믿어도 소용이 없다고 빈정대는 말이 제일로 듣기가 거북스럽습니다. 목사님! 어찌하면 좋겠습니까? 자매님의 말이 맞습니다. 젊은 시절에 성령의 인도를 받으면서 예배를 드리고 성령으로 내면세계에 형성된 상처들을 정화했으면 이런 지경까지 오지 않았을 것입니다. 이제 누구에게도 탓하지 마시고 받아들여야 합니다. 어머니에게 기도를 시키세요. 숨을 들이쉬면서 예수님! 내쉬면서 사랑합니다. 소리를 내지 못하니 마음으로 계속 예수님을 찾도록 해야 합니다. 무의식적으로 '예수님 사랑합니다.' 가 나올 수 있도록 시켜야 합니다. 그래서 영원한 천국에 가실 수가 있습니다. 마음으로 계속 기도하게 하세요.

그리고 자매님도 내면세계에 관심을 가져야 합니다. 생명의 말씀과 성령으로 적극적인 치유를 해야 합니다. 그래야 나아가 들어 갱년기에 들어서 어머니와 같은 고생을 하지 않습니다. 예수를 믿고 교회에 다닌다고 해결이 되는 것이 아닙니다. 실제적이고 적극적인 믿음생활이 되려면 교회를 잘 찾아가셔야 합니다. 필자는 아무리 혈통에 영육으로 정신적으로 흐르는 비정상적인 문제가 있다고 할지라고 성령으로 충만하여 내면을 정화하는 믿음 생활을 하면 건강하게 장수하면서 지내다가 영원한 천국에 간다는 믿음과 실증(체험)이 있습니다. 실제로 우리 교회는 93세가 되신 분도 건강하게 걸어서 교회에 오셔서 예배드리고 기도하면서 심령을 성령으로 정화하니 영육이 건강하게 지내시는 것입니다. 얼마 전에는 주일날 예배드리고 월요일 날 영원한 천국에 가신 권사님도 계십니다. 이분은 젊은 시절부터 영적으로 정신적으로 상처가 많아서 고생하셨는데 우리 교회에 오셔서 생명의 말씀과 성령으로 내면세계를 정화시키니 건강하게 된 것입니다. 그래서 건강하게 지내시다가 주일 예배드리고 월요일 날 영원한 천국에 가신 것입니다. 지금도 89세 된 권사님이 아주 정정하게 예배드리면서 기도하면서 내면을 성령으로 정화시키면서 건강하게 예배를 드리며 지내시고 있습니다. 특별하게 혈통에 영적이고 정신적이고 육체적인 문제가 흐르는 분들은 성령의 강한 역사가 있는 교회에 적을 두고 믿음 생활하는 것이 자신을 위해서도, 가족을 위해서도, 하나님을 위해서도 좋다고 생각합니다. 예배 때마다 성령의 역사로 내면을 정화해야 합니다. 영원한 천국에 입성하는 날까지 관심을 가져야할 부분입니다. 필자는 매주일 축도할 때마다"하나님께서 함께 하심으로 어디를 가나 사람들 앞에 은혜를 입으며, 또한 은혜를 전하는 형통의 복을 누리며, 늙도록 부하고 존귀하며, 건강하여, 세상에서 하나님을 자랑하며, 하나님의 살아계심을 증명하며 살다가, 주님 오라 부르시면 영원한 천국에 입성하는 하나님의 자녀가 되겠다고 마음먹고 돌아가는 여러분에게 지금부터 영원까지 함께 계실찌어다."를 포함하여 축도를 합니다. 마음의 무의식에 잠기도록 하기 위함입니다. 건강하게 장수하는 것이 하나님의 뜻이기 때문입니다. 말과 생각이 중요합니다. 그래서 말씀을 아는 것으로 열심히 하는 관념적인 믿음생활은 전인격이 변화를 받지 못한다는 것입니다. 성령의 인도를 받는 체험적이고 실제적인 믿음 생활이 되어야 합니다. 젊어서부터 체질화되어야 합니다. 하나님께서 자신 안에 살아계신다는 것을 날마다 체험하면서 믿음생활을 해야 합니다. 관념적이 되어서는 하나님께서 주신 것들을 누릴 수가 없습니다. 더 나아가 하나님께서 살아계신다는 것을 증명하는 믿음생활이 되어야 합니다. 이렇게 적극적인 믿음 생활이 되면 절대로 늙어서 요양원에 가지 않을 것입니다. 살아계신 하나님께서 자신의 주인이 되어 장악하고 계시는데 혈통의 문제가 어떻게 문제를 일으키겠습니까? 필자가 항상 강조하는 것이 있습니다. "나는 걸어 다니는 성전이다. 하나님께서 나의 주인이다. 내 안에 하나님이 계신다. 그분에게 질문하면 어떤 문제도 해결할 수 있는 지혜를 주신다. 주신 지혜대로 순종하면 문제는 하나님께서 해결하신다." 아주 중요합니다. 살아계신 하나님을 날마다 체험하는 아주 좋은 관심이고, 습관입니다. 내면세계에 형성된 상처나 혈통의 문제는 절대로 세상방법이나 관념적인 믿음생활로는 해결되지 못합니다. 반드시 살아계신 성령의 역사가 영의차원에서 역사해야 해결이 됩니다.

**셋째, 혈통에 흐르는 사기는 취약시기에 정체를 드러낸다.** 필자가 얼마 전에 이런 분의 문제를 성령의 음성을 듣고 해결할 수 있도록 조언한 일이 있습니다. 상황을 들어보니 이랬습니다. 이 분은 교사를 하다가 질병으로 인하여 휴직을 일 년을 했으나 질병을 치유받지 못했습니다. 영적이고 정신적인 질병이 심하고 우울증이 심해서 도저히 교사를 할 수 없는 형편이라, 어떤 신령하다는 분에게 상담을 했습니다. 그랬더니 목회 사명이 있는데 목회를 하지 않아 질병이 왔다는 것입니다. 질병을 치유 받으려면 신학을 하여 목회를 해야 한다는 것입니다.

영적인 질병과 우울증이 너무 심해서 여기저기 돌아다니면서 별 방법을 다 동원해도 치유가 되지 않았습니다. 도저히 방법이 없었습니다. 그래서 교사를 사표내고 1년을 쉬다가 신대원에 다니기로 결정을 하고, 소문을 듣고 필자에게 집중치유를 받으러 온 것입니다. 남편은 이미 신학을 하여 신대원에 다니고 있다는 것입니다. 첫날 집중치유를 하면서 상태를 보니까, 영적으로 문제가 많았습니다. 성령의 역사에 의하여 귀신이 말로 표현 할 수 없을 전도로 정체를 폭로했습니다. 대화를 하다가 보니 어렸을 때부터 병약했다는 것입니다. 어렸을 때부터 병약했다는 것은 혈통의 문제나 태중에서 상황이 좋지 않았다는 것입니다. 아무 말을 하지 않고 치유를 해주었습니다. 다행하게도 필자가 몇 주 더 다니면서 치유 받으라고 권면했더니 순종하여 다니겠다는 것입니다.

첫 주는 상처를 치유하고 다음 주에 집중치유를 하면서 "이 부부가 목회를 하는 것이 하나님의 뜻입니까?" 하고 성령님께 질문을 했습니다. 그랬더니 환상이 보이는데 부부가 어려움의 고통을 당하고 있는 모습이 보였습니다. 조금 있다가 성령께서 감동하시기를 "목회한다고 질병이 치유되는 것이 아니다. 지금과 같이 집중치유를 몇 번 더 받으면 질병은 치유된다. 질병은 혈통의 영적인 문제로 온 것이기 때문에 집중치유를 몇 번 더 받으면 건강하게 치유되어 교사하는데 문제가 없을 것이다. 이 여성은 교사를 하면서 복음을 전하도록 알려주어라"는 감동을 하시는 것입니다.

그렇게 응답을 받고 조금 기도를 하니까, 이 여성분이 하는 말이 "자기 할머니가 반 무당이었다."는 것입니다. 그래서 필자가 이렇게 말했습니다. "집사님! 집사님은 신대원가서 목회하는 것이 하나님의 뜻이 아니고, 교사를 하는 것입니다. 다시 복직을 하시든지 아니면 기간 제 교사라도 가십시오. 집사님은 지속적으로 몇 번 더 집중치유 받으면 깨끗하게 치유될 것입니다." 계속 기도를 하게 하자, 귀신들이 말로 표현할 수 없을 정도로 떠나갔습니다. 태중에서부터 들어와 인생을 파괴하려고 작정한 귀신들이었습니다. 이 귀신들이 영적인 질병과 정신적인 질병과 우울증을 발생하도록 조정한 것입니다.

두 번째 날을 끝나고, 세 번째 날 여 집사가 와서 무어라고 하느냐. "목사님! 문제가 완전하게 해결이 되었습니다. 몸도 치유되어 너무나 편안해졌습니다. 목사님의 권면대로 몇 번 더 치유 받으면 건강해지겠다는 마음의 확신이 생깁니다. 지금 살고 있는 집이 나가야 하는데, 그렇게 나가지 않다가 3일전이 나갔습니다. 목사님께서 교사를 하면서 복음을 전하는 것이 하나님의 뜻이라고 하셔서, 기간 제 교사를 알아보았더니 집에서 가까운 곳에 자리가 나와서 서류를 제출했더니 합격되었다고 연락이 왔습니다. 감사합니다." 만약에 이분이 신령하다는 목사의 말을 듣고 신대원에 갔다면 하나님께서 환상으로 보여주신 것과 같이 부부가 생고생을 했을 것입니다.

그런데 하나님의 뜻대로 교사하려고 원서를 제출하니 바로 되어 교사할 수 있도록 역사하신 것입니다. 우리 하나님의 뜻을 바르게 알고 순종해야 합니다. 목회를 하면 영육의 질병이나 문제가 해결이 된다. 이것은 무당의 이론입니다. 샤머니즘의 신앙입니다. 무엇을 하면 치유되고 문제가 해결된다. 성경적인 근거가 없습니다. 헌금을 하면 문제가 해결된다. 이것도 무당의 이론입니다. 샤머니즘의 신앙입니다. 하나님께서 돈 받고 질병이나 문제를 해결하여 준다. 하나님을 돈 받고 문제 해결하여 주시는 분으로 명예 훼손하는 일이 더 이상 없어야 합니다. 천벌을 면치 못합니다. 신령하다는 목사님들 근거 없는 이론으로 성도님들을 속이는 일이 없어야 합니다. 성도님들은 근거 없는 말에 더 이상 속지 말아야 합니다.

반드시 하나님이 원하시는 영육의 상태가 되어야 질병이 치유되고 문제가 해결이 됩니다. 말씀과 성령으로 치유되어 하나님과 관계가 열리는 것이 급선무입니다. 하나님과 관계가 열리면 앞에서 설명한 여 집사님 같이 하나님께서 무엇을 하기를 원하시는지 알려

주십니다. 하나님은 성도(자녀)가 잘되기를 원하십니다. 개인마다 하나님께서 원하시는 일이 있습니다.

그 일을 찾아야 합니다. 일을 찾으려면 말씀과 성령으로 땅의 것을 치유해서 하늘의 사람이 되어 하나님과 교통해야 알 수가 있습니다. 성경에 보면 야곱도, 요셉도, 모세도, 다윗도, 하나님의 훈련을 받아 하나님께서 원하시는 상태가 되니 하나님께서 원하시는 일을 하도록 인도하셨습니다. "무엇을 하면 질병이나 문제가 치유된다." 절대로 아닙니다. 속지마세요. 성령으로 세례를 받고 문제의 원인을 찾아 해결해야 치유가 됩니다.

우울증이나 정신적인 질병이나 영적인 질병이나 뼈와 신경 질병이나 근육통이나 소화기 계통의 질병으로 고생하시는 분은 토요일 집중치유에 예약하여 2-3번만 받으면 병원에서 치유되지 않는 어떤 질병이라고 치유가 됩니다. 필자는 자신합니다. 환자의 심령 안에서 성령의 강력한 역사로 상처와 질병의 근원적인 요소들이 떠나갑니다. 한번만 받으면 자신이 치유되었다는 것을 체험적으로 알 수가 있습니다. 깊은 상처나 우울증이나 정신적인 문제가 영적인 문제 등은 깊은 성령의 역사가 일어나야 치유가 됩니다. 치유의 비밀은 필자에게 역사하는 성령의 역사를 환자에게 전이시켜 환자의 심령에서 성령의 역사가 일어나 치유가 되게 하는 방법입니다.

물론 목회자가 성도가 치유를 받고 나면 성령의 권능이나 은사가 나타나는 것이 보통입니다. 무엇을 해도 되지 않는 분들은 누구에게 물어보고 자기 생각가지고 무조건 일을 하려고 하지 말고 성령으로 세례 받고 방해하는 세력을 제거해야 합니다.

무엇을 해도 되지 않게 하는 세력이 있습니다. 정확한 하나님의 뜻은 성령으로 방해하는 세력이 떠난 다음에 들리는 것이 보통입니다. 반드시 성령으로 세례를 받아 방해하는 세력을 한 동안 영적 전쟁하여 방해하는 세력이 떠나간 다음에 하나님께 질문하세요. 그때 들립니다. 필자가 집중 치유할 때 첫날은 정확한 하나님의 뜻을 알 수가 없습니다. 방해하는 세력이 역사하여…. 첫날은 방해하는 세력을 성령의 역사로 떠나보냅니다. 두 번째 날 기도하면서 어느 정도 성령께서 장악을 하면 성령의 감동이 오기 시작합니다.

영적이고 정신적인 질병과 우울증이나 공황장애나 조울증이나 할 것 없이 안수 한번 받는 다고 치유가 되지 않습니다. 의학적인 방법으로도 치유가 불가능합니다. 안수를 자주 받으면 좋아지기는 합니다. 그러나 완전하게 회복하려면 시간이 오래 걸립니다. 그렇기 때문에 미리 성령의 역사를 체험하고 무의식과 잠재의식의 문제를 치유하는 것이 좋습니다. 예방이 중요하다는 것입니다. 스트레스를 받아 체력이 떨어진 상태에서 밖으로 질병이 나타나면 쉽게 치유가 되지 않습니다. 그래서 필자가 기도하다가 성령께서 일려주신 대로 2시간 30분 동안 집중 치유를 하는 것입니다. 2시간 30분 동안 성령이 깊은 역사를 일으키면서 깊은 곳에 숨어 있는 상처와 영적인 요소와 불안전 요소들의 정체를 폭로하게 하여 밖으로 배출해야 합니다.

그래서 잠깐 안수하여 치유하는 것은 무의식과 잠재의식 깊은 곳에 숨어있는 불안전 요소들이 들어나지 않습니다. 숨어서 꼼짝을 하지 않습니다. 이렇게 꼼짝하지 않던 불안전 요소들이 지속적으로 환자의 심령 안에서 성령의 역사를 일으키면서 2시간 30분 정도 기도하면 정체를 폭로하기 시작을 합니다. 그래서 밖으로 배출하니 치유가 되는 것입니다. 배출된 곳에 말씀과 성령을 충만하게 채우니 완치가 되는 것입니다. 우울증이나 정신적인 문제가 있는 분들이 좀도 빨리 치유를 받으려면 토요일 개별 집중치유를 하는 편이 쉽습니다.

필자가 어느날 너무나 변화된 모습을 보고 이렇게 말했습니다. 집사님! 지금까지 믿음생활을 바르게 하지 못하신 것 같습니다. 이분이 하는 말입니다. 자신은 믿음생활을 참으로 열심히 했다는 것입니다. 예배에 빠지지 않았으며, 기도회란 기도회는 모두 참석했으며, 필요하면 기도원에 가서 기도도 했다는 것입니다. 그래서 필자가 그런 눈에 보이는 행위적인 믿음생활을 바르게 하지 못했다는 말이 아닙니다. 성령의 지배와 인도를 받는 신앙생활을 말합니다. 마음 안에 성전이 견고하게 지어지는 믿음생활을 말하는 것입니다. 보이지 않는 성령의 지배와 인도를 받는 믿음생활을 말한 것입니다. 집사님은 지금까지 눈에 보이는 행위로 판단하는 율법적이고 인간적인 믿음생활을 하신 것입니다. 유대인과 같은 믿음생활을 했다는 말입니다. 그래서 혈통에 흐르는 사기가 떠나가지 않고 숨어 있다가 취약시기에 정체를 폭로한 것입니다.

# 9장 내장기관에 쌓인 사기덩어리

(잠 4:23)"모든 지킬 만한 것 중에 더욱 네 마음을 지키라 생명의 근원이 이에서 남이니라."

하나님은 스트레스를 받으면서까지 하나님의 일을 하는 것을 원하시지 않습니다. 크리스천이 스트레스를 받아 장기에 숙변이나 사기가 뭉쳐지는 것은 전적으로 관념적인 믿음생활을 한 결과입니다. 성령의 인도를 받으면서 믿음 생활을 하면 장기에 적체물이 끼지 않을 것입니다. 필자가 개별적인 성령치유 사역을 하면서 체험한 바로는 내장에 숙변이나 지체 변과 석변 등이 생겨서 고생을 하고 계시는 분들이 많습니다. 예수를 믿고 성령으로 거듭난 크리스천이라도 생활이 점차 서구화 되면서 육식을 즐기고, 운동은 부족하며, 스트레스에 지쳐 장벽이 얇아지고, 약해지면서 탄력을 잃고 길어지게 되어 장 무력증, 거대 결장 증, 장 중첩 등이 발생하게 됩니다. 이로 인해 장에 주름이 많이 생기고 길어지면서 내벽에 묵은 변이 달라붙는데 이러한 현상을 숙변 또는 지체 변, 석변 등이라 합니다.

이 숙변은 암모니아, 인돌, 스카톨, 일산화탄소, 황화수소, 메탄 등을 생성하여 장벽을 통해 흡수되며 혈액을 걸쭉하게 오염시켜, 신체의 전반적인 기능저하와 질병을 일으키며, 간으로 통하는 간문맥을 통해 각종 간 질환을 일으키는 원인이 되고 있습니다.

이러한 독소는 우선 만성 피로를 일으키고 설사, 소화불량, 장 질환(게실염, 대장염, 대장암, 치질)과 심근경색, 동맥경화, 편두통과 같은 성인병과 여드름, 기미, 부스럼, 거친 피부 등의 피부질환도 유발하게 됩니다. 또한 독소는 과산화지질을 형성하여 세포의 DNA를 파괴하거나 변형시켜 암을 유발하기도 하고, 노화와 치매의 주원인이 되기도 합니다. 특히 숙변은 피부미용 적으로도 많은 문제를 일으킵니다. 두통과 뼈와 신경에 문제를 일으키는 원인이 되기도 합니다. 크리스천의 영과 육체의 건강에 암적인 역할을 합니다. 보편적으로 장기에 침체물이 생기게 하는 것은 이렇습니다.

**첫째, 이기주의적인 삶**. 제일 큰 장애가 자기중심적인 삶의 악한 꾀인 것입니다. 아담과 하와가 타락한 것은 악한 꾀로 인하여 타락한 것입니다. 하나님을 믿고 순종하고 살도록 되어 있는데 자기를 믿고 자기 마음대로 하겠다는 것이 그들이 지은 죄인 것입니다. 오늘날도 자기중심으로 생각하고 자기중심으로 행동하는 그러한 것이 마음에 최악의 장애가 되는 것입니다.

필자가 병원에 능력전도 다닐 때 이런 분을 만났습니다. 여성분인데 인도에 선교사로 나갔다가 스트레스를 너무나 많이 받은지라 몸이 아파서 1년을 채 채우지 못하고 귀국을 했습니다. 서울에 있을 때 어느 분이 예언하기를 선교사 사명이 있다고 하여 신학공부하고 인도로 나갔습니다. 서울에서 갈 때 인도에서 선교하시는 목사님을 소개하여 목사님부부와 함께 선교를 했다는 것입니다. 알아야 할 것은 인도가 영적으로 만만하지 않은 곳입니다. 거기에 갔다가 오신 분들의 간증을 들어보면 힌두교가 강하여 전도하기가 여간 힘들지 않다는 것입니다. 앰프스피커를 크게 틀어놓고 주문을 외워대는데 기도하기가 너무나 힘이 든다는 것입니다. 영적인 전쟁이 말로 표현할 수가 없을 정도라고 합니다.

이 여전도사가 사역하면서 영적, 정신적, 육적인 스트레스를 받아 음식을 먹지 못할 정도로 심각해진 것입니다. 환경적인 고통에다가 영적인 고통에다가 정신적인 고통에다가 육적인 고통까지 찾아온 것입니다. 도저히 사역을 할 수가 없는 상태가 되어 귀국하여 병원에 가서 진단을 받아보니 스트레스를 너무나 많이 받아서 내장에 숙변이 끼다가, 끼다가 덩어리로 뭉쳐서 내장을 막은 것입니다. 그래서 장세척을 해도 효과가 없어서 수술을 했다는 것입니다. 참으로 안타까웠습니다. 아니 선교하러 갔다가 스트레스로 장이 막혔다니 세상 믿지 않는 사람들이 들었다면 무어라고 말했겠습니까? 하나님께서 살아계시면 선교하다가 스트레스 받아 장이 막히게 두었겠느냐고 할 것입니다.

그런데 이는 본인의 무지에서 비롯된 것입니다. 성령의 역사와 인도 없이 자신의 힘과 열심가지고 선교사역을 하려고 했으니 얼마나 힘이 들었겠습니까? 필자가 늘 하는 말이 사람이 하나님의 일을 하려고 하니 얼마나 고단하겠는 가입니다. 한번 생각해 보시기를 바랍니다. 사람의 힘으로 어떻게 하나님의 일을 합니까? 이는 무지로 당하는 고통입니다. 하나님은 절대로 자신의 힘이나 열심가지고 인도에 가서 선교하라고 하시지 않습니다. 전적으로 자신의 무지로 당한 고통입니다. 이렇게 스트레스를 받으면 장기에 숙변이나 찌꺼기가 쌓여서 질병으로 나타나는 경우가 많습니다.

이렇게 자기중심적인 삶은 스트레스를 유발합니다. 부부간에 불화가 일어나서 필자에게 신앙상담 많이 오는 부부의 이야기를 들어보면 남편은 모든 면에 자기가 옳다고 말합니다. 부인보고 저 사람 때문에 내 인생 망쳤다고 말합니다. 그런데 또 부인은 말하기를 남자 때문에 내 생애를 망쳤다. 말하는 소리 들어보라고… 저러니까 내가 살 수 있냐고…. 두 사람이 다 자기 중심적인 삶의 주장을 하고 모든 말하는 것이 자기중심에서 말하는 것입니다. 우리는 항상 나 혼자 살지 않고 이웃과 함께 살고 있습니다. 그러므로 내 주장만 하지 말고 다른 사람의 주장에 귀를 기울이는 역사가 있어야 되는 것입니다. 그 다음에 마음의 장애는 하나님의 말씀을 거역하는 죄인 것입니다. 시편 107편 10절로 11절에 "사람이 흑암과 사망의 그늘에 앉으며 곤고와 쇠사슬에 매임은 하나님의 말씀을 거역하며 지존자의 뜻을 멸시함이라"

하나님의 말씀을 거역하고 하나님의 뜻을 거역하고 편안한 채 하지만 그때부터 마음속에 불안의 씨앗이 심어지는 것입니다. 정죄가 들어오는 것입니다. 하나님 성령께서 마음에 정죄하는 것입니다. 하나님 법을 어기고 나면은 그 법이 마음속에서 끊임없이 정죄의 소리를 외치는 것입니다. 그러므로 우리가 하나님의 뜻을 거역하고 평안하게 살 수가 없습니다. 시편 119편 165절에도 "주의 법을 사랑하는 자에게는 큰 평안이 있으니 그들에게 장애물이 없으리이다."고 말씀한 것입니다.

우리가 가난하고 어렵게 살더라도 하나님 앞에 깨끗한 마음을 가지고 있으면 평안하게 살 수 있는 것입니다. 탐심과 욕심도 우리 마음에 큰 장애인 것입니다. 내 분수에 맞는 것을 원하지 아니하고 분수를 뛰어넘어 취하려고 하기 때문에 탐심과 욕심은 우리 마음속에 크나큰 고통을 가져오는 것입니다.

그 다음에는 교만과 오만입니다. 자기 정도 이상으로 자기를 높이 생각하는 것이 교만과 오만인 것입니다. 어깨에 힘주고 자기 정도 이상으로 대접을 받고 행세하려고 하는 교만과 오만은 정신적인 장애 중에 하나인 것입니다. 행복과 참된 기쁨과 평안을 갖고 사는 삶을 막는 장애들을 고쳐야 되는 것입니다. 마가복음 7장 21절로 23절에 "속에서 곧 사람의 마음에서 나오는 것은 악한 생각 곧 음란과 도둑질과 살인과 간음과 탐욕과 악독과 속임과 음탕과 질투와 비방과 교만과 우매함이니 이 모든 악한 것이 다 속에서 나와서 사람을 더럽게 하느니라." 사람의 마음속에 있는 모든 장애가 나와서 자기의 이웃을 괴롭히고 자기 인생을 망치는 것입니다. 우리는 종종 생각하기를 환경이 나빠서 이웃 사람이 나빠서 우리가 고통을 당한다고 하지만 내 마음속에 있는 장애가 밖으로 나와서 나의 인생을 더럽히는 것입니다.

성경에는 잠언서 4장 23절에 "모든 지킬 만한 것 중에 더욱 네 마음을 지키라 생명의 근원이 이에서 남이니라" 우리 생명의 근원이 마음에서 나오는데 마음을 잘 지켜서 마음에 더러운 마음이 되지 않도록 방어하는 것은 대단히 중요한 것입니다. 성경은 건강의 필수적인 요소로 마음의 건강을 말합니다. 마음이 건강해야 육신도 건강하고 영적인 생활도 건강하여 하나님과의 관계가 돈독해진다는 것입니다. 잠언서 14장 30절에 "평온한 마음은 육신의 생명이나 시기는 뼈를 썩게 하느니라"고 말한 것입니다.

잠언서 17장 22절에는 "마음의 즐거움은 양약이라도 심령의 근심은 뼈를 마르게 하느니라"고 말씀한 것입니다. 마음의 즐거움은 약먹는 것보다 보약보다 더 좋아요. 그러나 마음이 상하면 뼈를 썩게 만듭니다. 그렇기 때문에 가족들 간에 서로 기뻐하고 즐거워하고 화평하게 살면 굉장히 치료가 되고 장수하는 것입니다. 가족들 간에 물고 찢고 싸우면 뼈로 썩게 하는 병을 들게 만드는 것입니다.

레쉬안 박사는 악성종양에 걸린 사람들의 생활을 연구하여 몇 가지 공통점을 발견했습니다. 몸에 악한 암이 걸린 사람들을 조사해 보니까 첫째로 병이 나기 전에 가까운 대인관계에서 상실이 있었다는 것입니다. 자식이나 배우자를 잃었을 때, 암 병이 발생했다는 것입니다. 사랑하는 남편, 아내, 자식이 세상을 뜨고 상실의 마음이 치료받지 못하고 있으면 그것이 암을 유발한다는 것입니다. 둘째로 화가 났을 때 분노를 잘 처리하지 못하는 성격적인 경향이 있다는 것입니다. 화가 났으면 화를 풀어야 되는데 꽁하니 절대로 풀지 않습니다. 화를 어떻게 풉니까? 용서할 수밖에 없습니다. 하나님 앞에 축복하고 용서하면 화가 풀리는데 용서하라고 아무리 부탁을 해도 용서를 안 합니다. 너 두고 보자. 언젠가 내가 너에게 갚아 주리라.

그러면 그 상대에게 심판을 가하기보다는 그것이 자기에게 화를 끼쳐서 암을 일으킨다는 것입니다. 지나치게 내성적이어서 화를 속으로만 삭히고 겉으로는 태연한 척하는 사람이 암에 걸릴 확률이 높습니다. 셋째로 어릴 때 부모님과의 관계에서 해결되지 않은 긴장이 있는 경우인 것입니다. 자신도 모르게 어릴 때 자랄 때 부모님과의 관계가 나쁘고 부모님에 대한 원망과 시기가 꽉 들어차 있는 사람은 그것이 마음속에 응어리가 져서 암이 걸리게 된다는 것입니다.

**둘째, 부정적 사고이다**. 우리가 또 늘 생각해야 될 것은 마이너스 사고를 하지 말아야 되는 것입니다. 모든 일에 없는 것, 모자란 것, 부족한 것을 중심으로 생각하는 습관을 고쳐야 되는 것입니다. 마태복음 13장 12절에 "무릇 있는 자는 받아 넉넉하게 되되 없는 자는 그 있는 것도 빼앗기리라"고 말한 것입니다. 있는 것을 감사하면 점점 더 주시고 없는 것을 보고 불평하면 있는 것도 빼앗아 간다는 것입니다. 불평하니까 스트레스가 되어 장기가 제대로 움직이지 못합니다.

숙변이 생기는 이유를 도로의 정체에 비유합니다. 매일 같이 과식을 하면 처리되지 않은 찌꺼기가 마치 도로가 혼잡하여 차량이 밀린 것처럼 장관 내에 정체하게 되는데, 이렇게 소화되지 않은 음식물이 밀려 나오지 못하게 되면 이를 수용하기 위하여 장관은 옆으로 부풀기도 하고 길게 늘어지기도 한다는 것입니다. 장벽이 부풀어 포켓과 같은 주머니가 생기면 이것이 바로 게실입니다.

또한 장관이 길게 늘어지면 아래로 늘어지면서 꼬불꼬불 구부러지기도 하는데 그러면 장의 변형이 차차 심화되어서 협착이나 염전(뒤틀림)이 생기게 됩니다. 이러면 점점 장 내용물이 통과하기 어렵게 되고 장 내용물이 여기저기에서 정체하게 되는데 이것이 소위 숙변이란 것입니다. 스트레스 상황 하에서는 별도의 영양이 필요한데도(스트레스 받으면 식욕이 왕성해지는 사람들은 이 때문일 것입니다), 제대로 된 음식을 먹지 않기 때문이란 것입니다.

가공된 음식은 섬유질이 부족한데다 메마르고 끈적끈적하여 장에서 잘 움직이지 않는다고 합니다. 그리고는 풀처럼 장벽에 달라붙어 통과하지 않는다는 것입니다. 그러면 장관은 쉬어야 할 때 쉬지도 못하고 이를 내보내야 하며 그것도 훨씬 더 힘들게 이를 내보내야 합니다. 이러한 일을 하자면 더 좋은 영양이 필요한데 그게 제대로 주어지지 않으면 변이 정체되기 시작한다는 것입니다.

스트레스를 받으면 위장 활동이 정상적이 되지 않아 영양의 섭취가 제대로 되지 않으며 장관에 눌어붙은 변이나 제때 배설되지 않은 변은 유해 박테리아의 온상이 됩니다. 이들 박테리아가 내뿜는 독소가 장벽을 통해 체내에 흡수되고 흡수된 독소는 혈액을 통해 체내 전 조직에 운반됩니다. 이를 독혈증(毒血症, toxemia)이라 합니다. 한편으로 장내에 유익 박테리아가 살 수 있는 환경이 점차 줄어들면서 배설은 더욱 나빠지고 기력은 떨어지면서 원인모를 피로와 짜증에서 점차 심각한 질환으로 발전되기 시작합니다. 이런 메카니즘 때문에 자가 중독이 수많은 질병과 노화의 원인이라고 한 것입니다. 대장청소를 통해 나온 숙변. 질긴 고무 같기도 하고 끈끈한 타르 같기도 합니다. 그러므로 우리는 우리의 생활 속에 쉽게 하나님을 원망하는데 하나님 나는 왜 이렇게 하시냐. 저렇게 하시냐 하는데 하나님을 원망하면 좋은 일이 일어날 것 같지 않습니다.

잠언 19장 3절에 "사람이 미련하므로 자기 길을 굽게 하고 마음으로 하나님을 원망하느니라" 자기가 잘못해 놓고 안 되면 하나님이 왜 나를 이렇게 하시느냐고 원망한다고 성경은 말하고 있는 것입니다. 우리는 하나님만 원망할 뿐 아니라 부모님께 원망하는 그 원망도 다 버려야 되는 것입니다. 낳아서 길러준 사랑만해도 말로 다할 수 없는 것입니다. 그러므로 마이너스 사고를 하지 말고 플러스 사고를 해야 되는 것입니다. 로마서 8장 28절에 "우리가 알거니와 하나님을 사랑하는 자 곧 그의 뜻대로 부르심을 입은 자들에게는 모든 것이 합력하여 선을 이루느니라"

좋지 않은 것은 하나님이 좋게 만들어 주신다. 좋은 것은 좋아서 좋고 좋지 않은 것은 하나님이 좋게 만들어 주시니까 좋을 것이다. 플러스 사고를 한다는 것은 로마서 8장 28절을 늘 마음속에 기억하고 시인하는 것입니다. 좋은 것이 나쁜 모습으로 올 때가 많습니다. 시련과 환난이 지나고 난 다음 생각해 보면 참으로 그것이 축복이 된 경우가 대단히 많습니다. 믿음으로 없는 것을 있는 것처럼 생각하라고 성경은 말하고 있는 것입니다. 지금 없는데 있는 것처럼 좋게 생각하라. 로마서 4장 17절에 "기록된바 내가 너를 많은 민족의 조상으로 세웠다 하심과 같으니 그가 믿은 바 하나님은 죽은 자를 살리시며 없는 것을 있는 것으로 부르시는 이시니라" 죽은 자를 살리고 없는 것을 있는 것처럼 하나님이 부르시기 때문에 우리도 죽은 자를 살리는 기적이 일어날 것을 믿고 없는 것을 있는 것처럼 말하라는 것입니다. 인간으로 상상할 수 없는 일, 아주 절망적인 일도 좋은 일이 일어날 것입니다. 그러므로 없는 것을 있는 것같이 하나님께 감사하고 찬양을 하는 그런 신앙훈련을 가져야 되는 것입니다. 기적을 믿지 아니하면 우리가 예수 믿는 사람이 마음에 큰 평안을 가질 수가 없는 것입니다.

마음을 부정적으로 가지면 결국은 환경을 부정적으로 만들게 되는 것입니다. 마음에 가득한 것이 밖으로 나오기 때문에 내 마음에 가득한 생각이 바깥에 환경을 그와 똑같이 끌어들이는 것입니다. 긍정적인 말을 하는 사람은 긍정적인 환경을 끌어오고 부정적인 말을 하는 사람은 부정적인 환경을 끌어오는 것입니다. 그러므로 무슨 말을 하는지 조심해야 됩니다. 마태복음 13장 12절에 "무릇 있는 자는 받아 넉넉하게 되되 없는 자는 그 있는 것도 빼앗기리라" 자꾸 없다고 말하면 있는 것도 다 없어지고 있는 것을 바라보고 감사하면 더 많아지게 되는 것입니다.

**셋째, 감사하지 않는 마음**. 우리가 또 마음의 장애는 감사하지 않는 마음이 마음에 큰 장애가 되는 것입니다. 시편 50편 23절에 "감사로 제사를 드리는 자가 나를 영화롭게 하나니 그의 행위를 옳게 하는 자에게 내가 하나님의 구원을 보이리라" 항상 불평, 원망, 탄식, 미움, 원한, 용서하지 않는 마음, 이해와 동정과 사랑치 않는 마음은 우리 마음에 큰 장애가 되는 것입니다. 이러한 마음은 하나님의 은혜를 우리 마음속에서 다 쫓아내 버리고 마는 것입니다. 범사에 감사하는 마음, 이것은 자신 좋으라고 하는 것입니다. 남 좋으라고 하는 것이 아니라. 내가 감사하면 내 마음을 긍정적으로 붙잡아 맬 수가 있기 때문인 것입니다. 욥 보십시오. 욥은 자녀와 재산을 다 잃었으나 하나님을 경외하는 마음은 변치 않았습니다.

욥기 1장 20절로 22절에 "욥이 일어나 겉옷을 찢고 머리털을 밀고 땅에 엎드려 예배하며 이르되 내가 모태에서 알몸으로 나왔사온즉 또한 알몸이 그리로 돌아가올지라 주신 이도 여호와시요, 거두신 이도 여호와시오니 여호와 의 이름이 찬송을 받으실지니이다. 하고 이 모든 일에 욥이 범죄하지 아니하고 하나님을 향하여 원망하지 아니하니라" 하나님 중심으로 생각하니 상처가 되지 않았습니다.

하루 아침에 재산 다 잃어버리고 자식들 다 죽고 사랑하는 아내가 배반해 나가고 친구들이 와서 그를 공격하고 그는 백척간두에 서 있는 사람입니다. 의지할 곳 없습니다. 그럼에도 불구하고 하나님을 원망하지 아니하고 빈손들고 왔으니 빈손들고 가는 것은 마땅하지 않느냐. 내가 복도 받았으니 화도 받는 것도 마땅하다. 하나님께 감사한다. 하나님조차 감동을 해서 욥과 같은 사람이 없다고 칭찬한 것입니다. 그러니 하나님이 나중에는 처음보다 더 큰 복을 욥에게 주었다고 말한 것입니다.

장수는 하나님의 축복 가운데 하나인데 우리가 건강하게 장수하려면 어떻게 해야 할까요? 많은 조사기관들이 유명한 장수촌들을 연구한 결과 몇 가지 공통점을 발견했습니다. 첫째로 장수하는 사람들은 부지런함입니다. 장수촌의 노인들은 혼자 1천 500평이 넘는 밭을 일굴 정도로 평소 부지런히 움직였습니다. 아침에 일찍 일어나고 부지런히 일하고 그리고 잠 잘자고 장수의 비결인 것입니다.

둘째로 규칙적인 식사인 것입니다. 이들은 자연환경에 적응하여 나물과 곡물을 자연 그대로의 맛으로 즐기며 규칙적으로 식사를 했습니다. 채식을 많이 했다는 것을 우리는 볼 수 있는 것입니다. 셋째로 감사하는 삶입니다. 이들은 늘 긍정적인 생각을 하며, 아름다운 자연을 주신 것을 감사하고, 기쁜 마음으로 노래하는 것을 즐겁게 생활했습니다. 장수의 비결은 하나님이 창조하신 자연의 섭리를 거스르지 않고 늘 감사하며 사는 것입니다. 감사할 때 마음에 기쁨과 평안을 느끼며 더욱 건강하고 행복한 삶을 살 수가 있는 것입니다.

우리가 적은 것을 감사하면 하나님이 더 큰 것을 주시고 큰 것을 더 감사하면 크게 나눌 수 있는 은총을 주시는 것입니다. 적은 것을 불평하면 적은 것조차 빼기고 더 원망하고 불평하면 생명조차 위협을 느끼는 병들게 되는 것입니다. 우리는 언제나 희망을 가지고 살아야 되는 것입니다.

**넷째, 장기에 적체물이 생기지 않도록 하려면**. 성령으로 충만한 믿음 생활을 해야 합니다. 물론 예배도 영과 진리로 드려야 합니다. 기도를 온몸으로 해야 합니다. 성령으로 온몸으로 기도하면 영-혼-육의 건강해집니다. 성령으로 오장 육부의 기능이 정상이 되니 전인적으로 건강해지는 것입니다. 더 중요한 것은 기도를 바르게 해야 내장에 적체물이 생기지 않습니다. 일부 크리스천들이 기도하면 머리로 생각하여 목으로 하는 것으로 알고 있습니다. 기도는 머리로 하지 않고 배로 하는 것입니다. 온몸으로 기도하는 것은 숨을 쉬는 것과 같이 기도하는 것입니다. 머리를 사용하여 기도하면 인간적인 기도가 되기 쉽습니다. 인간적인 기도를 아무리 장구하게 해도 영이신 하나님께서 듣지 못하고 응답하지 못하고 역사하시지 못합니다. 하나님께서 영이시기 때문입니다. 그래서 하나님은 성령으로 기도하라고 하시는 것입니다.

성령으로 기도하는 방법은 아랫배에 의식을 두고 호흡을 깊게 들이쉬고 내쉬면서 기도해야 합니다. 호흡을 들이쉴 때는 아랫배가 불숙불숙 나오도록 해야 합니다. 방법은 아랫배에 힘을 주고 호흡을 들이쉬면 자연스럽게 아랫배가 불숙불숙 해지는 것을 느낄 수가 있습니다. 이렇게 지속적으로 기도하면 심장이 튼튼해지고 내장의 운동이 활성화되어 장기가 건강해지고 영력이 강해집니다. 알아야 할 것은 영적인 생활은 공동으로 하는 예배를 통해서 하는 것으로 한정해서는 자신의 영과 육체의 건강을 쾌할 수가 없습니다. 예배생활 외에 자신 안에 계신 하나님과 일대일 관계가 독득해지는 믿음생활을 해야 영과 육체가 건강해집니다. 일대일 관계를 여는 것이 머리로 기도하지 않고 아랫배로 기도하는 것입니다. 그냥 자신 안에 주인으로 계시는 하나님을 찾는 것이 기도입니다.

내장에 적체물이 끼는 것은 잘못된 식생활 때문입니다. 맛 때문에 생채 식을 멀리하고 화식을 즐기며 과식, 편식, 미식, 육식에다 가공식의 상식(常食), 거기다가 설탕 및 염분부족 등이 숙변정체의 원인을 만들고 있습니다. 거기다가 운동부족과 정신적인 스트레스의 누적입니다. 스트레스는 정말 만병의 원인이 됩니다. 일대일 관계를 열어가는 영성훈련은 스트레스를 제때 해소하게 됨으로 영육의 건강에 참으로 유익합니다.

기타 내장에 숙변을 예방하는 길은 첫째로 평소에 생수, 현미오곡밥, 생 채식 등 섬유질이 많은 음식, 질 좋은 소금 등을 충분히 섭취해야 합니다. 둘째 소식과 더불어 제 고장에서 제 철에 난 음식을 먹어야 합니다. 셋째 가능한 한 천연섬유로 된 얇고 훌렁훌렁한 옷을 입고 가벼운 이불을 덮고 자는 습관을 들여야 합니다.

**충만한교회에서는** 매주 토요일 10:00-12:30 정한 선교헌금을 하고 1주전 예약하여 2시간 30분씩 특별 개별집중내적치유 시간이 있습니다. 대상자는 여기서도 저기서도 치유와 능력을 받지 못한 분/ 불치병, 귀신역사를 빨리 치유 받을 분/ 목, 허리디스크, 허리어깨통증, 근육통, 온몸이 아프고 무거움에서 치유해방 받고 싶은 분/ 자녀나 본인의 우울증, 공황장애, 조울증, 불면증을 빨리 치유 받을 분/ 가슴이 답답하고 기도하기가 힘이 드는 분/ 생업과 목회로 영육의 탈진에 빠져서 고통당하시는 분/ 축복과 영의 통로를 뚫고 싶은 분/ 성령의 불세례를 체험하고 싶은 분/ 최단기간에 성령치유 능력 받고 싶은 분이 참석하시면 기적적인 영육의 치유와 능력을 받습니다. 반드시 1주전에 전화하시고 예약해야 합니다.

# 10장 잠재의식에 숨어있는 사기덩어리

(히 12:14-15)"모든 사람과 더불어 화평함과 거룩함을 따르라 이것이 없이는 아무도 주를 보지 못하리라. 너희는 하나님의 은혜에 이르지 못하는 자가 없도록 하고 또 쓴 뿌리가 나서 괴롭게 하여 많은 사람이 이로 말미암아 더럽게 되지 않게 하며"

하나님은 생명의 말씀과 성령으로 내면세계를 정리하기를 원하십니다. 내면세계의 잠재의식이 잠재력을 이끌어내지 못하도록 방해하기 때문입니다. 그래서 잠재의식을 정리하라고 하시는 것입니다. 현재의식이 어떤 일을 추진하려고 하면 잠재의식이 과거경험이 생각나게 하는 것입니다. 아버지가 사업에 실패를 거듭하여 고생을 하면서 자란 여성이 결혼을 하면 남편을 아버지와 같은 사람으로 보게 한다는 것입니다. 잠재의식이 과거 아버지를 떠올리면서 남편이 하는 일을 방해하게 한다는 것입니다.

우리가 알아야 할 것은 잠재의식에 형성된 상처는 모두 출동준비를 하고 대기하고 있다는 것입니다. 책꽂이에 책이 꽂이 있는 것과 같이 모두 서있는 것입니다. 그래서 동일한 상황이 전개되면 순간 '안 된다'하면서 반대하게 하는 것입니다. 잠재의식이 자신의 감정을 자극하여 순간 이성을 잃게 하는 경우도 있습니다.

**첫째, 잠재의식에 형성되는 사기 덩어리.** 우리는 과거에 경험했던 어떤 고통스러운 기억으로 말미암아 인간관계가 좋지 않고, 과거의 실패 감에 사로잡혀 있으므로 무엇인가를 시도해도 잘되지 않는 경우가 있습니다. 오늘을 잘 살기 위해서는 과거의 부정적인 기억을 치유해야 합니다. 과거를 잘 정리해야 합니다. 실패는 교훈입니다. 실패하지 않고 성공하는 사람이 없습니다.

문제는 실패가 아니라, 우리에게 남아서 늘 부정적인 영향을 주는 실패 감입니다. 과거가 주는 실패 감을 잘 정리해야합니다. 하나님은 언제나 우리에게 꿈을 주고 새로운 시도를 통하여 창조적인 삶을 살게 하지만, 마귀는 실패 감을 부여잡고 쓰러져 있게 만듭니다. 아무런 시도도 하지 못하게 만듭니다. 실패 감에 사로잡혀 환경에 이끌려 다니게 만듭니다. 하나님은 우리를 마음으로부터 새롭게 시작하게 하십니다. 실패를 넘어 성공을 향해 새롭게 도전하게 하십니다. 이렇게 함으로 하나님을 닮은 우리자신의 가치를 높이게 하십니다. 아무것도 하지 않는 것은 스스로 쓸모없는 존재, 무가치한 존재로 전락하는 것입니다. 구원받은 인간은 계속 가치가 올라가다가 마지막에는 천국까지 가는 것입니다. 이를 위해서는 과거가 주는 실패 감, 부정적인 감정에서 벗어나야 합니다.

그리고 자꾸 생명의 말씀과 성령의 역사로 자신을 가꾸어야 합니다. 마음을 가꾸라. 과거를 가꾸라. 영성을 가꾸라. 그래야 하나님이 쓰십니다. 새로운 것에 대한 도전은 과거를 정리해야 가능합니다. 과거가 정돈되지 못하면, 새로운 도전을 할 수 없고, 결국 하나님께서 원하시는 행복하고 성공적인 삶을 살지 못하게 됩니다. 잠재의식을 정화해야 합니다.

크리스천이 알아야 할 것은 인간의 마음속에 머무르면서 그 사람의 마음의 세계를 관리하는 심리기제인 현재의식과 잠재의식은 서로 맡은 바 역할이 다릅니다. 현재의식은 사람의 생각을 만들어 내는 일을 하고, 잠재의식은 그 사람의 느낌을 만들어 내는 일을 합니다. 사람의 생각과 느낌은 서로 다른 마음의 영역에서 만들어 지는 것으로서, 그 사람의 인간된 모습을 외부에 있는 사람들에게 전달해 주는 역할을 합니다. 현재의식에서 만들어지는 생각이 사람의 의지에 의해서 만들어지는 것이라면 잠재의식에서 만들어 지는 느낌은 사람의 의지와는 전혀 상관없는 잠재의식이 만들어냅니다. 생각과 느낌은 정신분석학에서 주로 다루는 심리분야입니다. 정신분석은 오랜 연구의 역사적 과정 속에서 인간이 조정할 수 없는 잠재의식에 대한 본질을 알아보고자 했습니다. 잠재의식의 본질을 한 마디로 줄여서 말한다면 인간이 인지하고 이해하고 종용할 수 없는 의식이 알지 못하는 심리영역입니다.

현재의식의 밑바닥에 있는 잠재의식은 인간이 태어난 이후 모든 행복하고 불행하고 기쁘고 슬프고 잘하고 못하고 등의 모든 인생 경험이 컴퓨터에 입력되듯 기록되고 있습니다. 잠재의식은 의식의 내부에 깊숙이 숨겨진 엄청난 능력입니다. 어린아이가 태어나면 무엇이 선하고 악한지 옳고 틀린지를 모릅니다. 그의 가장 가까이에서 말하고 행동하는 사람이 누구냐에 따라 그의 잠재의식은 형성됩니다.

잠재의식은 3가지 형태로 자신에게 영향을 미치게 됩니다. 첫째로 태아기와 유아기에 일어나는 현상으로 무조건 잠재의식이 현재의식을 받아들이는 것입니다. 현재의식에서 안 되는 방향으로 생각하고 못하는 방향으로 느끼고 말해도, 잠재의식은 현재의식의 명령을 받고 그대로 받아들입니다. 잠재의식은 자신이 내리는 생각의 명령이 좋은 것이든 나쁜 것이든 구분을 못하고 그대로 받아들입니다. 유아 시절에는 분별력이 없기 때문에 자신의 주변사람에게 들은 단점만 생각하고, 못하고 열등적인 면만 생각하여 자신을 열등적인 인간이라고 현재의식에서 생각의 명령을 내리면 잠재의식은 그것을 여과 없이 그대로 받아들입니다. 현재의식을 따르다가 상처를 받으면 상처가 잠재의식에 형성이 되기도 합니다.

유아기의 잠재의식은 자신이 생각하는 대로 움직이고 형성됩니다. 자신이 아주 적극적이고 자신 있는 생각만 하면 자신 있고 멋있다는 그림이 형성되어 그렇게 생각되어지고 행동하게 됩니다. 그런데 부모가 자신의 요구를 들어주지 않으면 상처가 잠재의식에 형성됩니다. 유아시기에는 자기위주로 생각하기 때문에 이런 경우가 보통입니다. 유아시절에는 성공과 행복을 생각하면 성공과 행복한 쪽으로 잠재의식이 형성되고, 실패와 불행만 생각하면 실패와 불행 쪽으로 잠재의식이 형성됩니다. 유아기에 보고 듣고 생각하고 느끼고 것은 모두 잠재의식의 깊은 곳에 저장됩니다.

둘째로 잠재의식이 자신의 주인 역할을 하는 것입니다. 유아기를 지나서 소년기에 접어든 사람들이 이런 경우가 나타나는 것이 보통입니다. 유아기에 형성된 영육의 상처와 정신적인 상처가 잠재의식에 형성된 대로 행동에 옮기도록 역사하는 것입니다. 잠재의식이 감정을 건드려서 순간 판단을 잘못하도록 역사하는 것입니다. 예를 든다면 우울증, 조울증, 공황장애, 조현병(정신분열증)이 여기에 해당이 됩니다. 혈기가 심한 사람도 여기에 해당이 됩니다. 사람은 본래 혈기가 심하게 창조되지 않았습니다. 현재의식은 잠재의식에 눌려서 제대로 발휘하지 못합니다. 그래서 정상적인 사람들이 이해하지 못하는 살인 사건도 저지르는 것입니다. 얼마 전에 강남역에서 일어난 여성 살인사건이 여기에 해당이 되는 것입니다. 잠재의식의 사기 덩어리를 정화하지 않으면 인생을 성공할수가 없습니다.

셋째로 저장된 잠재의식이 내면의 능력을 이끌어내는데 방해요소로 작용 합니다. 잘못 형성된 잠재의식은 의식에서 어떤 일을 시도하려고 하면 과거 실패나 상처가 생각이 나도록 합니다. 그래서 안 된다고 생각하게 하여 새로운 일을 추진하지 못하도록 합니다. 잘못 형성된 잠재의식은 능력을 이끌어내는데 결정적으로 악영향을 미치는 것입니다. 그래서 잠재의식을 한살이라도 적을 때 생명의 말씀과 성령으로 정화시켜야 한다는 것입니다. 인간의 기교로는 절대로 잠재의식을 정리할 수가 없습니다. 반드시 성령의 역사가 일어나야 잠재의식에 형성된 상처가 해결이 되는 것입니다. 잠재의식을 정리하면 인생을 성공할 수가 있고, 정리하지 못하면 인생이 꼬이는 것입니다. 이렇게 잠재의식은 자신의 인생에 중차대한 영향을 끼치는 것입니다.

**둘째, 잠재의식의 사기 덩어리가 정체를 드러내는 시기.** 자신의 내면에 잠재하여 있던 요소들이 드러난 것입니다. 이런 유형의 사람들의 가계력을 조사해 보면 조상 중에 무당이 있다든지, 남묘호랭객교를 믿었든지, 절에 스님이 있다든지, 우상을 지독하게 섬겼다든지, 절에 재물을 많이 시주 했다든지, 영적이고 정신적인 질병으로 고생하다가 돌아간 사람이 있다든지, 등등의 원인이 반드시 있었습니다. 이런 사람들은 태아시절에 귀신이 침입을 하기도 합니다. 유아시기에도 침입을 합니다. 그러니까, 영적정신적인 문제 보균자들입니다. 예방신앙을 철저하게 해야 합니다.

이렇게 잠재하여 있던 영적이고 정신적이고 상처와 스트레스로 형성된 문제들이 사업 파산, 결혼실패, 직장해고, 학교공부 스트레스, 충격적인 상처, 놀람 등 자신이 감당할 수없는 충격을 받거나 장기간 스트레스를 받아 체력이 급속이 저하되었을 때 밖으로 나타납니다. 그리고 잠재의식에 상처와 스트레스가 쌓이면 체력소모가 배가하여 더 스트레스를 받아 체력이 급속도로 약해지는 것입니다. 그래서 저는 균형 잡힌 영성이 되어야 한다는 말을 많이 합니다. 영-혼-육이 균형이 잡혀야 정상적인 생활을 할 수가 있다는 말입니다.

우리가 스트레스를 받으면 체력의 소모가 많이 됩니다. 체력이 떨어지니 자신 속에 잠재하여 있던 영육의 문제가 드러나는 것입니다. 정상적으로 지내던 사람이 갑자기 불안하고, 초조하고, 두려워서 잠을 자지 못하고, 가위눌림을 당하고, 헛것이 보이기도 하고, 간질을 하고 발작을 하면서 괴성을 지릅니다. 머리가 깨질 것과 같이 아프기도 합니다. 정상적인 생활을 할 수 없는 지경에 이르게 됩니다. 그래서 영적인 문제라고 단정하고 축사만 받으려고 합니다. 유명하다는 목사를 찾아가 안수를 받습니다. 한 번에 쉽게 해결을 받기 위해서 돌아다닙니다. 이렇게 이리저리 돌아다니다가 치유의 시기를 놓치는 경우가 허다합니다.

그러다가 영적인 분야를 잘 알지 못하는 사역자를 만나 금식도 합니다. 그러나 금식은 금물입니다. 체력이 소진되어 문제가 발생했는데 금식을 하면은 기름 탱크에 불을 붙이는 것과 마찬가지입니다. 더 악화된다는 것입니다. 이때에는 당황하지 말고 환자를 안정을 시키고 우선 체력을 보강해야 합니다. 빠른 시간에 체력을 보강할 수 있는 보약이나 다른 보양 식품을 먹여야 합니다. 그래서 체력을 회복시켜야 합니다. 안정을 취하게 해야 합니다. 그러면서 정신적인 문제를 바르게 전문으로 치유하는 사역자에게 가서 말씀과 성령으로 치유를 받으면 바로 정상이 됩니다. 치유는 무조건 축귀만 한다고 치유가 절대로 되지 않습니다. 비전문가의 축귀는 오히려 더 악화될 수가 있습니다.

주의해야 합니다. 영적, 정신적인 문제 치유가 그렇게 쉽고, 단순하지 않습니다. 환자 스스로 말씀 듣고 성령으로 기도를 하도록 해야 합니다. 본인의 심령에서 성령의 역사가 일어나야 합니다. 자신의 영의 힘으로 일어서게 해야 합니다. 환자가 영적 자립을 해야 하므로 시간이 걸립니다. 급하게 생각한다고 빨리 치유되는 것이 절대로 아닙니다. 축사만 하면 당시에는 치유가 된 것 같은데 시간이 지나면 재발을 합니다. 영적 자립능력이 없기 때문입니다. 그런데 이와 같은 전문적인 치유를 일반 성도들이나 목회자는 잘 이해하지 못합니다.

그래서 영적치유를 받겠다고 1년 이상 돌아다니면서 이 사람 저 사람에게 안수와 축귀만 받으면서 돌아다니게 됩니다. 이러다가 치유의 시기를 놓쳐서 환자가 사람 노릇을 못할 정도로 심각해 질 수가 있으니 주의 하지 않으면 안 됩니다. 제일 좋은 것은 사전에 예방하는 것입니다. 이런 가계력이 있다면 미리 성령이 충만한 교회에 가셔서 전문적인 치유사역자의 도움을 받아가며, 성령의 역사로 문제의 잠복된 요소들을 배출하는 것입니다. 아무 교회나 다닌다고 예방되는 것은 절대로 아닙니다. 살아계신 성령의 역사가 있고, 생명의 말씀이 증거 되는 교회라야 사전에 영적인 진단을 하여 치유될 수가 있습니다. 성령이 강하게 역사하는 교회라야 정체를 폭로합니다.

침입한 귀신은 나이에 상관없이 정체를 드러냅니다. 초등학교 1-2학년 17살(고1)에 제일 많이 드러냅니다. 학업에 스트레스가 심하기 때문입니다. 20살에 드러냅니다. 24살에 드러냅니다. 결혼하여 잦은 부부불화가 있을 때 드러냅니다. 27살, 32살, 36살, 38살 43상 등등 한번 침입한 귀신은 인내하며 기다리다가 취약한 시기가 되면 반드시 정체를 드러냅니다. 말씀과 성령의 역사로 정기적인 영적 진단과 내적치유와 축귀하는 예방 신앙이 중요합니다. 상처가 있고 영적으로 깔끔하지 못한 가계력을 가진 분들은 교회를 잘 정해야 합니다. 성령의 역사가 강한 교회에서 신앙생활을 하면서 미리 영적 진단하여 치유해야 하기 때문입니다. 예방신앙이 중요합니다. 숨어있던 귀신은 자신들이 원하는 시기가 되면 반드시 정체를 드러내기 때문입니다.

**셋째, 잠재의식의 상처를 치유 받고 주의해야할 일**. 치유는 영적인 치유와 의학적인 치유를 병행해야 합니다. 본인이 치유 받겠다는 의지만 있다면 얼마든지 정상적인 사람으로 바뀔 수가 있습니다. 집중적인 치유를 해야 합니다. 필자가 "가계저주와 영원히 이별하는 길"이라는 책에서 설명했지만 집중적인 치유가 아니면 치유가 되지 않습니다. 이런 환자는 보호자와 함께 집중적인 치유를 해야 합니다. 하루 이틀이 아니고 여러 날을 생명의 말씀과 성령의 역사를 체험하며 기도하고 안수를 받으면서 잠재의식(무의식)을 정화해야 합니다. 하나님의 나라가 되도록 집중적인 관리를 해야 합니다. 마음이 하나님의 성전이 되어 성령의 역사가 육-혼-영을 지배해야 완치되는 것입니다. 그래서 치유하는데 시간이 걸립니다. 태아시절이나 유아시절에 형성된 잠재의식에 형성된 상처를 치유하려면 생명의 말씀과 성령의 역사로 깊은 차원에 내적치유를 해야 합니다. 크리스천이 왜 잠재의식의 상처로 고통을 당합니까?

**첫째로 영적으로 무지하여 당한다.** 많은 성도들이 영적이나 육적인 문제로 고통을 당하다가 하나님의 은혜로 치유를 받습니다.

그 후 얼마동안을 예배를 잘 참석하면서 영성을 유지하는 것이 보통입니다. 그런데 시간이 지나면 고통당하던 시절을 잊어버립니다. 이만하면 되겠지 하면서 예배를 등한히 하게 됩니다. 예를 든다면 주일예배뿐만이 아니라, 주중 저녁예배에도 열심히 참석하여 영성을 유지하다가 어느 날부터 슬슬 저녁예배를 나오지 않습니다. 그러다가 덤터기를 만납니다. 알아야 할 것은 치유 받을 당시의 영성을 유지하지 못하면 육이 슬슬 강화되어 덤터기를 만나는 것이 보통입니다. 사람은 육체가 있으므로 치유 받을 당시 영성을 유지하지 못하면 육이 강화되어 하나님과 관계가 벌어지기 때문에 벌어진 사이로 귀신이 침입을 합니다. 그렇게 되면 종전에 고통당할 때보다 더 심하게 고생하는 것입니다. 그런데도 사람이기에 대비하지 못하고 당하는 경우가 많습니다. 당하고 나면 후회하다가 치유되면 다시는 그렇게 믿음 생활을 등한히 하지 않게 됩니다. 알아야할 것은 자신이 잠재의식의 상처로 고통을 당한 다음에 성령의 역사로 치유를 받았다면 100% 치유된 것이 아니라는 것을 알아야 합니다. 성령님이 함께 하시는 목회자를 통하여 치유 받는 경우 영육의 문제의 70%가 치유되는 것입니다. 그래도 완전치유된 것과 같이 느끼게 됩니다. 나머지 30%는 신앙생활을 하면서 깨닫는 만큼씩 치유가 되는 것입니다. 말씀을 성령으로 깨달아 회개하고 용서하는 만큼씩 하나님의 영역이 되어가면서 성령의 지배와 인도를 받는 성도가 되는 것입니다. 그래서 영적으로 깨닫고 보면 하나님의 형상으로 바꾸려는 하나님의 섭리라고 할 수가 있습니다.

**둘째로 가정이 하나 되지 못하여 당한다**. 예수를 믿어도 한쪽은 율법주의로 열심히 하고 많이 알면 된다는 관념적인 믿음생활을 하고, 한쪽은 성령으로 충만하고 성령의 인도를 받는 복음주의 신앙이라면 예수를 믿는 다고 하더라도 영적으로 하나 되지 못할 수가 있습니다. 유대인은 육의 사람입니다. 귀신이 그대로 역사합니다.

이때 일어날 수 있는 영육의 문제는 남편이 영육으로 충만하면, 부인이 영육의 문제가 발생합니다. 스트레스로 체력이 떨어진 쪽에서 일어납니다. 약한 쪽에서 당하는 것이 보통입니다. 분명하게 영과 육의 균형을 유지해야 합니다. 영력도 강해야 되고, 체력도 강해야 합니다. 그렇기 때문에 부부는 영-혼-육으로 하나가 되어야 합니다. 부부는 교회도 같은 교회를 다니는 것이 영-혼-육의 건강을 위하여 중요합니다. 부부모두 성령으로 충만하면 영육의 문제는 사전에 예방이 가능합니다.

**셋째로 영-혼-육의 문제가 언제 다시 발생하는가**. 내면을 생명의 말씀과 성령으로 정화하여 정상적인 마음상태를 유지한다면 문제는 재발하지 않습니다. 미리 성령으로 세례 받고 충만하게 하여 내면을 정화(내적치유)하는 신앙생활의 습관이 되면 영-혼-육의 문제는 사전에 예방할 수가 있습니다. 그러나 나는 그런 일이 일어나지 않는다, 예수를 믿었기 때문에 해당이 없다고 하면서 방심하며 관념적인 믿음 생활을 하면 언젠가 당할 수가 있는 것입니다. 내면이 강하게 되는 것은 자신도 그런 일이 있을 수 있다고 받아들여서 미리 해결하는 것입니다. 영원한 천국에 갈 때까지 내면에 관심을 갖는 것입니다. 자신도 그런 문제가 발생할 소지를 가지고 있다고 인정하고 예방하는 것이 중요합니다. 그러나 나는 예수를 믿고 성령으로 충만한 신앙생활을 하기 때문에 그런 일이 생길 이유가 없다고 하면서 방심하면 영락없이 당할 수가 있습니다. 언제 당하는가, 스트레스를 받고, 충격을 받고, 갱년기를 맞이하여 영-혼-육의 기능에 불균형이 일어날 때 잠재의식에 숨었던 영-혼-육에 문제가 발생합니다. 이를 이해하려면 대상포진을 생각하면 쉽게 이해할 수 있을 것입니다. 대상포진은 자신의 내면에 잠재하여 있던 요인이 육체의 기능이 떨어질 때 밖으로 나타나는 현상이 대상포진입니다. 마찬가지로 잠재의식에 숨어있던 영-혼-육의 저해요소가 영력과 체력이 떨어지니 밖으로 나타나는 것입니다. 그렇기 때문에 사전에 성령으로 세례를 받고 성령으로 내적 치유하여 내면을 정화하는 예방신앙이 중요한 것입니다. 모두가 영-혼-육의 문제가 일어날 소지를 가지고 있습니다. 교만하면 당합니다. 발생하면 때는 늦습니다.

**넷째로 영-혼-육에 문제가 생길 때 일어나는 현상**. 귀신역사가 일어납니다. 귀신의 영향으로 정상적인 생활을 하지 못합니다. 정신적인 문제가 발생합니다. 멀쩡하던 사람이 불안과 두려움으로 정신을 차리지 못합니다. 우울증이나 조울증이 생기기도 합니다. 증상은 늦은 밤에 더 심하게 일어납니다. 이는 귀신의 영적인 공격이 밤에 더 강하게 일어나기 때문입니다. 그리고 잠을 자려고 하면 영-혼-육의 기능(뇌파)이 안정되기 때문에 귀신의 역사가 더 강하게 일어나는 것이 보통입니다. 이는 이렇게 이해하면 쉽습니다. 아기가 저녁 11시만 되면 우는 아기가 있습니다. 이는 영적인 공격이 심하여 불안하기 때문에 우는 것입니다. 영적인 세계가 안정(천국)이 되면 울지 않습니다. 악한영이 역사(지옥)가 강하기 때문에 체력이 감당하지 못하기 때문에 일어나는 현상입니다. 그래서 영적, 정신적으로 고생하는 분들이 늦은 밤부터 두려움과 이명 등으로 고생하다가 새벽이 되어서 잠이 드는 것입니다. 이는 다른 정상적인 건강을 유지하는 사람은 모르는 현상입니다. 영-혼-육의 기능이 저하된 사람에게만 일어납니다. 그래서 정상적인 사람들이 환자가 꾀병을 앓는다고 할 수가 있는 것입니다. 겉으로 보기에는 멀쩡한데 괴롭다고 하기 때문입니다.

환자는 머리가 어지럽거나 아프고 이명이 심하고 가슴이 두근거리고 가슴이 답답하여 죽는 것과 같은 고통을 당하는데 겉보기에는 아무렇지도 않기 때문입니다. 그런데 정신병원에 가서 진단하면 불안장애나 공황장애, 우울증, 조울증, 불면증 등으로 진단합니다. 정신과 약을 먹어도 효과가 미미하고 환자가 힘이 없고 머리가 멍하다고 고통을 호소하며 죽을 때까지 약을 먹어야 합니다.

문제는 건강한 사람의 영향으로 환자가 고생하는 경우가 있다는 것입니다. 남편은 부인의 영향으로, 부인은 남편의 영향으로(심하게 말한다면 상대방에서 역사하는 귀신의 영향으로), 일어나는 영적인 문제이기 때문에, 관념적인 믿음생활로 영적세계를 알지 못하고, 영의 눈이 열지지 않아, 보이지 않는 영의 세계를 깨닫지 못하면 해결이 불가능합니다. 더 심하게 말한다면 부인이나 남편이나 자녀들에게 역사하는 귀신의 역사가 약한 사람을 공격하는 것입니다. 그렇기 때문에 환자만 치유하면 해결되는데 시간이 많이 걸립니다. 가족이 함께 생명의 말씀과 성령으로 치유한다면 시간이 단축이 됩니다. 성령님이 가정을 장악하시기 때문입니다.

다섯째로 어떻게 해야 치유가 될까요? 사전에 성령으로 세례 받고 성령으로 치유하여 예방하는 것이 최고입니다. 모든 분들에게 일어날 수 있는 문제라고 이해하고 대처해야 예방이 가능합니다. 누구나 영력과 체력이 떨어지면 나타날 수가 있는 상황입니다. 건강하던 사람도 갱년기에 일어납니다. 누구나 예외는 없습니다. 그렇기 때문에 자신도 일어날 수가 있다고 생각하고 사전에 예방하는 것입니다. 이런 증상의 가계력(처가 본가할 것 없이 부모가 영-혼-육의 질병으로 고생한 가문)이 있는 가정은 미리 예방하는 것이 좋습니다. 어릴 때 해결하는 것이 중요합니다. 부모가 그런 경우를 당하면서 고통을 당했다면 자녀도 동일하게 고통을 당할 수가 있습니다. 확률은 90%이상입니다. 문제는 건강할 때는 나타나지 않습니다. 영-혼-육의 기능이 떨어졌을 때 나타나기 때문입니다. 자기 대에 처음 예수님을 믿는 가정이라면 부부와 가족이 실제적인 성령의 역사가 일어나는 교회에 같이 다니는 것이 유익합니다. 3년 이상을 성령으로 충만하게 유지하면서 치유해야 안심할 수가 있습니다. 쉽게 떠나가지 않습니다.

체력이 소진되어 일어난 문제이니 체력을 보강해야 합니다. 금식을 한다든지, 귀신만 쫓아내려고 이곳저곳을 방황한다든지, 내면을 생명의 말씀과 성령으로 채우는 일 외에 비상식적인 행동을 하면 영원히 해방되지 못할 수도 있습니다. 말씀과 성령으로 치유에 집중하며 내면을 강하게 해야 합니다. 다른 특별한 방법이 있을 수가 없습니다.

관념적인(열심히 하고 많이 알면 되는 신앙) 신앙생활을 하게 되면 영락없이 부모와 동일한 고통을 당하는 경우가 보통입니다. 성령의 역사가 심령 깊은 영-혼-육의 문제와 상처를 치유해야 안심할 수가 있습니다. 부부가 함께 치유 받아야 빨리 해결이 됩니다. 부부가 같이 치유를 받으면서 영적인 문제와 상처로 이런 문제가 왔구나, 하고 인정하게 되니 빨리 해결이 되는 것입니다. 부부가 성령의 역사로 자신의 진면모를 정확하게 보게 되니 서로 내 탓 이였구나, 하고 인정하니 빨리 해결이 되는 것입니다. 성령의 역사가 일어나야 아~ 내가 문제였구나! 인정하게 되고 치유가 되기 시작을 합니다. 또한 상대방에게 핑계대지 못하게 됩니다.

그렇기 때문에 환자 혼자 치유 받을 수도 있으나 시간이 5-10배 이상 걸리게 됩니다. 환자가 성령으로 충만하여 가정을 장악해야 되기 때문입니다. 하나님은 부부가 영-혼-육의 일심동체가 되기를 소원하십니다. 모두 예수를 믿으면서 불필요한 고통을 당하지 말기를 바랍니다. 성도는 "이만하면 되었다"하는 자만하는 신앙을 자신을 망하게 합니다. 영원한 천국에 갈 때까지 영성관리를 등한히 하면 당합니다.

# 3부 예수 믿어도 건강치못한 근본원인

## 11장 행위중심의 믿음생활 하기 때문에

(히 5:12)"때가 오래 되었으므로 너희가 마땅히 선생이 되었을 터인데 너희가 다시 하나님의 말씀의 초보에 대하여 누구에게서 가르침을 받아야 할 처지이니 단단한 음식은 못 먹고 젖이나 먹어야 할 자가 되었도다."

많은 수의 크리스천들이 오늘도 마음의 상처로 질병으로 생활고로 고통하며 살아가고 있습니다. 예수를 믿으면 모든 병이 치유되고 평안하게 살아간다고 하는데 정작 실제 생활은 그렇지 못한 경우가 많습니다. 예수이름으로 기도하면 만병이 치유된다고 하는데 말뿐이고 현실에서는 믿지 않는 사람들과 똑같은 고통을 당하면서 살아갑니다. 왜 그럴까요? 크리스천이 예수를 믿으면서도 건강하게 지내지 못하는 것은 목회자의 역량도 한축을 차지한다고 생각합니다. 필자가 강단에서 설교를 하면서 느낀 것은 목사가 체험이 없으면 성령의 역사에 의한 영육치유의 설교를 할 수가 없다는 것입니다. 필자야 많은 실전적인 체험이 있으니까, 강력하고 담대하게 생명의 말씀을 증거하니, 믿음으로 받아들이는 성도들에게 기적이 일어나는 것입니다. 크리스천이 건강하게 믿음생활을 하려면 목회자를 잘 만나야 합니다. 목사는 성도들을 깨우는 사람이기 때문입니다.

다양한 원인들로 인하여 성도들이 복음을 바르게 이해하지 못하고, 자기만 알고 있는 자기 위주로 믿음생활을 하고 있기 때문입니다. 예수를 믿고 교회에 다니는 것과 세상에서 샤머니즘의 신앙생활을 하는 것과 같은 것으로 이해하고 믿음생활을 하고 있기 때문입니다. 예수를 믿어서 크리스천이 되는 것과 세상에서 샤머니즘의 신앙생활을 하는 것은 분명하게 다릅니다. 그런데 그렇게 적용하지 못하고 똑 같이 생각하고, 그저 사찰에서 하는 식으로 자기의 의지와 노력과 열심을 다해서 믿음생활을 합니다. 분명하게 예수로 죽고, 다시 예수로 태어났는데 이 영적인 진리를 바르게 깨닫지 못하고, 진리대로 살지 않기 때문에 세상 사람들과 똑같은 마음의 상처로 고생을 하면서 살아가는 것입니다. 성경은 이렇게 말합니다. "그가 모든 사람을 대신하여 죽으심은 살아 있는 자들로 하여금 다시는 그들 자신을 위하여 살지 않고 오직 그들을 대신하여 죽었다가 다시 살아나신 이를 위하여 살게 하려 함이라(고후 5:15)" 분명하게 예수를 믿을 때 죽었고 예수님으로 다시 산 것입니다. 이제 예수님을 위해서 살아야 합니다. 예수님을 위해서 산다는 것은 인간적으로 예수님을 위해 사는 것이 아니라, 영이신 예수님께서 자신을 통하여 일하시게 한다는 뜻입니다. "친히 나무에 달려 그 몸으로 우리 죄를 담당하셨으니 이는 우리로 죄에 대하여 죽고 의에 대하여 살게 하려 하심이라. 그가 채찍에 맞음으로 너희는 나음을 얻었나니(벧전 2:24)" 이제 옛 사람이 죽었으니 자기의 의지로 살지 말고 성령의 인도를 받아야 합니다. "무릇 하나님의 영으로 인도함을 받는 사람은 곧 하나님의 아들이라(롬 8:14)" 성령으로 자신이 없어지고 전인격이 성령의 지배를 받아야 합니다. 성령의 이끌림을 받아야 합니다.

그래서 예수를 믿고 교회에 나가 예배드리며 신앙 생활하는 자신이, 마음의 상처로 고통을 당하는 것은 자신이 여전하게 살아있기 때문입니다. 자신의 의지와 노력과 열정으로 믿음생활을 하기 때문입니다. 분명하게 자신이 성령으로 변화되어 예수님을 주인으로 모시고 살아가면 상처는 치유가 되는 것입니다. "그리스도께서 약하심으로 십자가에 못 박히셨으나, 하나님의 능력으로 살아 계시니 우리도 그 안에서 약하나 너희에게 대하여 하나님의 능력으로 그와 함께 살리라. 너희는 믿음 안에 있는 가 너희 자신을 시험하고 너희 자신을 확증하라. 예수 그리스도께서 너희 안에 계신 줄을 너희가 스스로 알지 못하느냐 그렇지 않으면 너희는 버림받은 자니라(고후 13:4-5)" 자신이 성령으로 변화되어 예수님이 주인 된 삶을 살아가게 되면 마음의 상처는 떠나가게 되어 있습니다. 그렇기 때문에 상처를 치유하기 전에 예수님과 관계를 열어야 합니다. "그런즉 너희는 먼저 그의 나라와 그의 의를 구하라 그리하면 이 모든 것을 너희에게 더하시리라(마 6:33)"

그런데 이는 분명하게 진리를 알고 있다고 되는 것이 아니고, 자신의 의지를 버리고 살아계신 성령님이 주인이 되어 자신을 지배하고 장악해야 성립되는 것입니다. 예수를 믿었다고 하나 자신이 죽어 없어지지 못하고 자신이 주인이 되어 자기 열심과 노력으로 상처를 치유하려고 한다면 상처로부터 해방될 수가 없는 것입니다. 상처는 자신의 열심과 노력으로 해결이 불가능합니다. 상처 뒤에 역사하는 귀신은 자신의 능력보다 한 차원 높기 때문입니다. 그리고 상처는 모두 잠재의식에 형성되어 있습니다. 잠재의식은 사람의 기교나 노력이나 지혜로 해결할 수 없습니다. 세상에서 하는 심리적인 방법으로 해결이 불가능합니다. 반드시 잠재의식보다 한 차원 깊은 곳에서 역사하시는 성령께서 역사해야 상처가 현실로 드러나서 치유가 되기 시작하는 것입니다.

그래서 예수를 믿으면 성령께서 자신 안 성전에 주인으로 임재하시는 것입니다. 자신 안 성전에 주인으로 임재 하시어 역사하셔야 잠재의식이 치유되기 시작하여 진정한 하나님의 사람으로 거듭날 수가 있는 것입니다. 하나님은 예수를 믿는 사람의 마음을 점령하시기를 원하십니다. 그래서 하나님은 이렇게 말씀하시는 것입니다. "그리하면 모든 지각에 뛰어난 하나님의 평강이 그리스도 예수 안에서 너희 마음과 생각을 지키시리라(빌 4:7)" 하나님은 자녀들의 마음과 생각을 지키시는 것입니다. 마음 안 성전에 주인으로 임재 하시어 기도역시 성령께서 하나님의 뜻대로 기도하게 하십니다. "마음을 살피시는 이가 성령의 생각을 아시나니 이는 성령이 하나님의 뜻대로 성도를 위하여 간구하심이니라(롬 8:27)" 하나님은 성도들의 마음이 하나님께 향하여 있기를 원하십니다. 그래서 예수를 믿음과 동시에 마음 안에 성전에 주인으로 임재 하시어 마음과 생각을 하나님께로 향하도록 하시는 것입니다. "오직 하나님께 옳게 여기심을 입어 복음을 위탁 받았으니 우리가 이와 같이 말함은 사람을 기쁘게 하려 함이 아니요, 오직 우리 마음을 감찰하시는 하나님을 기쁘시게 하려 함이라(살전 2:4)" 크리스천은 이제 하나님을 기쁘시게 하는 삶을 살아가야 합니다. 하나님께서 주인 된 삶이 하나님께서 기뻐하시는 삶입니다. 하나님께서 하라는 대로 순종하는 삶이 하나님을 기쁘시게 하는 삶입니다. 그런데 사람을 지배하고 장악하던 옛 주인, 마귀와 귀신이 상처를 붙들고 떠나가야 하나님의 말씀에 순종하며 살아갈 수가 있는 것입니다. 그렇기 때문에 성령께서 역사하시어 상처를 치유하시는 것입니다.

상처가 치유되니 옛 주인이던 마귀와 귀신이 더 이상 주인행세를 못하고 떠나가는 것입니다. 그런데 예수를 믿었어도 여전하게 자신의 노력과 열심과 지혜를 가지고 살아가려고 하니까, 마음의 상처가 치유되지 않으니 예수를 믿었어도 믿지 않을 때와 동일하게 고통을 당하면서 살아가는 것입니다. 옛 주인이던 마귀와 귀신이 떠나가지 않기 때문입니다. 그래서 예수를 믿으면서 당하는 고통은 모두 자신의 영적인 무지로 인한 연고입니다. 자신이 여전하게 주인으로 살아가기 때문에 삶에서 예수님을 누리지 못하고 고생하면서 살아가는 것입니다. 하나님은 분명하게 이렇게 말씀하십니다. "또 그리스도께서 너희 안에 계시면 몸은 죄로 말미암아 죽은 것이나 영은 의로 말미암아 살아 있는 것이니라. 예수를 죽은 자 가운데서 살리신 이의 영이 너희 안에 거하시면 그리스도 예수를 죽은 자 가운데서 살리신 이가 너희 안에 거하시는 그의 영으로 말미암아 너희 죽을 몸도 살리시리라(롬 8:10-11)" 자신이 없어지고 예수님이 주인 되어 살아야 삶에서 예수님을 누리면서 살아갈 수가 있는 것입니다. 상처도 예수님이 주인 되셔야 성령께서 마음 안 성전에서 역사하시어 잠재의식의 상처를 해결하실 수가 있는 것입니다.

많은 수의 크리스천들이 예수를 믿었어도 여전하게 자신이 주인되어 자신의 열심과 노력과 지혜로 세상을 살아가려고 합니다. 그렇기 때문에 자신 안 성전에 주인으로 계시는 하나님께서 역사하시지 못하는 것입니다. 자연스럽게 자신을 점령하며 주인 노릇하던 옛 주인이던 마귀와 귀신이 떠나가지 않는 것입니다. 자신의 열심과 노력으로 자기의 삶을 살아가고 상처를 치유하려고 하기 때문에 잠재의식에 있는 상처가 꼼짝을 하지 않는 것입니다. 알고 보면 잠재의식의 상처 뒤에는 마귀와 귀신이 역사하고 있기 때문입니다. 옛 주인노릇을 하던 마귀와 귀신이 자신의 열심과 노력과 지혜로 세상을 살아가고, 자기 열정으로 문제를 해결하도록 마음과 생각을 유도하기 때문입니다. 그래야 지속적으로 마귀와 귀신이 주인노릇을 할 수가 있기 때문입니다.

그래서 하나님은 "그리하면 모든 지각에 뛰어난 하나님의 평강이 그리스도 예수 안에서 너희 마음과 생각을 지키시리라(빌 4:7)" 말씀하시는 것입니다. 우리의 옛 주인이던 마귀와 귀신은 자기 힘으로 어찌할 수 없는 존재들입니다. 그렇기 때문에 세상에서 살아갈 때에 마귀와 귀신을 주인으로 모시고 산 것입니다. 이들은 반드시 하나님께서 주인이 되셔서 떠나가는 것입니다. 자신의 주인이 바뀌어야 마귀와 귀신이 떠나가는 것입니다. 이론적으로 안다고 되는 것이 아니고 살아계신 성령님의 지배와 장악 속에 들어가야 합니다. 하나님께서 주인 되게 하려면 자신의 노력과 열심과 지혜로 살아가려고 하지 말고 성령의 인도와 하나님의 은혜로 살아가려고 방향을 전환해야 합니다. 마귀와 귀신들이 마음과 생각을 주장하지 못하도록 마음과 생각을 하나님께 향하도록 해야 합니다. 마음과 생각을 하나님께 향하도록 하는 비결이 자신은 걸어 다니는 성전이라는 의식으로 살아가는 것입니다. 이렇게 걸어 다니는 성전으로 살아가려면 성령의 지배와 인도를 받아야 합니다. 그리고 자신 안에 성전이 있다는 것을 믿고 자신 안에 있는 성전에서 나오는 능력으로 세상을 살아가려고 해야 합니다.

지금까지는 문제를 해결하기 위하여 보이는 교회에서 살다시피 하던 행위중심의 믿음생활을 청산하고, 자신 안에 성전으로 방향을 전환하여 성령의 인도를 받으며 자신 안에서 나오는 능력으로 영육의 문제를 해결하려고 의식을 바꿔야 합니다. 문제가 있으면 자신 안에 성전에 주인으로 계시는 하나님께 기도하여 지혜를 받아서 순종하므로 해결하는 믿음의 전환이 있어야 예수를 믿으면서 예수를 믿는 성도답게 세상에서 예수님을 누리면서 아브라함의 복을 받으며 살아갈 수가 있는 것입니다. 지금까지 설명한 진리가 바르게 이해되지 않는 분들은 다음 아무개 집사의 고통을 들어보시면 쉽게 이해가 되실 것입니다.

40대 중반의 아무개 집사의 안타까운 이야기입니다. 아버지하고 어머니의 사이가 좋지 않아서 자주 다투는 부부에게서 출생하였습니다. 초등학교 다닐 때부터 학교에서 책을 읽는 다든지 발표를 한다든지 자신이 해야 하는 순서가 돌아오면 이유 없이 불안하고 두려웠습니다. 그렇게 두려움과 불안에 휩싸여 중 고등학교를 다녔습니다. 학교를 다니는 하루도 평안할 날이 없었고 늘 불안하고 두려운 가운데 중고등학교를 마쳤습니다. 대학을 다니면서 조금 견딜만하여 성격인 줄만 알고 그냥 지냈습니다.

결혼은 하고 다시 불안과 두려움이 찾아왔습니다. 견디기 위하여 예수를 믿고 교회를 다니게 되었습니다. 불안과 두려움을 이겨보려고 교회에서 살다시피 하면서 봉사도 하고, 성경공부도 하고, 새벽기도와 철야기도도 빠지지 않고 열심히 했습니다. 그런데 요즈음은 더 심한 것 같습니다. 조그마한 소리에도 짜증이 나고, 혈기가 나오고 순간 분노가 치미는 것입니다. 교회에 가서 예배에 참석해도 은혜가 되지 못하고 마음은 답답하기만 합니다. 아니 교회를 그렇게 열심히 다니는 데 왜 불안과 두려움이 해결되지 않는 것입니까?

친정어머니가 하시는 말씀이, "야~ 네가 이상하다. 남편이 속을 썩이나? 자녀들이 속을 썩이나? 물질이 없어서 고통을 당하냐? 예수를 믿지 않는 불신자냐?" 제가 문제가 있고 이상하다는 것입니다. 제가 생각을 해도 친정어머니의 말씀대로 문제가 있고 이상합니다. 예수를 믿고 교회에 열심히 다니면 평안해지고, 저의 마음의 상처역시 치유되어 평안해야 하지 않습니까? 강 요셉목사님의 책을 읽어보니 저에게 문제가 있는 것 같습니다.

그런데 왜 다 똑 같은 예수님을 믿고 다니는 교회인데 제가 다니는 교회에서는 저를 치유하지 못하느냐 입니다. 저희 목사님은 교회에는 예수님의 이름이 있고, 성령의 역사가 있어서 예배에 빠짐없이 참석하고 기도하면 무슨 병이라도 치유가 된다고 말씀하시는데 왜 저는 고쳐지지 않느냐 입니다. 저는 참으로 아이러니하기만 합니다. 필자가 이런 전화를 받고 필자도 안타까웠습니다. 왜 그 교회는 그렇게 열심 있게 믿음생활을 잘하는데 내면의 상처가 치유되지 않고 점점 더 심해지느냐 입니다. 한마디로 아무개 집사의 영적인 무지와 내면세계의 무지로 고생을 사서 하는 것입니다. 내면세계를 전문적으로 치유하는 필자가 영의 눈으로 보면 명확한 이유가 있습니다.

필자가 아무개 집사에게 이렇게 말했습니다. 집사님은 태중에서부터 불안과 두려움의 상처를 받으면서 10달을 자라서 태어났습니다. 초등학교를 다닐 때부터 학교에서 책을 읽는 다든지 발표를 한다든지 자신이 해야 하는 순서가 돌아오면 이유 없이 불안하고 두려웠던 것은 태중에서 받은 불안과 두려움의 상처가 잠재의식에 형성되어 있었기 때문이었습니다. 잠재의식의 상처가 현재의식에 영향을 끼치기 때문입니다. 이 상처를 적극적으로 해결하지 않고 고등학교까지 마친 것입니다.

나중에 안 것이 예수를 믿고 열심 있게 믿음생활하면 치유가 된다는 인간적인 생각을 가지고 신앙생활을 한 것입니다. 한마디로 지극정성으로 믿음생활하면 하나님께서 감동하셔서 상처를 고쳐주신다는 믿음입니다. 그런데 필자는 하나님께서 고쳐주신다는 것은 복음을 잘못 이해한 것이라고 합니다. 하나님은 자신의 내면의 상처를 자신 안에 성전에서 분출되는 성령으로 찾아서 치유하며 변화되기를 원하십니다. 본인이 성령의 음성을 듣고 순종하면서 상처를 치유하는 것입니다. 아무개 집사가 생각하고 믿고 있는 것과 같이 자신이 교회에서 살다시피 하면 하나님께서 상처를 찾아서 자동으로 치유하여 주실 수가 없다는 것입니다.

이는 전적으로 복음을 오해한 것입니다. 하나님은 성령의 인도를 받으면서 자신 안에서 역사하시는 성령의 능력으로 자신의 상처를 치유하며 변화되기를 바라십니다. 성령의 능력으로 상처를 치유하려면 먼저 성령으로 세례를 받아야 하겠지요, 성령으로 세례를 받고 성령의 인도를 받으면서 상처를 치유하면서 하나님의 음성을 듣고 순종하는 사람으로 바뀌도록 역사하십니다. 상처와 문제의 치유를 하면서 하나님의 사람으로 바뀐 사람을 통하여 하나님의 나라를 건설하십니다. 그렇기 때문에 예수를 믿었다는 것은 축복입니다. 하나님께서 자신을 통하여 일하시기 위해서 불렀기 때문입니다. 잘 되게 하기 위해서 부르신 것입니다.

아무개 집사님은 바른 성령의 인도를 받지 못하다가 세월이 지나니 상처가 점점 강해져서 지금의 상태에 빠진 것입니다. 분명하게 상처는 열심 있게 믿음생활 한다고 저절로 치유되지 않습니다. 상처는 잠재의식에 형성되어 있기 때문에 자신 안에 성전에서 성령의 역사가 분출이 되어야 초자연적인 성령의 역사로 잠재의식의 상처가 정체를 폭로하고 떠나가기 시작을 합니다.

병원도 감기 같은 일반적인 병은 동네 병원에 가서 치유 받고, 전문적은 깊은 병은 동네병원 의사가 종합병원에 가서 치유 받도록 소견서를 발급해서 종합병원에 보내서 치유를 받도록 합니다. 세상 의술은 참으로 발전이 잘 되었습니다. 병이 깊어서 자기 병원에서 치유 하지 못하는 병은 종합병원에 소견서를 발급해서 보냅니다. 교회도 이렇게 해야 합니다. 무조건 예배 잘 참석하고 기도하면 치유된다고 붙잡아 두지 말아야 합니다. 성도는 유형교회의 종이 아니고 하나님의 자녀입니다. 성령의 인도를 받아 자신의 질병을 치유 받을 수 있는 전문적인 교회에 가서 치유를 받을 수 있도록 해주어야 합니다. 분명하게 내면의 상처를 치유하는 대도 골든타임이 있습니다.

자신의 교회에서 치유하지 못할 깊은 상처는 내면세계를 전문으로 하는 목회자가 있는 곳에 가서 치유를 받도록 인도해야 합니다. 그런데 그렇게 하지 않는 것이 보통입니다. 잠재의식의 상처 치유는 반드시 성령으로 세례를 받고 성령의 역사가 일어나 잠재의식의 상처가 현실로 나타나게 해야 합니다. 그렇기 때문에 교회가 성령의 역사가 일어나 예배 때마다 성령의 세례가 나타나야 합니다. 아무개 집사님이 다니는 교회의 목사님은 내면을 전문으로 목회하지 않기 때문에 내면에 형성된 상처가 치유되지 않는 것입니다. 영적인 일은 관심이 중요한 것입니다. 어디에 관심을 두고 목회하는가가 중요하다는 말입니다. 한사람, 한사람의 내면의 치유를 관심두지 않고 목회하지 않기 때문에 아무개 집사님이 교회에 살다시피 하면서 열심 있게 믿음생활을 해도 마음의 평안을 찾지 못하는 것입니다.

아무개 집사님은 이제 자신 안에 성전삼고 주인으로 계시는 보이지 않는 살아계신 하나님과 같이 살다시피 하는 믿음생활을 해야 합니다. 하나님은 지금 교회 건물 안에 계시는 것이 아니시고, 아무개 집사님 안에 주인으로 계십니다. 하나님은 분명하게 이렇게 말씀하셨습니다. “우주와 그 가운데 있는 만물을 지으신 하나님께서는 천지의 주재시니 손으로 지은 전에 계시지 아니하시고, 또 무엇이 부족한 것처럼 사람의 손으로 섬김을 받으시는 것이 아니니 이는 만민에게 생명과 호흡과 만물을 친히 주시는 이심이라(행 17:24-25)” 하나님은 교회 건물 안에 계시지 않는다고 하십니다.

그리고 하나님은 "무엇이 부족한 것처럼 사람의 손으로 섬김을 받으시는 것이 아니니 이는 만민에게 생명과 호흡과 만물을 친히 주시는 이심이라(행17:25)" 말씀하시는 뜻을 잘 알아야 합니다. 하나님은 이렇게 강조하십니다. "너희는 너희가 하나님의 성전인 것과 하나님의 성령이 너희 안에 계시는 것을 알지 못하느냐(고전 3:16)" 하나님의 성전이 아무개 집사님의 마음 안에 있습니다. 이제 성령의 인도를 받으셔야 합니다. 성령의 인도를 받으면서 성령께서 아무개 집사님을 잠재의식을 치유하시게 해야 합니다.

지금 아무개 집사님은 자신의 욕심과 열심으로 문제를 해결 받으려고 교회에서 살다시피 하는 것입니다. 알아야 할 것은 하나님은 아무개 집사님을 치유하여 주시기를 원하십니다. 그런데 왜 치유하시지 못하느냐 아무개 집사님의 열심과 욕심으로 치유를 하려고 하기 때문입니다. 성령으로 잠재의식이 치유가 되는데 육체인 자기 열정으로 치유하려고 하니 성령의 역사가 일어나지 않는 것입니다. 그래서 이제 성령의 역사로 믿음으로 문제를 해결 받으려고 해야 합니다. 하나님은 아무개 집사님의 문제를 해결하여 주시기를 소원하십니다. 아무개 집사님의 문제를 해결하여 주시는 분은 하나님이십니다. 그렇기 때문에 치유하여 주시기를 원하시는 하나님께 문의해야 합니다. 어떻게 해야 자신의 문제를 해결하실 수가 있는지 질문하여 말씀하시는 대로 순종해야 합니다. 그런데 하나님은 지금 아무개 집사님의 마음 안에 있는 성전에 계십니다. 마음 안에 계신 하나님과 살다시피 하면서 어떻게 하면 상처를 치유 받을 수 있는지 하나님께 질문을 해서 치유할 수 있는 지혜를 받아야 합니다. 지혜를 주시는 대로 순종해야 치유가 됩니다. 아무개 집사님이 지금 믿음생활하시는 것은 자신 안에 주인으로 계시면서 문제를 해결하시는 하나님과는 관계가 없는 믿음생활을 하고 계십니다. 자신 안에 주인으로 계시는 하나님과 관계가 열리는 믿음생활을 하셔야 합니다. 아무개 집사님은 지금 자신의 인생을 사는 것이 아니고 예수님의 인생을 살고 계시는 분입니다.

분명하게 알아야 할 것은 아무개 집사님은 예수 믿을 때 죽고 예수로 태어난 사람입니다. 성경은 이렇게 말씀하십니다. "그가 모든 사람을 대신하여 죽으심은 살아 있는 자들로 하여금 다시는 그들 자신을 위하여 살지 않고 오직 그들을 대신하여 죽었다가 다시 살아나신 이를 위하여 살게 하려 함이라(고후 5:15)" 지금 아무개 집사님은 예수님을 믿을 때 죽었고 다시 예수님으로 태어나 예수님의 인생을 사시는 분입니다. 그렇기 때문에 자신의 노력으로 살지 아니하고, 성령으로 살아가야 합니다. 그런데 교회에서 살다시피 하면서 문제를 해결하려고 하는 것은 자신의 노력으로 문제를 해결하려는 것입니다. 그래서 교회에서 살다시피 해도 문제가 해결이 되지 않는 것입니다. 하나님과 상관이 없는 육체인 자신이 살아있기 때문입니다. 성령님께 기도하여 성령님의 감동을 받아 순종하시면 문제는 서서히 해결이 될 것입니다.

교회가 문제가 있는 것이 아니라, 상처를 대하는 아무개 집사님이 상처치유에 대하여 무지하기 때문에 지금까지 고통을 당한 것입니다. 시간과 날자가 흐를수록 상태는 더욱 심각해집니다. 그렇게 지내다가 갱년기에 들어서면 상상하기 힘든 고통 속에서 지낼 수도 있습니다. 아무개 집사님 같이 젊어서 열심 있게 믿음 생활하다가 병세가 깊어져서 요양원에서 기거하다가 생을 마감하는 분들이 있습니다. 하루라도 빨리 내면치유를 전문으로 하는 목회자에게 가셔서 내면의 상처를 치유해야 합니다. 한번으로 되는 것이 아니고 시간이 걸립니다. 내면을 치유하여 완전하게 성령님이 장악하시는데 시간이 걸리기 때문입니다. 더군다나 아무개 집사님은 상처가 오래 되었기 때문에 그 만큼 치유가 되는 시간이 오래 걸립니다. 좌우지간 하나님은 만병의 의사이시니 상처를 치유하겠다는 의지를 가지고 치유에 집중하면 얼마가지 않아서 성령님이 주시는 평안을 날마다 체험하면서 예수 믿기 참 잘했고, 그 때 강 요셉목사의 조언을 듣고 치유받기 참 잘했다고 감탄하실 것입니다.

지금 아무개 집사님이 당하면서 사시도록 역사하는 상처는 교회에서 살다시피 하면서 열심 있게 믿음 생활을 해도 절대로 치유가 불가능합니다. 내면세계를 바르게 알고 사역하는 전문적인 사역자는 찾아가셔서 잠재의식의 상처를 생명의 말씀과 성령의 역사로 현실로 드러나게 하여 밖으로 배출하는 적극적인 치유를 받아야 합니다. 절대로 인간의 열심이나 기교나 심리적인 방법으로는 아무개 집사님의 상처가 치유될 수가 없습니다. 한번 순간 치유도 불가능합니다. 꼭 치유 받아 평안을 찾고 말겠다는 의지를 가지고 전문적인 치유를 받아야 합니다.

이 아무개 집사가 상처를 치유 받으려면 사람의 말이나, 자신 나름의 신앙으로 교회에서 살다시피 하는 인간적인 믿음생활을 멈추고, 자신 안에 성전삼고 주인으로 계시는 성령하나님께 하문하여 알려주시는 대로 순종할 때 상처로부터 자유 함을 누릴 수가 있습니다. 성령의 인도를 받아야 합니다. 성령께서 감동하시는 대로 순종하여 전문가를 만나야 합니다.

그리고 자신의 내면관리에 집중해야 합니다. 아무개 집사는 상처를 말씀과 성령으로 치유하여 배출을 했어야 하는데 그냥 지내다가 보니까 잠재의식의 상처가 넘치는 상태이기 때문에 조그마한 소리에도 신경질과 짜증이 나는 것입니다. 그런데 마음 안에 쌓인 상처는 세상의 의술이나 약으로 정화할 수가 없습니다. 반드시 밖으로 배출해야 하는데 의술이나 방법이나 약으로 해결할 방법이 없습니다. 잠재의식에 형성된 독소를 제거해야 영육의 기능이 정상이 되는데 제거할 방법이 없다는 것입니다. 세상에서 하는 심리치료나 물리치료나 찬양치료나 다른 어떤 방법으로도 잠재의식의 상처를 제거할 방법이 없습니다. 그래서 문제는 잠재의식을 어떻게 치유하느냐 입니다. 우리는 예수를 믿음으로 치유받기가 쉽습니다.

먼저 성령으로 세례를 받아야 합니다. 성령으로 세례 받고 마음 속 잔재의식의 상처를 치유해야 합니다. 내적인 상처를 치유하는데 이성적인 치유가 아니라 영적인 치유를 받아야 합니다. 영에서 성령의 역사가 일어나 잠재의식을 드러내어 밖으로 배출해야 완전치유가 가능한 것입니다. 성령의 역사로 치유하는 방법밖에는 도리가 없습니다. 지금 교계에는 이성적인 내적치유를 하는 곳이 많습니다. 이성적인 치유를 받으면 근원이 치유되지 않습니다. 영적인 치유란 성령께서 하시는 치유로서 잠재의식의 상처를 현재의식으로 드러내어 밖으로 배출하는 것입니다.

# 12장 자신의 열정으로 기도함으로

(유 1:20)"사랑하는 자들아 너희는 너희의 지극히 거룩한 믿음 위에 자신을 세우며 성령으로 기도하며"

하나님은 성령으로 기도하기를 원하십니다. 필자가 지난 18년 동안 성령치유 사역을 행하면서 체험한 바로는 영-혼-육의 문제와 건강의 문제를 가지고 살아가는 분들이 하나같이 모두 기도를 바르게 하지 않더라는 것입니다. 분명하게 하나님은 성령으로 기도하라고 하셨습니다. 그런데 여전하게 세상에서 하던 기도방식대로 기도를 한다는 것입니다. 성령의 역사가 일어나야 잠재의식이 정화가 될 것인데 하나님과 상관이 없는 기도를 하니 변화가 일어날 수가 없는 것입니다.

성도들의 기도가 바뀌어야 합니다. 무조건 많이 한다고 잘하는 기도가 아닙니다. 성령으로 바르게 해야 합니다. 기도가 바르지 못하니까, 10년 동안 믿음 생활을 해도 변화되지 않는 것입니다. 변화되지 않으니 영-혼-육의 문제를 달고 사는 것입니다. 성령으로 바르게 기도를 하면 변화되지 말라고 해도 변화될 수밖에 없습니다. 왜 30년 믿음생활을 열과 성의를 다하여 열심히 하고, 천일을  철야하고, 영육의 문제 해결을 받으려고 10년 이상 30군대 이상을 다니고, 정신적이고 육적이고 영적인 질병을 치유 받으려고 성령의 역사가 강하다는 15년 동안 30군대를 교회를 다니고, 권능을 받으려고 20년을 성령 사역하는 곳을 다녀도 변화가 없고 치유되지 않고 능력이 나타나지 않는 것일까요? 기도를 바르게 하지 못하기 때문입니다. 교회나 성령 사역하는 곳에 가서 말씀 듣고 기도합시다. 하면 자신이 지금까지 하던 식으로 기도를 하기 때문입니다. 이렇게 기도하니 성령의 역사가 자신 안에서 일어나지 않기 때문에 변화가 일어나지 않는 것입니다. 성령의 역사가 자신 안에서 일어나야 치유도 되고 능력도 나타나고 문제도 해결이 되는 것입니다. 이를 방지하기 위하여 우리 충만한 교회같이 기도할 때 담임목사가 돌아다니면서 기도를 교정하여 성령의 역사가 성도의 마음 안에서 일어나게 해야 합니다. 성도의 마음 안에 있는 성전에서 분출되는 기도가 되도록 안수하면서 교정하여 주어야 합니다. 자기가 종전에 하던 습관적인 기도를 몇 시간씩 해도 변화되지 못합니다. 자신 안에 있는 상처가 습관적인 기도에 적응이 되어있기 때문입니다. 그렇게 하지 않으면 절대로 변화를 체험하지 못합니다. 그래서 모든 크리스천은 기도를 클리닉 해보아야 합니다. 이렇게 성령으로 기도하면 변화되지 말라고 해도 변화가 되고 치유가 됩니다.

우리는 기도를 바르게 알아야 합니다. 기도는 하나님과 사귀는 것입니다. 하나님과 가까이 하는 것입니다. 하나님과 함께 시간을 보내는 적극적인 행위입니다. 하나님과 사랑을 나누는 시간입니다. 하나님께 사랑을 고백하고 감사하는 시간입니다. 우리의 삶에서 가장 깨어있는 시간, 하나님의 소리를 듣는 시간입니다. 자신을 치료하는 시간입니다. 예수를 믿는 성도가 하는 기도는 세상 사람들이 하는 기도와 다릅니다. 자신이 매일 철야하며 새벽기도를 해도 영육이 변화되지 않고, 건강한 삶을 살아가지 못하고, 환경이 어려운 것은 세상적인 기도를 하기 때문입니다.

필자가 성령사역을 하다가 보면 기도는 참으로 많이 했는데 성령의 역사가 일어나지 아니하고 잠재의식이 치유되지 않고, 변화되지 않는 분들이 있습니다. 이분들은 처음 기도할 때에 성령으로 바른 기도를 바르게 배우지 못하고 무조건 세상에서 하던 기도를 마구잡이로 했기 때문입니다. 죽기 살기로 기도하기 때문입니다. 기도는 많이 했는데 성령의 역사가 일어나지 않으니 기도가 잠재의식에서 나오는 기도로 습관이 되어버린 것입니다. 기도하는 것을 보면 구하고, 아뢰는 기도가 주류를 이룹니다. 이렇게 하여 주시옵소서, 중얼중얼… 어쩌고저쩌고… 어제도 계시고 오늘도 계신 하나님… 하면서 중언부언하는 기도를 합니다. 이렇게 기도하기 때문에 20년을 믿어도 성령으로 세례 받지 못하고 예수님의 인격이 나타나지 않는 것입니다.

분명하게 성경에는 성령으로 기도하라고 하셨습니다. "사랑하는 자들아 너희는 너희의 지극히 거룩한 믿음 위에 자신을 세우며 성령으로 기도하며"(유 1:20). 성령으로 기도하라는 것은 성령의 영성과 성령의 지성과 성령의 감성으로 기도하라는 것입니다. 좀 더 쉽게 설명하면 성령께서 자신의 생각과 입술과 말을 장악하고 기도하는 것입니다. 성령님께 자신의 입술을 맞기고 기도하는 것이 성령의 기도입니다. 그런데 자신의 머리를 사용하고 자신의 생각을 동원하고 자신의 입술을 사용하고 자신의 목을 이용하고 습관적인 용어로 기도하니 성령님과 관계없는 기도가 되는 것입니다. 성령님이 기도할 수 있는 공간이 없는 것입니다. 기도가 아니라 독백이 되는 것입니다. 한마디로 성경에 나오는 바리새인의 기도입니다. 본인이 알아 차려야 합니다.

그래서 예수를 믿기 전에 이성과 육체에 역사하던 세상신이 잠재의식을 장악하여 기도를 하여도 세상신이 함께 기도를 하는 것입니다. 이는 체험해 보지 않은 분들은 이해할 수가 없습니다. 체험하여 보아야 인정할 수 있는 영적인 활동입니다. 문제는 정작 본인은 느끼지를 못하는 것입니다. 자신은 기도를 많이 했으니 자신이 제일 믿음이 있다고 자찬하는 것입니다. 보이는 면과 행위를 치중하니 알지 못하는 것은 당연한 것입니다. 자신을 보는 눈은 성령으로 열리는 것입니다.

성경은 "오직 하나님이 성령으로 이것을 우리에게 보이셨으니 성령은 모든 것 곧 하나님의 깊은 것까지도 통달하시느니라. 사람의 일을 사람의 속에 있는 영외에 누가 알리요, 이와 같이 하나님의 일도 하나님의 영외에는 아무도 알지 못하느니라. 우리가 세상의 영을 받지 아니하고 오직 하나님으로부터 온 영을 받았으니 이는 우리로 하여금 하나님께서 우리에게 은혜로 주신 것들을 알게 하려 하심이라. 우리가 이것을 말하거니와 사람의 지혜가 가르친 말로 아니하고 오직 성령께서 가르치신 것으로 하니 영적인 일은 영적인 것으로 분별하느니라."(고전 2:10-13). 말씀하시는 것입니다. 성령으로 기도해야 자신의 진면모가 보입니다.

그런데 보이는 면과 행위가 굳어져서 성령님이 장악을 하지 못하는 것입니다. 원래 영적으로 변화되는 것은 자신이 알아차리고 변화되려고 관심을 가져야 가능한 것입니다. 영-혼-육의 질병도 성령께서 관심을 갖게 해야 치유가 됩니다. 자신이 기도를 많이 하니까, 성령으로 충만하다고 자찬하니 자신을 보는 눈이 열리지를 않는 것입니다. 그렇게 계속기도를 하니까, 자신을 성령께서 장악을 하시지 못하는 것입니다. 필자가 성령사역을 하다가 보니까, 제일 성령께서 장악을 하지 못하는 분들은 신학박사들입니다. 자신이 박사라고 강단에서 전하는 목사님의 말씀을 순수하게 받아들이지 못하기 때문입니다. 두 번째가 여기저기 돌아다니면서 지식적으로 들은 것이 많은 목사님들과 직분 자들입니다. 이분들이 강단에서 말씀을 전하면 순수하게 받아들이지 못하고 정수해서 받아들이기 때문에 성령께서 장악을 하시지 못하는 것입니다. 정수는 이해가 되는 말만 듣는 것입니다.

그럼 이런 분들이 어떻게 해야 성령으로 장악이 되겠습니까? 그것은 자신이 기도에 문제가 있다고 인정해야 합니다. 그리고 자신이 하던 기도를 일단 중단하고 부르짖는 기도를 하여 막힌 영의 통로를 뚫어야 합니다. 그런데 문제가 있습니다. 이런 분들이 호흡을 들이쉬고 내쉬면서 주여! 호흡을 들이쉬고 내쉬면서 주여! 하다가 어느 정도 성령의 역사가 일어나려고 하면 종전에 하던 기도가 잠지의식에서 자신도 모르게 나오는 것입니다. 그래서 주여!를 지속적으로 하지 못하게 방해합니다. 이는 무슨 현상이냐 하면 지금까지 잠재의식에서 자신의 기도를 따라하던 영적인 존재가 조금 더 기도하여 성령으로 충만해지면 떠나가야 하니 기를 쓰고 방해하는 것입니다. 본인이 알고 의지를 가지고 성령의 인도를 받는 기도를 해야 영의통로가 열려 성령으로 기도하는 자가 될 수가 있습니다. 기도는 성령으로 해야 합니다. 성령으로 기도하려면 자신의 생각이나 말과 목으로 기도하지 말아야 합니다. 순수하게 자신의 아랫배에 의식을 두고 배에서 나오는 소리로 기도하려고 의지적인 노력을 해야 합니다. 필자가 성령사역을 하다가 보니 잠재의식에서 나오는 기도로 고정된 분들이 기도가 바뀌는데 3개월이 걸리는 분들도 있습니다. 정말로 성령으로 기도하는 것이 중요합니다. 기도를 처음부터 바르게 배우고 하는 습관이 되어야 합니다. 잠재의식에서 나오는 기도로 고정되면 기도하는 것만큼 변화되지 않고 오만가지 문제로 고생을 합니다. 고치는데 시간이 많이 걸립니다. 권능 있는 삶을 살아가지도 못합니다. 하나님은 "세월을 아끼라 때가 악하니라."(엡 5:16). 하십니다. 영적인 활동은 바르게 배우고 바르게 해야 합니다.

내면이 치유되는 기도를 하려고 해야 합니다. 하나님은 성령의 인도를 받으라고 말씀하십니다. 많은 성도들과 목회자들이 어떤 장소와 목회자에게 가면 금방 하나님의 원하시는 수준에 도달하는 줄로 착각합니다. 그래서 이곳으로 저곳으로 돌아다닙니다. 그러다가 잘못되는 경우도 있습니다. 절대로 하나님은 순간 영적인 사람이 되도록 역사하시지 않습니다. 하나님은 분명하게 이렇게 말씀하셨습니다. "그 때에 사람이 너희에게 말하되 보라 그리스도가 여기 있다 혹은 저기 있다 하여도 믿지 말라. 거짓 그리스도들과 거짓 선지자들이 일어나 큰 표적과 기사를 보여 할 수만 있으면 택하신 자들도 미혹하리라. 보라 내가 너희에게 미리 말하였노라. 그러면 사람들이 너희에게 말하되 보라 그리스도가 광야에 있다 하여도 나가지 말고 보라 골방에 있다 하여도 믿지 말라. 번개가 동편에서 나서 서편까지 번쩍임 같이 인자의 임함도 그러하리라(마 24:23-27)" 성령의 인도와 진리를 따라가면서 하나님의 원하시는 수준에 도달합니다.

그런대도 많은 성도들과 목회자들은 어떤 특별한 곳이 있는 줄로 착각하고 방황을 합니다. 다시 말씀드리자면 자신이 하나님께서 원하시는 수준으로 변화되는 것은 성령의 역사와 진리로 변화되는 것입니다. 그러니까 특별한 장소가 있는 것이 아니고, 지금 있는 장소(교회)가 성령의 역사가 있고 진리가 증거 되면 족하다는 것입니다. 그곳에 뿌리를 내리고 마음 중심을 하나님께 향하고 성령의 인도를 따르면 서서히 하나님의 원하시는 수준이 되어가는 것입니다.

하나님은 기도를 성령으로 하라고 하십니다. 기도를 바르게 하지 않기 때문에 오랜 시간 기도를 해도 영-혼-육에 변화가 나타나지 않는 것입니다. 우리나라 성도님들과 목회자들의 특성이 기도하면 몸을 흔들고 진동을 하면서 해야 성령이 충만한 것으로 여기는 것입니다. 애를 써가며 외적으로 나타나는 면에 치중을 합니다. 내면의 성전에서 성령의 역사가 분출되는 기도를 하면 무엇인가 부족한 기도라고 생각을 합니다. 그래서 방언기도를 하더라도 따다다…. 따다다…. 따다다…. 하면서 목에 핏대가 서도록 해야 직성이 풀리는 성도들도 있습니다. 그런데 성령의 역사와 내면세계를 깨닫고 보면 그렇게 핏대가 서도록 하는 방언기도를 아무리 많이 오래해도 이성과 육체가 성령의 지배를 받지 못하여 내면의 상처가 치유되지 않으니 자신의 고질병이 치유되지 않고 심성에 변화가 일어나지 않습니다. 절대로 해대는 방언기도를 아무리 오래해도 내면치유는 되지 않습니다. 마음 안에서 성령의 역사가 일어나는 기도를 할 때 이성과 육체가 성령의 지배를 받게 됨으로 잠재의식이 정화되는 것입니다.

손을 흔들면서 기도하기도 하고, 악을 쓰면서 장의자를 손바닥으로 치면서 기도하는 성도도 있습니다. 이는 자신의 인간적인 힘으로 분을 푸는 기도가 되기 때문에 하나님과는 무관한 기도가 될 수가 있습니다. 아무리 목에서 피가 나오도록 기도해도 하나님과 무관한 기도가 될 수가 있습니다. 마음의 상처를 치유하고 내면이 성령으로 충만해지는 기도는 배꼽 아래에 의식을 두고 마음으로 기도해야 성령의 역사가 이성과 육체에 영향을 미쳐서 내면이 정화되는 것입니다. 자신의 노력이나 힘을 빼고 머리를 백지로 한 다음에 성령님을 찾는 기도를 해야 합니다. 기도를 머리로 하지 말고 배로 하라는 것입니다. 우리가 바르게 알아야할 것은 예수를 믿기 만하면 전인격이 성령의 지배를 받는 것이 아닙니다. 기도를 하다가 성령으로 세례를 받고 성령의 인도를 받으면서 회개하고 용서하면서 자신 안에 하나님의 영역을 넓히는 것입니다. 자신 안에 하나님의 영역을 성령으로 기도하면서 성령의 인도에 따라 회개하고 용서하면서 육적인 부분이 영적인 하나님의 영역으로 바뀌어가는 것입니다.

말씀을 성령으로 깨달아 아는 만큼씩 영역이 넓어지는 것입니다. 하나님의 영역이 넓어지는 만큼씩 치유도 되고 권능도 강해지는 것입니다. 그렇기 때문에 내면이 안정한 심령이 되지 못하고 영적 정신적인 문제가 발생하여 불안하고, 초조하고, 두려워서 잠을 자지 못하고, 가위눌림을 당하고, 헛것이 보이기도 하고, 간질을 하고, 발작을 하면서 괴성을 지르고, 귀에서 윙하고 소리가 나고, 머리가 깨질 것과 같이 아픈 분들은 기도를 바르게 해야 합니다.

영적 정신적인 문제가 있는 분들은 배꼽아래에 의식을 두고 마음 안의 성전에서 성령으로 분출되는 기도를 하여 사기가 뭉쳐진 영역을 성령의 영역으로 바꾸는 기도를 해야 내면이 천국이 되어 평안으로 바뀌는 것입니다. 이렇게 영적 정신적으로 문제가 있는 분들이 따다다…. 따다다…. 따다다…. 하면서 방언기도를 해대고, 혼 심을 다하여 발광하는 것과 같은 기도를 하면 내면에서 성령의 역사가 일어나지 않아서 더 증세가 심해질 수가 있습니다. 왜냐하면 영적 정신적인 문제를 일으키는 실제적인 존재가 반항을 하기 때문입니다. 절대로 내면에서 성령의 역사가 일어나는 기도를 해야 성령께서 장악하시는 영역만큼 치유가 되는 것입니다.

박이라는 목사님이 이명증으로 치유를 받으러 오셨습니다. 필자가 기도하는 것을 보니 방언으로 해대는 기도를 했습니다. 아주 온 힘을 다하여 기도하고 있었습니다. 빨리 이명증아 떠나가라 하는 식으로 기도를 했습니다. 그래서 기도를 바꾸도록 알려드렸습니다. 숨을 들이쉬고 내쉬면서 내면의 기도를 깊게 하라고 했습니다. 순종하였습니다. 결과 하루 동안 기도를 하고 나니 마음이 평안하고 이명 소리가 들리지 않는다고 말했습니다. 성령님이 장악하시어 마음이 안정되니 이명이 치유가 되어가는 것입니다. 필자가 이명증은 몸이 허약해지면 생기니 고단위 비타민을 먹어서 체력을 올리라고 말해드렸습니다. 최대한 내면의 기도로 내면을 정화하여 스트레스를 받지 않도록 하셔야 이명이 들리지 않는다고 조언하였습니다.

인간의 노력이나 기교로는 내면을 정화할 수가 없습니다. 성령께서 장악을 하시는 만큼 평안을 찾게 되고 따라서 영적 정신적인 질병이 치유가 되는 것입니다. 영적 정신적인 질병은 자신이 내면에서 성령의 역사가 일어나는 만큼씩 치유가 되는 것입니다. 한번에 치유하려고 아무리 인간적인 수단과 방법을 동원하여 기도해도 육체에 역사하는 사기가 떠나가지 않습니다. 기도에 성령의 역사가 일어나서 이성과 육체가 성령의 지배를 받도록 해야 내면이 정화되는 것입니다.

아무리 인간적인 욕심을 가지고 강력하게 기도해도 자신은 바뀌지 않습니다. 인간적인 욕심이기 때문입니다. 자신의 욕심과 힘을 빼고 성령으로 기도해야 성령의 역사로 자신의 내면이 변화가 되기 시작하는 것입니다. 자신의 변화와 치유는 전적으로 성령으로 됩니다.

일부 크리스천이나 목회자들이 숨을 들이쉬고 내쉬면서 기도하는 것에 대하여 의문을 가지고 대하는 분들이 있습니다. 숨을 들이쉬고 내쉰다는 것은 호흡을 할 때 마음이 열리기 때문입니다. 예수님께서도 "이 말씀을 하시고 그들을 향하사, 숨을 내쉬며 이르시되 성령을 받으라(요 20:22)" 숨을 내쉬면서 성령을 받으라고 말씀하신 것입니다. 성령께서 예수님 안에 계시면 숨을 통하여 분출되기 때문입니다. 크리스천들도 마찬가지입니다. 하나님은 자신 안에 있는 성전에 주인으로 계십니다. 자신 안에서 성령의 역사가 분출되어야 합니다. 그래서 숨을 들이쉬고 내쉬면서 기도하라는 것입니다. 성령께서 사람이 마음을 열어야 역사하실 수가 있기 때문입니다. 이상하다고 거부하면 성령께서 자신 안에서 역사하실 수가 없을 것입니다.

기도하는 장소를 바르게 해야 합니다. 필자가 어느 날 새벽에 기도하니까, 성령하나님께서 이렇게 감동하시는 것입니다. "왜 무당들이 유명한 산에 올라가 장구치고 북치고 하면서 기도하는지 알고 있느냐" 잠시 생각을 해보니까, 유명한 산에 역사하는 산신령을 접신 받으려고 유명한 산을 찾아 기도한다는 생각이 떠올랐습니다. 그래서 "산에 역사하는 산귀신을 접신 받으려고 산에 가서 기도하는 것입니다." 했더니 성령께서 "그렇다. 산에 역사하는 산신령을 접신 받으려고 산에 가서 기도하는 것이다." 말씀하시는 것입니다.

그러면서 목회자들이나 성도들에게 알려주어 기도 장소의 계념을 바르게 알고 기도하도록 하라고 말씀하셨습니다. 크리스천은 기도는 하나님이 계시는 자신 안에 마음 성전에 집중하여 기도하게 하라는 것입니다. 기도는 자신 안에 계신 하나님께 기도하시기를 바랍니다. 우리 성도들의 의식이 기도하려면 "기도원가야한다. 산에 가야한다. 교회에 가야한다." 로 고정되어 있기 때문에 자신의 심령 안에 관심이 두지 않습니다. 자신의 마음 안에 관심을 두지 않기 때문에 예수를 믿으면서도 변화되지 못하는 것입니다. 그렇다고 교회나 기도원에 가서 기도하지 말라는 말로 이해하면 안 됩니다. 교회에 가서 기도에 대하여 바르게 배우고 바르게 해야 합니다. 교회에 가서 성령으로 세례도 받아야 합니다. 필자는 자신 안에 계신 하나님께 관심을 가지고 기도하라는 것입니다.

기도는 자신 안에 계신 하나님께 기도하여 자신이 하나님의 입장이 되어 하나님의 길을 제대로 따라가고 있는지, 바르게 가고 있는지, 돌아가고 있는지를 보는 것입니다. 그리고 자신 앞에 있는 문제를 하나님께 기도하여 하나님의 해결 방법을 알아내는 것입니다. 그리고 알려주신 해결방법대로 순종하기 위해서 기도하는 것입니다. 기도는 하나님께 무엇을 얻어내려고 하는 것이 절대로 아닙니다. 자신의 상처를 치유하고, 성령으로 충만하며, 하나님과 대화하기 위하여 기도하는 것입니다. 지친 영혼의 쉼을 얻기 위하여 기도하는 것입니다. 기도는 영-혼-육이 쉼을 얻는 시간이라고 생각하며 성령으로 해야 합니다. 이 중요한 기도가 잘못되면 먼저 영혼이 만족을 누리지 못하는 것입니다. 다음은 혼이 만족을 누리지 못하니 정신이 안정되지 못하고 산란한 것입니다. 더 진전이 되면 육체의 질병으로 발생합니다. 따라서 예수를 믿으면서도 세상 사람들과 똑 같은 영육간의 고통을 당하고 사는 것입니다.

세상 한의학에서는 몸에 독이 싸여있다고 합니다. 사람의 몸에 독이 싸이는 원인 제공자는 스트레스, 환경의 영향, 음식이라고 합니다. 독소가 증상별로 1단계부터 6단계까지 나눠집니다. 독소의 1~2단계에서 주로 느끼는 것이 만성피로와 어깨 결림입니다. 아마 현대인이라면 다 있을 것입니다. 해독이 필요한 가장 초기단계의 증상입니다. 독소 1~2단계를 방치해서 3~4단계로 진행되면 몸이 붓듯이 살이 찝니다. 물만 먹어도 자꾸 살이 찝니다. 그리고 배설, 소화가 잘 안 됩니다.비오는 날에 몸이 쑤시고 아픕니다. 5~6단계의 경우 중증질환이 되는 경우가 많은데 5단계 이상에서는 각종 검사 수치상에도 이상이 나타납니다. 제일 애매한 분들이 4단계 환자들이라고 합니다. 자신이 자각적으로 느끼는 통증이나 불편은 대단히 많은데 병원에 가면 이상이 없다고 하고 일반 병원이나 한의원에 가도 부분적인 통증치료나 증상환화 치료만 받는 경우가 많습니다. 세상에서 근본적인 해독을 통해서 몸이 좀 더 한 단계 업그레이드되는 방법을 찾기가 대단히 쉽지 않습니다.

우리는 예수를 믿음으로 치유받기가 쉽습니다. 먼저 성령으로 세례를 받아야 합니다. 성령으로 세례 받고 잠재의식에 형성된 독소를 치유하는 것입니다. 마음의 상처를 치유해야 합니다. 내적인 상처를 치유하는데 이성적인 치유가 아니라 영적인 치유를 받아야 합니다. 내적치유도 기도가 바르게 되어야 성령으로 충만되어 상처가 치유되는 것입니다. 상처는 전적으로 성령으로 되는 것입니다. 기도는 자신 안에 계신 하나님께 아무 곳에서나 해야 합니다.

그렇기 때문에 크리스천들이 무조건 기도하면 되는 것이 아니라는 것입니다. 반드시 예수를 믿고 성령을 통하여 예수 이름으로 기도를 해야 합니다. 그냥 막연하게 교회나 기도원에 가서 자신의 문제를 해결하여 달라고 기도한다면 누가 기도를 듣고 응답을 해 주겠습니까? 그래서 성경에 분명하게 성령으로 기도를 하라는 것입니다. 필자는 분명하게 이렇게 기도하라고 합니다. 성령으로 충만한 가운데 예수님을 생각하면서 기도하라고 합니다. 크리스천의 기도는 하나님께 일방적으로 요구하는 것이 아니라, 내가 가고 있는 길이 하나님께서 예비한 길인지, 내가 가야 할 목적지와 일직선상에 있는지, 하나님의 눈으로 내려다보는 연습입니다. 한마디로 하나님의 마음을 알고 순종하기 위하여 기도하는 것입니다. 한마디로 마음과 정성을 다하여 온몸으로 기도하는 것입니다.

그래서 무조건 무엇을 해달라고 아뢰려고 하지 말고, 예수님 사랑합니다. 예수님 어떻게 해야 합니까? 예수님을 찾으면서 기도하라고 합니다. 기도의 대상을 명확하게 마음으로 생각하며 기도해야 기도를 받으시고 응답하여 주시기 때문입니다. 기도는 바르게 해야 합니다. 사람은 모두 영적이면서 육적인 존재이기 때문입니다. 명확하게 기도하는 대상을 생각하면서 기도하지 않으면 귀신이 응답을 할 수도 있다는 것입니다. 세상은 하나님으로 충만하기도 하지만 악한 자에게 처해있기도 하기 때문입니다(요일 5:19). 모든 크리스천은 기도를 바르게 훈련받고 기도하야 합니다. 그래야 영-혼-육이 건강한 삶을 살아갈 수가 있습니다. 기도가 잘못되었기 때문에 예수를 믿으면서도 건강한 삶을 살지 못하는 것입니다.

# 13장 외형중심의 믿음생활 함으로

(고후 4:18)“우리의 돌아보는 것은 보이는 것이 아니요 보이지 않는 것이니 보이는 것은 잠깐이요, 보이지 않는 것이 영원함이라”

하나님은 성도들의 내면이 성전이 되기를 원하십니다. 현대교회의 문제는 보이는 외형중심의 신앙생활을 중요시 하는 것입니다. 제일 문제는 많이 알고 열심 있게 믿음생활하면 성령이 충만한 것으로 알고 자찬하고 있는 것입니다. 보이는 면을 가지고 믿음의 수준을 평가한다는 것입니다. 필자는 내면을 치유하여 영-혼-육이 건강하게 믿음생활하며 하나님을 삶에서 누리면서 살아가는 사역을 18년 동안 했습니다. 이렇게 내면을 치유하는 목회를 중점으로 하다가 보니까, 현대교회에 문제가 있다는 것을 발견했습니다. 목사, 권사, 장로, 안수집사의 직분을 받아 믿음 생활하는 분들이 보이는 성전중심의 믿음생활을 함으로 내면이 부실하다는 것입니다.

부실한 것만이 문제가 아니라, 자신 안에 성전이 있다는 것을 인식하지 못하고 믿음생활을 하고 있다는 것입니다. 하나님께서 자신 안에 주인으로 계신데 자신 안에 주인으로 계시는 하나님께는 관심이 없고 보이는 예배당에만 관심을 두고 믿음을 유지하려고 합니다. 그러니 내면이 부실하여 젊어서는 그런대로 살아가는데 나이가 들어가면 서서히 건강에 문제가 생기기 시작합니다. 건강에 문제가 생기면 해결할 방법을 하나님께 기도하여 해결하는 것이 아니고 세상 사람들과 동일하게 세상방법으로 해결을 하려고 합니다. 자연스럽게 예수를 믿는다고 힘주어 말하고 다녀도 예수님과 관계가 없는 믿음생활을 하는 것입니다. 그러면서도 자신의 행위와 열심을 가지고 신앙의 수준을 평가하는 것입니다. 내면을 중점으로 다루면서 치유하여 영적으로 바꾸는 사역을 중점으로 하는 필자는 참으로 안타까운 현실이 아닐 수가 없습니다.

분명하게 하나님은 이렇게 말씀하셨습니다. "우주와 그 가운데 있는 만물을 지으신 하나님께서는 천지의 주재시니 손으로 지은 전에 계시지 아니하시고, 또 무엇이 부족한 것처럼 사람의 손으로 섬김을 받으시는 것이 아니니 이는 만민에게 생명과 호흡과 만물을 친히 주시는 이심이라(행 17:24-25)" 분명하게 하나님은 손으로 지은 전에 계시지 않는다고 말씀하십니다. 그리고 "무엇이 부족한 것처럼 사람의 손으로 섬김을 받으시는 것이 아니니 이는 만민에게 생명과 호흡과 만물을 친히 주시는 이심이라" 말씀하고 계십니다. 모든 크리스천은 자신 안 성전에 주인으로 계시는 하나님께 집중하는 신앙이 되어야 합니다. 하나님은 고린도전서 3장 16-17절에서 "너희는 너희가 하나님의 성전인 것과 하나님의 성령이 너희 안에 계시는 것을 알지 못하느냐? 누구든지 하나님의 성전을 더럽히면 하나님이 그 사람을 멸하시리라 하나님의 성전은 거룩하니 너희도 그러하니라." 분명하게 성전이 성도 안에 있다고 말씀하시고 계십니다.

필자에게는 많은 수의 직분 자들이 자신의 영육의 문제나 자녀들의 문제나 배우자의 영육의 문제를 해결 받고자 찾아옵니다. 가끔 감사헌금을 올리는데 자신이 다니는 큰 교회의 감사헌금봉투를 사용하여 헌금하는 경우가 있습니다. 봉투를 보는 저의 마음에 여러 가지 생각이 듭니다. 제일 많이 떠오르는 생각이 이렇습니다. "과연 세상 사람들이 큰 교회인 아무개교회 목사님과, 작은 교회인 필자를 비교할 때, 어떤 목사님이 능력이 있다고 할 것인가, 분명하게 큰 교회 목사님이 더 능력이 있다고 생각할 것이다. 그런데 큰 교회 목사님이 왜 이런 문제도 해결하지 못해서 장로가 권사가 작은 필자의 교회를 찾아왔다는 말인가, 참으로 아이러니하다." 필자는 장로와 권사의 신앙의 수준을 세상 사람과 다르지 않다고 판단합니다. 그렇기 때문에 보이는 면을 과시하려고 자기네 교회 헌금봉투를 사용하는 것입니다. 영적인 눈이 열려서 하나님의 뜻을 좇아 믿음 생활하는 필자는 안타깝기 짝이 없습니다. 필자가 추구하는 신앙은 교회가 크거나 작은 것이 문제가 아니라, 현재 성령의 역사가 일어나느냐 그렇지 않느냐로 평가를 해야 한다고 생각합니다.

그래서 기독교 신앙의 본질은 근본적으로 외형적인 것이 아닙니다. 우리의 신앙은 복음을 복음답게 깨달아 간다면 샘솟는 감격에 찬 신앙이 될 것입니다. 또 하나의 기독교 신앙에 대한 오해는 점차 "외형적인 것을 마치 신앙의 본질" 인 것으로 간주하는 현상입니다. 만약 기독교 신앙의 본질을 세상에서의 보이는 성공에 둔다거나, 세상적인 기준에서의 사회정의에 둔다거나, 외형적인 교회의 크기에 두는 것은 기독교의 기독교 됨, 즉 세상을 이기신 그리스도의 절대적인 가치와 긍지를 상실하고 오히려 세상의 상대적인 철학과 세속적인 가치관에 동화된 서글픈 상황이 되는 것입니다.

사도 바울은 고린도 전서에서 고린도 교회의 문제 상황을 분석하면서, 고린도 교회 성도들이 "보이는 사람 중심의 파당과 분쟁"의 미숙함을 지적하고 있습니다. 그러한 교회생활의 미숙은 결국 "보이지 않는 영원한 하나님의 세계"를 보지 못하는 것임을 고린도 후서에서 다음과 같이 설명하고 있습니다. "우리의 돌아보는 것은 보이는 것이 아니요, 보이지 않는 것이니 보이는 것은 잠깐이요, 보이지 않는 것이 영원함이라(고후 4:18)"

위의 말씀은 우리의 신앙이 참으로 보이는 외형적인 차원에 초점이 있는 것이 아니라, 보이지 않는 영원하신 하나님의 세계를 목적삼고 있음을 강력하게 증거하고 있습니다. 영원한 세계는 자신 안에 주인으로 계시는 성령으로 이루어지는 것입니다. 우리는 신앙생활을 한다고 할 때 자칫하면 이미 "신앙"이라는 것은 어느 정도 이루어 진 것으로 생각하고, 그저 겉으로 드러나는 "생활"을 잘해야 하는 것으로 생각하기 쉽습니다.

진정한 신앙이라는 것은 일차적으로 하나님을 하나님답게 깨달아 감으로서 인격의 내면에서 이루어지는 일이므로 감각적인 눈으로는 보이지 않는 신령한 세계의 일입니다. 그것은 우리의 눈으로는 보이지 않는 하나님을 성령으로 진리의 말씀을 통해서 깨닫고, 그 하나님의 보이지 않는 은혜의 섭리를 성령으로 우리 삶의 전 영역을 통해 발견하고 느끼는 삶입니다. 그것은 평생토록 깊어질 내용입니다.

그런데 그런 내면의 신앙에 대한 진실한 고려와 관심보다는 외형적인 일이나 생활 자체로 무게 중심이 옮겨지고 있다면 그것은 참으로 염려스러운 일입니다. 중세 교회 당시 타락의 징후가 어떻게 드러났습니까? 하늘을 찌르는 웅장한 예배당 건물들, 드높아가는 사제들의 무소불능한 권위, 치밀한 조직적인 교회 제도의 운영, 이런 찬란한 외형적인 것들 안에 참된 내면의 신앙은 오히려 퇴색하고 영혼들은 억압을 받았습니다.

16세기의 종교 개혁은 그러한 외형적인 허구를 진리의 눈으로 꿰뚫어 보고 하나님과의 관계를 중시하는, 그래서 "하나님 앞에서의 내면적인 신앙의 세계"를 회복시키신 것입니다. 그렇다고 해서 외형적인 일이나 교회의 아름다운 제도의 운영을 무시하는 것은 결코 아닙니다. 16세기의 종교 개혁은 일차적으로 진리의 회복이면서 동시에 외형적인 교회 제도의 개혁으로 이어진 것입니다.

그러한 "외형적인 일이나 교회제도" 들은 어디까지나 "보이지 않는 신앙의 형성"만큼 따라 나오는 것이라는 점을 제가 여기서 강조하는 것입니다. 더욱 중요한 것은 우리의 외형적인 일과 생활, 그리고 교회의 제도적인 운영은 실상 우리의 신앙의 내면이 만들어 내는 결과이면서, 동시에 우리 신앙을 키우기 위한 교육적 방편이라는 점입니다. 즉 "하나님을 의지하고 경외하는 신앙"을 키우는 것이 궁극적인 목적이고, 그러한 "드러나는 일이나 교회 제도의 운영"은 그를 위한 수단에 불과합니다. 또한 직분이 무엇인가가 중요한 것이 아니고, 자신의 내면을 강하게 하여 자신 안에 성전을 견고하게 하는 일이 중요한 것입니다. 하나님께서 주인으로 계시는 것이 중요하다는 말입니다.

이 점은 기독교적 신앙의 본질을 파악하고 바르게 성장하는데 있어서 너무도 중요합니다. 하나님은 왜 우리로 하여금 복음을 전파하게 하고 교회를 세워가는 일을 하게 하십니까? 만약 우리가 외형적인 일중심의 사고방식에 매여 있다면 그것 자체가 우리 신앙의 지상목표가 되어 버립니다.

외형적인 일들, 즉 복음을 전파하는 일, 예배당을 짓는 일, 당회, 노회, 총회 등 교회의 제도를 운영하는 일등은 모두 그것 자체가 결코 궁극적인 목적이 아닙니다. 그리고 장로, 권사, 안수집사, 서리집사 등, 직분이 결코 중요한 것이 아닙니다. 만약 그것이 궁극적인 목적이라면 우리는 "하나님"보다 "일이라는 우상"을 섬기게 되는 오류에 빠지게 됩니다. 그것들은 모두 이 땅에서 하나님을 배우고 의지하게 하는 교육적 방편들 입니다.

하나님의 택한 자녀들을 사용하셔서 복음을 전파하게 하시고 교회를 세워가도록 섭리하시는 목적은 그 과정을 통해서 하나님의 무궁하신 영광을 드러내시어 우리 성도들로 하여금  하나님의 놀라우신 은혜를 깨닫게 하시고 신앙을 키우려는 것입니다. 그래서 하나님은 예수를 믿는 우리 성도들을 이 고난 많은 땅에 두시고 연단도 시키시고, 또한 교회 일들도 하게 하시는 것입니다.

우리는 삶의 과정에서 하나님을 배우고 경외하게 하시는, 즉 한마디로 신앙하게 하시는 섭리의 궁극적인 목적을 잃어버리면 이 땅의 보이는 일들을 목적으로 삼아 이른바 "외형적인 일이라는 우상"을 섬기며 살아가는 오류에 빠지게 됩니다. 예수님을 따라다니던 많은 무리들이 예수님께 하나님의 일의 성격에 대해서 물었습니다. "우리가 어떻게 하여야 하나님의 일을 하오리이까?(요한 6:28)" 예수님의 대답은 외형적인 어떤 일을 예상하던 그들의 기대와는 전혀 다른 차원에서 다음과 같이 말씀 하십니다. "하나님의 보내신 자를 믿는 것이 하나님의 일이니라(요6:29)" 이는 진정 놀라운 말씀입니다.

하나님의 보내신 자를 믿는 것이 하나님의 일이라는 예수님의 가르침은 참으로 "드러난 일과 보이는 차원의 외형"에 매여 있기 쉬운 우리 인생들의 허탄한 사고방식을 근본에서부터 흔들어 놓는 비수와 같은 말씀입니다.

주일날 교회 잘 참석하고 헌금 열심히 하고, 심방하고 봉사하는 일, 교회의 각종 회의의 운영 등등. 그러한 일들은 신앙이 무르익어 가면서 참으로 자연스럽게, 그리고 자발적으로 이루어지는 일들일 것입니다. 그러나 하나님 앞에서 참으로 중요한 것은 그러한 외형적인 일 이전에 얼마나 하나님을 알아 하나님만을 의지하는 신앙의 인격이 가꾸어져 가고 있느냐 하는 것입니다.

위의 성경 말씀대로 하나님의 진정한 일은 이런 내면적인 신앙의 성숙입니다. 그러므로 기독교 신앙은 무슨 외형적인 일을 많이 하는 것이 우선이 아니라, 우리의 내면이 말씀의 능력에 의하여 새롭게 변화하는 과정을 중시하는 것입니다. 신앙의 내면이 성숙되지 않고 이루어지는 외형적인 일들은 언제나 자기 자랑의 근거가 되거나 지체간의 갈등의 요인이 될 수밖에 없습니다.

즉 신앙의 내면이 어린아이와 같다면 어린아이와 같은 유치하고 미숙한 신앙생활을 할 수밖에 없습니다. 우리의 가장 소중한 신앙의 본질은 일차적으로 외형적인 일들 보다는, 우리의 신앙의 내면을 중시하고 건실하게 가꾸어 가는 일입니다. 이점이 분명하고 확고하지 않으면 우리의 신앙이 빗나갑니다. 하나님 앞에서의 당당함을 잃고 언제나 남의 눈치와 평가에 연연하는 고달픈 삶이 됩니다. 그러나 성경적 참된 신앙은 이를 극복할 수 있습니다.

하나님께서 소원하시는 건강하게 살아가면서 삶에서 하나님을 누리려면 예배당(교회) 중심의 신앙방식을 버리라는 것입니다. 영-혼-육의 건강은 자신 안에 있는 성전에 하나님께서 주인으로 계시는 신앙으로 바뀌어야 합니다. 건강은 자신 안에 성전에서 흐르는 성령으로 되기 때문입니다.

필자가 자신 안에 있는 성전 중심으로 신앙이 바뀌어야 한다고 말을 하면 어떤 분들은 이해하고 깨닫지 못하고 이단이다, 사이비다. 라고 말을 할 수도 있습니다. 그러나 성령으로 진리의 말씀을 깨달으면 누구나 이해할 수 있는 것입니다. 필자가 예배당 중심의 신앙을 마음 안에 있는 성전중심의 신앙으로 바뀌어야 한다는 말을 하지 않을 수 없는 이유는, 현대의 우리네 교회가 잠자는 교회도 많고, 행위중심의 관념적인 교회가 많이 있기 때문입니다. 교회(예배당)는 영원한 천국으로 가기 위하여 생명의 말씀과 성령으로 훈련하는 장소임에도 불구하고, 성령의 역사가 일어나지 않는 건물이 되어 버린 교회(예배당)이 있기 때문입니다. 예배당을 아무리 깨끗하게 청소하고, 아름다운 꽃으로 치장하며, 세련된 시설을 갖추었더라도, 주인인 성령님이 역사하시지 않으면 아무런 소용이 없지 않겠습니까?

몇 년 전에 서초구에서 엄청나게 큰 교회 건물을 지으면서 주변

주민들과 커다란 물의를 빚었고, 담임목사의 떳떳치 못한 사건으로 인해, 세상 사람들의 손가락질을 받고 크리스천들의 지탄을 받았던 일이 기억날 것입니다. 그 교회를 삼십년 이상 다니다가 담임목사가 바뀌면서 교회를 이탈한 아무개 자매님이, 얼마 전에 내면의 상처의 치유와 기도훈련을 받으러 와서 필자에게, 이런 말을 툭 던졌습니다. 그 교회를 새로 짓고 나서 한 번도 간 적이 없다가, 최근 지인의 결혼식이 그곳에서 열린다고 해서 가 보았는데, 얼마나 크고 화려한지 아방궁이 따로 없더라는 것입니다.

그래서 왜 예수를 믿어도 영-혼-육이 건강하지 못한 원인을 성령께서 감동하시는 대로 서술하여 보겠습니다. 필자는 목사는 성도들을 깨우는 사람이라고 생각합니다. 잠자는 성도들을 깨우기 위하여 교회(예배당) 중심의 신앙의 문제를 조목조목 짚고 넘어가야겠다는 생각이 들었습니다. 교회란 '에클레시아'라는 헬라어인 '공동체'를 번역한 말입니다. 교회는 건물이 아니고 사람을 말하는 것입니다. 고린도전서 3장 16-17절에서 "너희는 너희가 하나님의 성전인 것과 하나님의 성령이 너희 안에 계시는 것을 알지 못하느냐? 누구든지 하나님의 성전을 더럽히면 하나님이 그 사람을 멸하시리라. 하나님의 성전은 거룩하니 너희도 그러하니라." 분명하게 성전이 성도 안에 있다고 말씀하시고 계십니다.

좀 더 자세하게 말하자면 교회(예배당)는 하나님을 예배하는 자들의 모임이란 뜻입니다. 여기에서 예배란 교회에서의 예배의식에 참석하는 게 아니라, 삶의 현장에서 살아있는 제물이 되어 하나님을 기쁘시게 하는 예배의 삶을 사는 것을 말합니다. 좀 더 쉽게 보충

하여 설명한다면, 성령이 내주하거나 성령의 내주를 사모하는 사람들의 모임입니다. 왜냐면 성령이 계시지 않는다면 예배의 삶을 살 수 없기 때문입니다.

또한 교회란 성령께서 제자를 양육하는 곳입니다. 예수님이 말한 제자의 자격은, 자기를 부인하고 자기 십자가를 지고, 소유를 모두 다 버리며, 생명까지도 아낌없이 버릴 수 있는 하나님의 자녀들을 말합니다. 그런 제자를 양육하려면 대량교육방식으로 길러지는 것이 아니라, 일대일이나 소수정예로 스승과 제자가 친밀하게 교제하면서 오랜 시간 피드백을 해야 가능합니다. 그렇게 양육하려면 교회가 대형화되어서는 불가능하고, 성령의 놀라운 능력과 양육에 탁월한 영적 스승이 필요합니다. 그런 스승은 늘 기도와 말씀으로 성령과 동행하는 삶을 실천하는 사람입니다. 스승이란 성령으로 깨닫고 성령으로 기도하는 체험적인 사람을 말합니다.

그런데 아쉽게도 우리네 교회(예배당)는 제자를 양육하는 것에 전혀 관심이 없이, 오직 숫자적으로 불리고 교회의 규모를 키우는 데만 골몰합니다. 그래서 막대한 빚을 얻어서라도 교회건물을 웅장하고 아방궁과 같이 짓는 데 혈안이 되고 있습니다. 성도들은 자신의 마음 안에 있는 성전에 관심을 갖도록 하는 것이 아니라. 보이는 교회(예배당)를 건축하는 일어 진력하게 만듭니다. 자연스럽게 성도들의 마음 안 성전에 주인으로 계시는 하나님과 관계없는 성도가 되어 영-혼-육이 부실한 성도가 되기 때문에 예수를 열심 있게 믿으면서도 건강치못한 성도가 되는 것입니다. 성도들을 부추겨서 교회(예배당) 건물을 아방궁과 같이 지으면 많은 교인들이 몰려와서,

그들의 헌금으로 빚도 갚고 교회를 운영하겠다는 계산이 깔려 있습니다. 필자는 교회를 짓는 것이 잘못된 것이 아니라, 건물을 짓는 일에 전념하는 목사가 문제라는 것입니다. 교회(예배당)는 필요하면 하나님께서 지으십니다. 교회 짓는 일에 집중하여 교인이 많아지면 부교역자를 두고 대량 방식의 예배와 각종 교육 프로그램이나 세미나를 통해 교육하겠다는 생각입니다. 성도들의 내면의 건강은 관심에도 없는 처사입니다. 아니 담임목회자 자신도 내면관리를 하지 않는 것이 보통입니다. 자신 안에 성전이 있고 성전 안에 하나님께서 주인으로 계신다는 것을 알지도 못합니다. 그러나 이 같은 신앙방식은 성경에서 요구하는 제자를 양육시킬 수 없습니다. 성전 된 크리스천을 양성할 수가 없는 것입니다. 마치 재벌처럼 거대한 교회만을 유지하려는 목회방식일 뿐입니다. 이 같은 교회는 번영신학을 바탕으로 하는 담임목사의 탐욕이 빚어진 결과물입니다.

이렇게 보이는 면에 관심을 집중하니 성도들의 내면이 강해지려고 해도 강해질 수가 없는 것입니다. 성도들이 보이는 면에 사고가 굳어있어서 자신의 내면관리에 관심을 두지 않으니 내면의 영향으로 영-혼-육의 문제가 발생하면 어떻게 해결해야 하는지를 알지 못하고 고통을 당하면서 살아갑니다. 정작 조치가 열심히 철야하며 기도하고 헌금 많이 하고, 열심 있게 봉사하면 치유가 된다고 근거 없는 감언이설로 속입니다. 그러나 아무리 열심히 해도 문제는 해결이 될 수가 없는 것입니다. 목회자가 성도를 속이고 사기치는 것입니다.

교회는 안락하고 세련된 시설을 즐기며 대량 예배의식을 거행하는 곳이 아니라, 예수 그리스도를 위해 죽을 수 있는 제자를 양육하는 곳입니다. 성도들의 마음 안에 성전이 지어지도록 성도들을 깨우는 곳입니다. 성령의 권능을 힘입고 세상과 싸우는 군사를 양성하는 곳입니다. 그런데 영혼이 갈급한 양들의 외침에는 아랑곳없이, 교회를 외형만 키우고 교인수를 불리려고 하는 교회는 이미 교회로서의 정체성을 잃어버린 것입니다. 당연히 그런 교회에는 하나님이 계실 리가 없습니다. 영-혼-육이 건강한 성도가 될 수가 없는 것입니다. 다만 탐욕스러운 삯꾼목자와 세속적인 교인들이 가득차서, 먹고 마시며 낄낄거리고 있을 뿐입니다. 영육의 문제를 치유 받으러 와서 자신은 이런 큰 교회 다니는 권사라고 은연중 거들먹거리려고 자기네 교회 헌금봉투를 사용하는 것입니다. 참으로 안타까운 현실입니다.

일전의 세월호의 사건에서 우리가 얻은 교훈은 무엇입니까? 침몰하는 배에서 나와 검푸른 바다로 뛰어내리지 않으면 몰살당한다는 것입니다. 담임목사의 탐욕을 만족시키는 교회는 외형을 키우기 위해 죄다 귀를 간질이는 설교로 빼곡하게 채웁니다. 구원은 당연시 하고 입만 열면 세속적인 축복을 엄청나게 퍼부어 줍니다. 이렇게 말의 성찬으로 도배하는 예배의식이 무한 반복됩니다. 그런 설교에 입맛을 들인 교인들은 천국을 거저 들어가게 해준다는 주일성수를 돈(헌금)으로 바꾸고 있습니다. 탐욕스러운 목회자와 세속적인 교인들이 궁합이 맞아, 누이 좋고 매부 좋은 격입니다. 성도들이 은연중에 이런 교회를 찾기 때문에 교회가 이렇게 세속화 되어가는 것입니다.

그러나 그런 교회는 성령으로 말씀을 깨닫고 성령으로 기도하여 열린 영안으로 보면 하나님이 없고 귀신들만 바글바글합니다. 마음을 찢으며 기도하는 사람은 없고 럭셔리한 커피숍(비전센터)에 모여 먹고 마시고 친교 하는 모임으로 가득 차있습니다. 하나님은 그런 교회를 구해줄 계획이 없으시고, 그런 교회의 목회자를 바꿀 생각이 전혀 없으십니다. 그러므로 당신이 지옥으로 가는 배에 타고 있다면, 어서 뛰어내려야 합니다. 이런 교회가 자신과 맞아서 다니고 있는 성도가 성령으로 충만하여 영-혼-육이 건강할 이유가 없는 것입니다.

교회 건물에 모여 있어야 구원이 있으며, 교회에서 거행되는 예배의식에 참석해야 천국에 들어가고 세상의 축복을 받는다는 말은 새빨간 거짓말입니다. 성경에서 하나님은 사람이 지은 건물에 계시지 않는다고 하였으며, 콘크리트 건물이 아니라, 사람의 마음에 들어오는 분이라고 하였습니다. 분명하게 하나님은 이렇게 말씀하셨습니다. "우주와 그 가운데 있는 만물을 지으신 하나님께서는 천지의 주재시니 손으로 지은 전에 계시지 아니하시고, 또 무엇이 부족한 것처럼 사람의 손으로 섬김을 받으시는 것이 아니니 이는 만민에게 생명과 호흡과 만물을 친히 주시는 이심이라(행 17:24-25)" 분명하게 하나님은 손으로 지은 전에 계시지 않는다고 말씀하십니다. 그리고 "무엇이 부족한 것처럼 사람의 손으로 섬김을 받으시는 것이 아니니 이는 만민에게 생명과 호흡과 만물을 친히 주시는 이심이라" 말씀하고 계십니다. 모든 크리스천은 자신 안 성전에 주인으로 계시는 하나님께 집중하는 신앙이 되어야 합니다.

천국의 자격이라고 교회에서 회자되는, 주일성수라는 말은 성경에 없습니다. 평일에 걸어 다니는 성전의식을 가지고 성령으로 기도의 삶이 없이, 주일날 성경책을 끼고 교회에 와서 1시간짜리 예배의식에 참여했다고 천국을 자신한다면 하나님 앞에 가증스러운 일일 뿐입니다.

그럼으로 천국에 들어가며 이 땅에서 평안하고 형통한 삶을 얻으려면 어떻게 해야 하겠습니까? 하나님을 자신의 마음에 주인으로 모셔 들이고, 날마다 깊고 친밀한 기도로서 그분과 매일 동행하는 삶을 살아야 합니다. 그리고 가족들의 영혼의 안위가 걱정된다면, 가정에서 온 가족이 모여 기도와 말씀의 삶을 실천하고 마음 깊이 하나님을 경배하는 예배의식을 거행하면 되는 것입니다. 그게 바로 하나님이 기뻐하시는 교회의 참 모습입니다. 성전 된 성도들의 삶이 되어야 합니다. 물론 자신이 다니는 교회에서 이런 신앙방식을 고수한다면 다행스러운 일이겠지만, 문제는 그런 영적 교회나 스승이 별로 없다는 게, 우리가 마주한 안타까운 현실입니다. 자신의 신앙의 성숙을 위하여 내면중심의 신앙으로 바꾸어야 합니다.

다행스럽게도, 하나님은 만세 전에 선택한 자녀들을 결코 포기하지 않는다는 것입니다. 그러므로 걸어 다니는 성전의식을 가지고 성령으로 기도하는 습관을 들여 삶에 적용하고, 가족들과 함께 하나님을 경배하는 삶을 가정에서 실천하고, 그런 하나님의 자녀들과 친밀하게 교제하며 삶과 신앙을 나눈다면 영원한 천국은 100% 걱정하지 말기 바랍니다. 덤으로, 이 땅에서 평안하고 형통한 삶과 전인적인 건강을 풍성하게 누리게 될 것입니다.

# 14장 연단의 계념을 바로알지 못하여

(히 12:11)"무릇 징계가 당시에는 즐거워 보이지 않고 슬퍼 보이나 후에 그로 말미암아 연단 받은 자들은 의와 평강의 열매를 맺느니라."

하나님은 예수를 믿고 성령으로 거듭나 성령의 인도를 받으면서 순종하는 크리스천을 연단하지 않습니다. 많은 수의 목회자들과 크리스천들이 건강에 문제가 있거나 환경이 어려우면 하나님께서 연단하신다고 합리화 합니다. 연단의 계념을 성경에서 찾아서 바르게 인식할 필요성이 있습니다. 연단은 하나님의 말씀에 순종하지 않는 인간성이 있을 때 받는 것입니다. 하나님은 무조건 연단하시지 않는 다는 것입니다.

하나님은 욥을 연단하셨습니다. 그런데 알고 보면 무조건 연단하신 것이 아닙니다. 욥은 하나님을 온몸으로 나타내지 못했습니다. 율법으로 하나님을 알아서 육체의 행위로 하나님을 모시면서 살았습니다. 하나님은 온몸으로 하나님을 주인으로 모시면서 하나님을 누리면서 살아가게 하려고 욥을 연단하신 것입니다. 욥이 연단을 마칠 때의 신앙고백을 들으면 이해가 갈 것입니다. "내가 주께 대하여 귀로 듣기만 하였사오나 이제는 눈으로 주를 뵈옵나이다. 그러므로 내가 스스로 거두어들이고 티끌과 재 가운데에서 회개하나이다(욥 42:5-6)" 욥 자신이 행위의 신앙이 온몸으로 나타내는 눈으로 주님을 뵙는 신앙으로 바뀌니까, 연단이 종료가 됩니다.

연단은 인간적으로 육적으로 행위로 하나님을 알고 살아가기 때문에 당하는 것입니다. 하나님의 뜻을 알기는 알아도 마음과 육체가 따라주지 않기 때문에 연단을 당하는 것입니다. 하나님은 크리스천들이 온전하게 순종하기를 원하십니다. 온전하게 순종한 이삭이 성경에 연단을 받았다는 말씀이 있습니까? 이삭은 연단 받을 이유가 없었습니다. 하나님께서 하라는 대로 순종했기 때문입니다. 이삭은 하나님께서 말씀하시는 대로 순종하였습니다. "아브라함 때에 첫 흉년이 들었더니 그 땅에 또 흉년이 들매 이삭이 그랄로 가서 블레셋 왕 아비멜렉에게 이르렀더니, 여호와께서 이삭에게 나타나 이르시되 애굽으로 내려가지 말고 내가 네게 지시하는 땅에 거주하라. 네 자손을 하늘의 별과 같이 번성하게 하며 이 모든 땅을 네 자손에게 주리니 네 자손으로 말미암아 천하 만민이 복을 받으리라. 이는 아브라함이 내 말을 순종하고 내 명령과 내 계명과 내 율례와 내 법도를 지켰음이라 하시니라. 이삭이 그랄에 거주하였더니(창 26:1-6)"

하나님은 순종하는 이삭을 가뭄에도 축복하여 거부가 되게 하셨습니다. "이삭이 그 땅에서 농사하여 그 해에 백배나 얻었고 여호와께서 복을 주시므로 그 사람이 창대하고 왕성하여 마침내 거부가 되어, 양과 소가 떼를 이루고 종이 심히 많으므로 블레셋 사람이 그를 시기하여, 그 아버지 아브라함 때에 그 아버지의 종들이 판 모든 우물을 막고 흙으로 메웠더라. 아비멜렉이 이삭에게 이르되 네가 우리보다 크게 강성한즉 우리를 떠나라. 이삭이 그 곳을 떠나 그랄 골짜기에 장막을 치고 거기 거류하며, 그 아버지 아브라함 때에 팠던 우물들을 다시 팠으니 이는 아브라함이 죽은 후에 블레셋 사람이 그 우물들을 메웠음이라 이삭이 그 우물들의 이름을 그의 아버지가 부르던 이름으로 불렀더라(창 26:12-18)" 연단은 하나님의 말씀에 순종하지 않고 자기 마음대로 하기 때문에 받는 것입니다.

야곱의 경우를 생각하여 보겠습니다. 야곱은 자신의 꾀로 살아가려고 했기 때문에 20연간 연단을 받았습니다. 20년간 연단을 받았지만 아직도 하나님의 말씀에 순종하지 않았습니다. "여호와께서 야곱에게 이르시되 네 조상의 땅 네 족속에게로 돌아가라 내가 너와 함께 있으리라 하신지라(창 31:3)" 하나님께서 고향으로 돌아가라고 하셨습니다. 그리고 함께하신다고 말씀하셨습니다. 고향으로 돌아가는 길에 하나님의 군대가 함께하는 것도 보여 주셨습니다. "야곱이 길을 가는데 하나님의 사자들이 그를 만난지라. 야곱이 그들을 볼 때에 이르기를 이는 하나님의 군대라 하고 그 땅 이름을 마하나임이라 하였더라(창 32:1)" 야곱의 입술로 시인까지 했습니다. "야곱이 또 이르되 내 조부 아브라함의 하나님, 내 아버지 이삭의 하나님 여호와여 주께서 전에 내게 명하시기를 네 고향, 네 족속에게로 돌아가라 내가 네게 은혜를 베풀리라 하셨나이다(창 32:9)" 그런데 야곱은 형 에서가 두려워서 순종하지 않았습니다. 하나님의 뜻을 알기는 잘 아는데 마음과 육체가 따라주지 않습니다. "내가 주께 간구하오니 내 형의 손에서, 에서의 손에서 나를 건져내시옵소서 내가 그를 두려워함은 그가 와서 나와 내 처자들을 칠까 겁이 나기 때문이니이다(창 32:11)" 결국 몸이 따라주지 않아서 처자를 모두다 얍복강을 건너게 하고 야곱은 홀로 남았습니다.

형 에서가 두려워서 얍복 나루를 건너지 못한 것입니다. 그러자 하나님의 역사가 일어납니다. 하나님의 천사와 밤이 새도록 씨름을 했습니다. 건너가라, 못갑니다. 결국에는 순종하여 얍복강을 건너지 않았습니다. "야곱은 홀로 남았더니 어떤 사람이 날이 새도록 야곱과 씨름하다가 자기가 야곱을 이기지 못함을 보고 그가 야곱의 허벅지 관절을 치매 야곱의 허벅지 관절이 그 사람과 씨름할 때에 어긋났더라(창 32:24)" 허벅지 관절을 쳐서 장애인이 되니까 순종합니다. "그가 이르되 날이 새려하니 나로 가게 하라 야곱이 이르되 당신이 내게 축복하지 아니하면 가게 하지 아니하겠나이다. 그 사람이 그에게 이르되 네 이름이 무엇이냐 그가 이르되 야곱이니이다. 그가 이르되 네 이름을 다시는 야곱이라 부를 것이 아니요 이스라엘이라 부를 것이니 이는 네가 하나님과 및 사람들과 겨루어 이겼음이니라. 야곱이 청하여 이르되 당신의 이름을 알려주소서, 그 사람이 이르되 어찌하여 내 이름을 묻느냐 하고 거기서 야곱에게 축복한지라. 그러므로 야곱이 그 곳 이름을 브니엘이라 하였으니 그가 이르기를 내가 하나님과 대면하여 보았으나 내 생명이 보전되었다 함이더라. 그가 브니엘을 지날 때에 해가 돋았고 그의 허벅다리로 말미암아 절었더라(창 32:26-31)" 야곱이 20년간 연단을 받았지만 아직도 자신의 생각과 능력으로 살아가려고 하니까, 하나님께서 허벅지 관절을 쳐서 장애인을 만든 것입니다. 육체를 신뢰하지 못하게 한 것입니다. 연단은 육체를 신뢰하기 때문에 당하는 것입니다.

많은 크리스천들이 연단에 대하여 바른 계념을 가지고 있지 못합니다. 연단은 하나님의 뜻을 알기는 잘 아는데 마음과 육체가 따라주지 않기 때문에 당하는 것입니다. 무조건 하나님께서 연단하신다고 하면서 견디고 참는 것으로 알고 있는 경우가 많습니다. 그러나 하나님의 뜻을 바르게 알아야 합니다. "망령되고 허탄한 신화를 버리고 경건에 이르도록 네 자신을 연단하라(딤전 4:7)"하시는 하나님의 뜻을 바르게 알아야 합니다. 인간적인 "망령되고 허탄한 신화를 버리게"하시기 위해서 연단하시는 것입니다. 좀 더 쉽게 설명한다면 하나님의 말씀에 순종하지 못하게 하는 인간적인 것을 찾아서 버리도록 하기 위해서 연단하시는 것입니다. 하나님은 연단을 통하여 하나님만 바라보는 성령의 지배와 장악된 자녀가 되기를 원하십니다. 그렇기 때문에 자신이나 식구들로 인한 고통이 찾아오거든 하나님께 하문하여 연단의 이유를 바르게 알아야 합니다. 자신에게 어떤 인간적인 무엇이 남아있어서 그러한 어려움이 있는지를 찾아서 해결하려고 해야 합니다. 하나님은 연단하시는 이유가 분명하게 있습니다. 이유를 찾아서 하려고 해야지 무조건 참고 견디는 것은 무지의 소치입니다. 연단하시는 원인을 찾아서 해결하려고 해야 합니다. 연단하시는 이유는 성령님이 밝히 아십니다.

예를 들어 설명한다는 자신의 자녀에게 문제가 있어서 고통을 당한다고 할 때의 일입니다. 무조건 자녀에게 문제가 있어서 고통을 당하는 것이 아닙니다. 부모에게 헤아리지 못한 하나님과의 관계에 어긋난 부분이 있기 때문에 일어나는 경우가 대다수 입니다. 그렇기 때문에 자녀만 문제가 있다고 생각하면 연단이 종료되지 못하는 것입니다. 부모가 하나님께 기도하여 막힌 부분(인간적인)을 찾아내야 합니다. 막힌 부분을 해결해야 자녀의 고통이 해결이 되는 것입니다. 근본이 해결이 되어야 연단이 끝나는 것입니다. 그렇기 때문에 무조건 고통이 찾아오면 하나님께서 연단하신다고 합리화하면서 인내하고 참고 견디기만 해서는 연단은 끝나지를 않습니다. 하나님께 기도하여 원인을 찾아야 합니다. 원인을 해결하기 위하여 성령으로 세례도 받아야 합니다. 하나님은 영이십니다. 살아계시면서 영이신 하나님과 관계가 열려야 하나님의 지혜를 받을 수가 있기 때문입니다. 영이신 하나님께서 지혜를 주시지 않으면 해결이 될 수가 없기 때문에 하나님과 같은 영적인 상태에 들어가는 것이 무엇보다도 중요합니다. 연단은 하나님께서 알려주시는 지혜대로 순종할 때 해결이 되기 시작하는 것이 보통입니다. 연단의 배후에 귀신이 역사하고 있기 때문입니다.

알아야 할 것은 연단한다고 인내하면서 견디다가는 부모가 잘못된 가능성도 있습니다. 왜냐하면 자녀의 문제는 하나님께서 허락하신 것이 아닙니다. 하나님과 관계에 금간(인간적이고 육신적인) 부분이 있기 때문에 마귀가 일으키는 것입니다. 자녀의 문제의 배후에는 마귀가 있습니다. 그렇기 때문에 하나님께서 연단하신다고 무조건 참고 인내하면 해결이 되지 않는 것입니다. 그리고 자녀에게 문제가 있다고 자녀의 문제만 해결에 집착하지 말아야 합니다. 자녀에게만 문제가 있다고 집착한다면 문제의 배후에 있는 귀신들이 박수를 치면서 좋아합니다. 계속 귀신들이 더 강하게 역사할 것입니다. 귀신들은 부모가 스트레스를 받아 쓰러지게 하려고 자녀에게 고통을 가하는 경우도 있기 때문입니다. 결국 부모가 쓰러진다면 귀신의 계략은 성공한 것입니다. 많은 분들이 성령으로 세례 받지 못하여 영의 눈이 열리지를 않아서 인간적이고 보이는 면만 해결하려고 집착합니다. 그렇기 때문에 자신에게 문제가 있어서 자녀가 고통을 당한다는 것을 꿈에도 생각하지 않습니다. 이유는 자녀에게 문제가 있다고 집착하니 자신의 상태를 정확하게 볼 수가 없기 때문입니다. 원래 성령의 역사는 자신을 보게 합니다. 귀신역사는 상대방만을 보게 합니다. 그래서 문제 있는 자녀만 해결하려고 하는 것입니다. 빨리 성령의 임재가운에 하나님께 기도하여 원인을 찾아야 합니다. 알려주신 대로 순종하면 연단은 서서히 해소되기 시작하는 것입니다. 하나님은 현실 문제를 이용하여 그의 자녀들은 하나님과 대면할 수 있는 하나님과 관계 열린 사람으로 바꾸십니다. 바뀐 사람들을 통하여 하나님 자신을 나타내시면서 이 땅에 하나님의 나라를 건설하십니다.

질병으로 고통을 당하는 크리스천들과 대화를 하다가 보면 하나같이 하나님께서 연단하신다고 합리화 합니다. 아니 얼마나 자아가 강했으면 육체에 병이 생겨서 고통을 가하면서 연단하시겠습니까? 합리화 하지 말고 찾아서 정확한 원인을 찾아서 해결하셔야 합니다.

사모님이 우울증이나 영적인 질병이 있어서 목회를 제대로 하지 못하는 분들이 계십니다. 이분들이 이구동성으로 하는 말이 사모 때문에 목회를 하지 못한다고 불만을 토로합니다. 알고 보면 목사님의 문제로 사모님이 고통을 당하는 경우가 대다수입니다. 사모님을 통하여 목사님을 성령으로 깨닫게 하여 하나님의 말씀에 순종하는 도구로 사용하시기 위한 하나님의 섭리가 있다는 것입니다. 그렇기 때문에 목사님은 불평과 불만을 하실 것이 아니라, 하나님의 선하신 뜻이 무엇인지 성령의 임재가운데 기도하여 찾아내야 합니다.

분명하게 하나님은 현실 문제를 통하여 기도하게 하시고, 성령의 인도를 받는 크리스천으로 바뀌도록 역사하십니다. 사모님이 병중에 계신 목사님은 사모님을 통하여 하나님과 관계가 열린 목사님으로 바꾸어서 사용하시려는 은밀한 계획이 있는 것입니다. 사모님의 치유를 통하여 살아계신 하나님께서 함께 하신다는 것을 믿고, 성령의 지배와 인도를 받는 목사님이 될 수가 있다는 긍정의 생각을 가지고 목회를 해야 합니다. 그러면서 성령의 임재 가운데 기도하는 것입니다. 어떻게 해야 사모님을 고칠 수 있는지 하나님께 질문해야 합니다. 그러면 하나님께서 사모님을 기적적으로 고칠 수 있는 지혜를 주십니다. 주신 지혜대로 순종하면 사모님이 기적적으로 치유가 되십니다. 이렇게 성령의 인도를 받아 해결을 하려고 해야 합니다. 그렇지 않고 세상 사람들과 같은 방법을 추구한다면 목회를 하지 못할 수도 있습니다. 율법적으로 하나님께서 고쳐주실 때까지 연단이라고 생각하면서 기다린다면 목회를 할 수가 없을 지경에 처할 수도 있습니다. 우리는 연단의 의미를 바르게 이해하고 대처해야 합니다. 막연하게 교회에서 사람들의 입을 통하여 떠돌아 다니는 사람의 말을 믿고 사모님이 고쳐질 때까지 기다리는 잘못을 범하지 말아야 합니다. 절대로 가만히 있어서는 백년이 되어도 자동으로 고쳐지지 않습니다. 하나님은 현실 문제를 통하여 영적인 목사님으로 바꾸려는 의도가 숨어있기 때문입니다. 성령으로 기도해야 합니다. 원인을 알아서 조치해야 연단이 멈추게 될 것입니다.

그러므로 우리가 죽음에 가까운 연단을 받을 때에도 분명하게 원인이 있다는 것을 알아야 합니다. 그 연단의 이면에 있는 하나님의 선하신 계획과 영적존재의 방해를 깨달아 알고 끝까지 인내하면서 성령으로 기도하면서 자신을 바꾸어야 합니다. 자신을 바꾸는 것은 성령으로 되는 것입니다. 영적존재의 방해는 자신의 힘으로 물리 칠 수가 없고, 반드시 자신 안에 있는 성전에서 성령의 역사가 일어나야 가능합니다. 자기 스스로 노력해서 연단을 벗어나려고 몸부림을 치면 칠수록 연단을 길어집니다. 성령의 역사를 일으키면서 자신의 노력으로 하지 말고 성령의 지혜를 받아서 순종하려고 해야 합니다.

분명하게 해야 할 것은 하나님은 크리스천들을 축복하시려고 세상에서 부르셨다는 것입니다. 그런데 무조건 축복하시지 않습니다.

하나님께서 하라는 대로 순종하는 크리스천을 축복하십니다. 그렇기 때문에 아브라함의 복을 받으면서 살아가려면 자신의 마음대로 행하면서 살아가지 말아야 합니다. 그런대도 많은 수의 크리스천들이 자기 마음대로 저질러놓고 잘되지 않으면 그때서야 잘되게 해달라고 기도합니다. 절대로 하나님은 자기 마음대로 저질러 놓고 안되면 잘되게 해달라고 기도하는 크리스천의 문제를 해결하여 주시지 않습니다. 그렇기 때문에 연단을 당하는 것입니다. 시작할 때부터 하나님의 뜻을 구해서 순종하면 연단은 당하지 않습니다.

어느날 대전에서 살아가는 성도에게 전화가 왔습니다. 자신을 하나님께서 연단하신다는 것입니다. 이유는 자신이 지금 채무가 너무나 많은데 어떻게 해야 돈을 벌어서 채무를 청산하느냐고 조언을 부탁하였습니다. 그래서 지금까지 어떻게 사업을 했느냐고 질문했습니다. 신령하다는 사람을 찾아가 조언을 듣고 사업을 시작하기도 했고, 다른 사람이 돈을 벌수 있는 사업이라고 해서 시작을 했다는 것입니다. 필자가 이렇게 대답을 했습니다. 하나님은 성도님을 축복하시기 위하여 세상에서 불렀습니다. 지금 채무가 많고 잘 되지 않는 것은 성도님 마음대로 했기 때문입니다. 또 다른 신령한 사람에게 찾아서 그 사람의 조언을 듣고 사업을 시작했기 때문에 재정에 문제가 생기는 것입니다.

지금 부터는 자신 안에 주인으로 계시는 하나님께 질문하고 답을 받아서 사업을 하라고 했습니다. 자신은 예수를 믿을 때 죽었고, 다시 예수님으로 태어나 예수님을 위한 인생을 사는 것입니다.

그렇기 때문에 자신의 마음대로 하거나 신령한 사람의 조언을 듣고 행하거나, 다른 사람의 말을 듣고 사업을 하면 분명하게 되지 않게 되어있습니다. 일반적인 사람들이 말하는 연단이 시작이 되는 것입니다. 자신의 마음대로 하니 하나님께서 손을 대지 않기 때문에 연단을 당하는 것입니다. 분명하게 예수를 믿을 때 죽었고, 다시 예수님으로 태어나 예수님의 인생을 사는 사람답게 자신 안에 성전삼고 주인으로 계시는 하나님께 몇 날이고 기도하여 하나님께서 하라고 감동하시는 사업을 하면 연단은 찾아오지 않는다고 조언해 주었습니다.

채무가 많다고 했는데 채무도 하나님께 질문하세요. 하나님! 저의 채무를 어떻게 하면 변재하면서 살아갈 수가 있겠습니까? 하나님의 뜻을 깨달을 때까지 몇 날이고 기도하세요. 자신 안에 계신 하나님께 지속적으로 기도하다가 보면 하나님의 뜻을 때달을 수가 있을 것입니다. 그러면 그대로 순종하세요, 분명하게 하나님의 뜻은 성도님이 채무에 눌려서 사는 것이 아닙니다. 하나님은 분명하게 신명기 28장 2-7절에서 이렇게 말씀하셨습니다. "네가 네 하나님 여호와의 말씀을 청종하면 이 모든 복이 네게 임하며 네게 이르리니 성읍에서도 복을 받고 들에서도 복을 받을 것이며 네 몸의 자녀와 네 토지의 소산과 네 짐승의 새끼와 소와 양의 새끼가 복을 받을 것이며, 네 광주리와 떡 반죽 그릇이 복을 받을 것이며, 네가 들어와도 복을 받고 나가도 복을 받을 것이니라. 여호와께서 너를 대적하기 위해 일어난 적군들을 네 앞에서 패하게 하시리라 그들이 한 길로 너를 치러 들어왔으나 네 앞에서 일곱 길로 도망하리라" 말씀하셨습니다. 지금 성도님에게 채무를 늘어나가 하는 존재는 세상과 육체에 역사하던 귀신들입니다. 근본은 자신의 마음대로 사업을 했기 때문입니다. 방해하는 귀신들은 성도님 안에 성전삼고 계시는 하나님으로 채워지면 떠나가게 되어있습니다. 그런데 하나님은 영이십니다. 성령으로 충만 받아야 합니다. 성령으로 충만 받는 것은 이론으로 되는 것이 아닙니다. 성령으로 세례를 받아야 영이신 성령하나님께서 성도님의 마음 안에 있는 성전에 채워져서 밖으로 분출되면서 채무를 늘어나게 하는 귀신을 쫓아내시는 것입니다. 이제 부터 해야 할 일은 성령으로 세례를 받고 자신 안 성전에 주인으로 계시는 하나님과 관계를 여는 활동을 부단하게 하셔야 합니다. 분명하게 하나님께서는 마태복음 6장 33절에서 "그런즉 너희는 먼저 그의 나라와 그의 의를 구하라 그리하면 이 모든 것을 너희에게 더하시리라" 말씀하셨습니다. 자신 안에 계시는 하나님과 관계가 열리면 서서히 채무가 줄어들고 사업도 하나님께서 친히 주인으로 하시기 때문에 잘 될 것입니다. 하나님은 성도들을 축복하시는 분입니다.

많은 크리스천들이 예수님을 축복의 도구로 이용하려고 하는 경우가 많이 있습니다. 예수님은 성도들의 축복의 도구로 이용당하시지 않습니다. 축복하시려고 기다리십니다. 그런데 축복이 먼저가 어니고, 인격의 성숙을 기다리고 계십니다. 하나님의 말씀에 절대적으로 순종하는 성도들이 되기를 기다리십니다. 그렇기 때문에 축복을 받으려면 온전하게 순종하는 성도가 되어야 합니다. 분명하게 욕심으로 구하지 말아야 합니다. 성도들이 믿음과 욕심과 신념을 구별하지 못합니다. 분명하게 믿음이란 그 배후에 하나님의 권세가 주인으로 있어야 이루어 질 수가 있는 것입니다. 아브라함의 복을 받으려면 하나님께서 자신의 주인이 되어야 한다는 것입니다. 사업장 역시 하나님이 주인으로 계셔야 잘될 수가 있는 것입니다. 자신이 주인 되어 살아가는 사람이 물질의 복을 받게 위하여 구하는 것은 욕심이므로 이루어지지 않는 다는 것을 알아야 합니다.

하나님은 하나님의 음성에 온전하게 순종하는 성도를 연단하시지 않습니다. 연단은 하나님의 말씀에 온전하게 순종하지 않기 때문에 당하는 것입니다. 깨닫고 보면 연단은 하나님의 말씀에 순종하는 성도가 되어 세상에서 하나님을 나타내게 하려고 하시는 하나님의 은총입니다. 크리스천이 건강에 문제가 있는데 하나님께서 건강으로 연단하신다고 인재하고 참으면서 기다리기 때문에 건강의 축복을 누리지 못하는 것입니다. 자신이나 가족에게 영-혼-육의 질병이 찾아오거든 하나님께 질문해야 합니다. 하나님! 제게 무슨 순종치 못한 자아와 행동이 있습니까? 하나님! 알려 주시옵소서, 제가 듣고 고치겠나이다. 제가 무엇 때문에 이런 일이 찾아왔는지 알려 주시옵소서. 응답이 올 때까지 기도해야 합니다. 알려주신 대로 순종해야 합니다. 순종하면 봄에 눈이 녹는 것과 같이 영-혼-육의 문제가 사라질 것입니다.

무조건 연단이라고 생각하면서 참고 인내만 하는 것은 무지의 소치입니다. 하나님께 질문하여 원인을 찾아야 합니다. 분명하게 원인을 하나님께서 알고 계십니다. 사람들을 찾아다니지 말고 자신 안 성전에 주인으로 계시는 하나님께 질문해야 합니다. 그러면서 자신 안에 주인 된 하나님과 관계를 열어야 합니다. 하나님과 관계를 여는 일에 집중하면 얼마가지 않아서 연단의 이유를 알게 되고 순종하면 해결이 되는 것입니다. 지속적으로 자신 안에 주인으로 계시는 하나님과 관계가 단절되지 않도록 해야 합니다.

결론적으로 하나님께서 성도들을 연단하시지 않습니다. 무엇인가 자신에게 인간적인 것들이 남아있기 때문에 당하는 것입니다. 자신에게 인간적인 것들이 생명의 말씀과 성령으로 정화가 되면 연단은 당하지 않습니다. 욥이 여러 가지 고통을 인내하고 통과한 다음에 이렇게 고백합니다. "내가 주께 대하여 귀로 듣기만 하였사오나 이제는 눈으로 주를 뵈옵나이다(욥 42:5)." 하나님과 대면하는 영성이 되게 하여 축복하시기 위하여 훈련하신 것입니다. 인간적인 열정으로 하나님의 뜻을 이룰 수 없기 때문입니다. 그렇기 때문에 성도들이 말하는 연단이 찾아오거든 하나님께 기도하여 자신의 인간적인 면을 찾아서 해결해야 연단은 당하지 않습니다. 무조건 열심히 철야 기도하고, 헌금하고, 봉사만 하지 말고 자신이 생명의 말씀과 성령으로 하나님과 관계있는 사람으로 변화되려고 해야 합니다.

# 15장 무조건 안수 받고 기도만 함으로

(약 5:14-15)"너희 중에 병든 자가 있느냐 그는 교회의 장로들을 청할 것이요 그들은 주의 이름으로 기름을 바르며 그를 위하여 기도할지니라. 믿음의 기도는 병든 자를 구원하리니 주께서 그를 일으키시리라 혹시 죄를 범하였을지라도 사하심을 받으리라"

하나님은 예수를 믿고 성령으로 거듭난 성도들이 건강하기를 원하십니다. 모두 아브라함의 복을 받으면서 하나님을 나타내기를 원하십니다. 그래서 성도들이 세상 사람들에게 복음을 전도할 때 예수 믿으면 영육의 질병이 치유가 됩니다. 하면서 전도하기도 합니다. 그런데 예수만 믿는다고 영육의 문제와 환경의 문제가 치유 될까요? 물론 정확하게 성령의 인도를 받으면서 하나님과 관계가 열리는 신앙생활을 하면 영육의 문제와 환경의 문제가 해결됩니다. 하나님의 뜻이 영육이 건강하고 환경에 축복을 받으면서 세상에 하나님을 나타내는 것이기 때문입니다.

그런데 예수를 믿고 능력자에게 안수를 받으며 기도해도 영육의 문제와 환경의 문제가 해결이 안 될 수가 있습니다. 바른 복음의 진리를 적용하고 성령의 인도를 받으면서 자신 안에 계신 하나님과 관계를 열어야 현실적으로 당하는 고통이 해결되기 시작하는 것입니다. 예수를 믿었으면 먼저 예배에 참석하면서 기도하고 안수를 받으면서 성령으로 세례를 받고 충만 받으면서 자신 안에 성전이 되는 일에 집중해야 합니다. 영육의 문제와 물질문제 환경의 문제 해결은 자신 안에 주인으로 계시는 하나님의 권능으로 해결이 되기 때문입니다. 그러니까, 영육의 문제로 고통을 당하다가 예수를 믿고 영육의 문제해결에만 집중하면 문제해결이 되지 않는 것입니다. 이유는 자기 열정과 힘으로 문제를 해결하려고 하기 때문입니다. 아직 변화되지 못하여 육체가 되어있기 때문에 영이신 하나님께서 역사하실 수가 없는 것입니다. 하나님은 성령으로 거듭난 영의 상태에서 문제를 해결하실 수가 있습니다.

그리고 크리스천이 영육의 문제와 재정의 문제와 환경의 문제가 있을 때 무조건 능력자를 찾아가서 안수 받고 기도하면 해결이 될까요? 그렇게 쉽게 생각한 것과 같이 해결이 안 됩니다. 이유는 3가지입니다. 첫째로 욕심으로 문제를 해결하려고 하기 때문입니다. 전적으로 하나님의 권능으로 문제가 해결이 되는 것인데, 자기 열정과 노력과 다른 사람의 힘으로 문제를 해결하려고 하기 때문에 문제가 해결이 될 수가 없습니다. 이유는 문제 뒤에 역사하는 존재는 사람의 능력보다 한 차원 높고 강한 영적존재입니다. 이들은 사람의 힘으로는 어찌할 수가 없는 존재입니다. 반드시 영적존재보다 강한 초자연적인 하나님의 권능으로 떠나갑니다. 그렇기 때문에 성령으로 자신 안에 성전이 견고하게 지어지는 것에 중점을 두고 자신도 기도하고 능력자의 안수도 받아야 합니다.

둘째로 기도가 바르냐? 바르지 못하느냐 입니다. 무조건 영육의 문제를 해결하여 달라는 구하는 기도를 하는 것이 보통입니다. 문제만 해결하여 달라고 기도합니다. 능력자의 안수를 받아도 자신 안에 성전에 견고하게 지어지는 것이 목적이 아니라, 영육의 문제 해결에 목적으로 두고 받습니다. 분명하게 영육의 문제와 환경의 고통을 당하는 장본인을 예수를 믿을 때 죽고, 다시 예수님으로 태어나 예수님의 인생을 사는 것입니다. 그렇기 때문에 무조건 문제 해결을 원하는 기도나, 능력자의 안수기도는 예수로 다시 태어난 영적인 상태가 아닐 수 있기 때문에 아무리 기도해도 해결이 안 될 수가 있는 것입니다. 그리고 하나님은 영육의 문제를 통하여 영적인 사람으로 바뀌기를 원하십니다. 그래서 하나님께 기도할 때 문제를 해결하여 달라는 기도가 아니라, 어떻게 해야 문제가 해결이 될 수 있는가 질문을 하여 지혜를 구해야 합니다. 반드시 성령으로 기도하며 질문을 해야 합니다. 성령의 기도란 자신의 생각이나 힘이나 노력이나 말로 기도하는 것이 아닙니다. 오로지 성령님께 전인격을 지배당한 상태에서 성령께서 역사하시고 감동하심을 따라 기도해야 합니다. 성령으로 기도하여 하나님께서 알려주신 지혜대로 순종할 때 성령님의 역사로 영육의 문제 뒤에 역사하는 존재들이 물러갑니다. 문제 뒤에 역사하는 존재들이 성도의 성령으로 기도할 때 성전에서 분출되는 성령의 역사로 떠나가기 때문입니다.

셋째로 하나님의 문제해결의 원칙을 적용해야 합니다. 많은 목회자와 성도들이 무조건 기도하고 능력자의 안수를 받으면 모든 문제가 해결이 되는 것으로 알고 있습니다. 이것은 복음을 오해한 것입니다. 필자가 18년이란 세월동안 개별치유사역을 하다가 터득한 하나님의 치유의 원리는 본인이 인정하고 시인한 부분만 치유하신다는 것입니다. 예를 든다면 허리가 아픈 성도가 허리를 치유하려고 열심히 기도하고 능력자의 안수만을 받으면 치유가 안 될 수가 있다는 말입니다. 하나님! 허리가 아픕니다. 어떻게 해야 치유가 될 수 있습니까? 하나님은 이렇게 본인이 인정하고 시인하고 구하는 부분만을 치유하십니다.

예를 든다면 머리가 아픈데 하나님! 제가 머리가 아픕니다. 머리를 치유하여 주세요, 하면서 기도하고 능력자에게 안수기도를 받을 때도 능력자에게 머리가 아프다고 말을 해서 머리에 있는 문제를 해결하면서 안수해야 치유가 된다는 말입니다. 막연하게 안수 받으면 모든 질병이나 문제가 해결된다고 생각하고 기도하고 안수를 백번 받아도 치유가 안 됩니다. 하나님은 반드시 본인이 인정하고 시인하고 요청하는 부분만 해결하여 주십니다. 영육의 문제 뒤에 역사하는 영적존재 역시 문제가 있는 부분을 지적하면서 기도하고 안수해야 해당된 부분에 역사하는 귀신이 떠나갑니다. 많은 크리스천들이 복음을 오해하고 하나님을 원망하는 경향이 있습니다. 무조건 안수 받고 예수이름으로 기도하면 해결될 것으로 생각하고 철야하며 봉사하며 헌금하며 기도해도 치유가 되지 않으니 하나님을 원망합니다.

그런데 복음을 깨닫고 보면 치유를 원하고 기도하는 본인에게 문제가 있었기 때문에 해결이 되지 않습니다. 명확하게 하나님! 제가 편두통이 있습니다. 어깨통증이 있습니다. 물질문제가 있습니다.

회사에 이런 문제가 있습니다. 우리 집 둘째 아들에게 문제가 있습니다. 소화가 되지 않습니다. 위장병이 있습니다. 심장부정맥이 있습니다. 허리통증이 있습니다. 이렇게 명확하게 인정하고 시인하는 부분만 지혜를 주시고 해결되도록 역사하십니다. 그렇기 때문에 문제 해결하여 주시옵소서. 질병을 고쳐주시옵소서. 잘되게 하여 주시옵소서, 이렇게 막연하게 기도하면 정확하게 어떤 문제인지 모르시기 때문에 치유를 해주실 수가 없는 것입니다.

A라는 집사가 편두통이 아주 심해서 생활하기가 어려울 정도가 되었습니다. 그래서 필자를 찾아와 안수기도도 받고 스스로 기도도 했습니다. 그런데 자신이 편두통이 심하다고 하나님께도 말하지 않고 무조건 안수 받고 기도만 한 것입니다. 주일 예배에 참석해서 안수 받고 기도해도 치유가 되지 않으니 이제 토요일 개별집중정밀치유 시간에 나와서 2주 동안 기도하고 안수를 받았습니다. 그래도 편두통은 치유가 되지 않았습니다.

알아야 할 것은 두통이 시작되면 아무 것도 못하는 악성 두통 환자도 많습니다. 이는 세상 살아가기가 어렵기 때문입니다. 여기에는 예수를 믿는 성도도 예외가 되지를 않습니다. 상당수의 크리스천에 만성두통으로 고통을 당합니다.

현대인들은 혈통의 유전, 저하된 위 기능, 심장의 불균형, 대장의 독소, 신장의 무력 등의 여러 가지 이유로 편두통을 앓고 있습니다. 하지만 정확히 편두통 원인에 대해 모르는 경우가 많습니다. 검사를 통해서도 딱히 문제가 발견되지 않을 때에는 치료가 더욱 어렵습니다. 때문에 환자들은 편두통 치료에 있어서 두통약을 최선이라고 생각하게 됩니다. 하지만 두통약만 먹는다고 편두통이 치료가 되지는 않습니다. 무엇보다 자신의 생활 속에 어떠한 문제가 편두통을 일으키는지 정확히 알아야 할 필요가 있습니다. A집사가 급기야 일상생활은 물론이고 교회 예배에 나오지 못할 지경이 이른 것입니다. 교회로 전화가 왔습니다. 교회를 나오지 못하겠다는 것입니다. 그래서 필자가 이렇게 말했습니다. "내가 편두통이 있다는 것을 처음 들었다. 안수받는다고 모든 병이 치유되는 것이 아니다. 꼭꼭 집어서 말하고 인정한 질병만 치유가 되는 것이다. 힘이 들더라도 토요일 날 교회에 나와서 기도를 하고 안수를 받아라." 그래서 순종하고 나왔습니다. 한의원에서 6개월 이상 걸려야 치유되는 것을 필자가 안수기도 했더니 1시간 만에 완전치유가 되었습니다. 근본원인을 제공하는 위장을 다스리라고 권면했습니다. 소화가 잘되는 음식을 드시라고 말했습니다.

우리가 여기서 알아야 할 것은 하나님은 무조건 기도하고 안수한다고 모든 문제와 질병을 치유하여 주시지 않는 다는 것입니다. 반드시 본인이 시인하고 인정한 질병과 문제만 치유하신다는 것입니다. 바르게 진단하고 안수기도를 해야 치유가 됩니다. 무조건 안수기도 하고 철야하며 기도한다고 치유가 되지 않는 것입니다.

이렇게 성령으로 충만하여 영적인 치유를 하면 순간적으로 치유가 될 수가 있습니다. 많은 분들이 두통은 참고 넘기면 되는 질환이라고 여기는 경향이 강합니다. 두통약이면 된다는 안이한 생각으로 증상을 키우는 경우가 많습니다. 두통은 심각한 질환입니다. 우리가 쉽게 무시하고 넘어가는 생활습관 중에는 식습관이 편두통의 발생에 큰 영향을 주기 때문입니다.

무조건 기도하고 안수한다고 병이 고쳐지는 것이 아닙니다. 믿음과 욕심을 구별하면서 기도해야 합니다. 계산속에 빠져서 세상병원에 가면 돈이 들어가니까, 하나님께 기도하여 공짜로 고치겠다는 마음으로 질병의 치유를 원한다면 백번 안수하고 기도해도 치유되지 않습니다. 욕심으로 구하는 것은 이루어지지 않습니다. 하나님은 마음 중심이 하나님께 가있는 경우에만 기적을 일으키십니다. 그렇기 때문에 욕심으로 구하면 치유가 되지 않고 깨달을 때까지 치유를 보류하십니다. 필자가 욕심을 가지고 병 치유를 원하는 사람들에게 자주 하는 말이 있습니다. 하나님의 것도 내 것이요, 내 것도 내 것이요, 하는 분들이 다수가 있습니다. 한마디로 예수를 믿을 때 죽지 않고 자기가 그대로 살아있는 것입니다.

안수를 그렇게 많이 하고 기도해도 병이 고쳐지지 않는 분들이 있습니다. 이런 분들의 심령상태를 진단해보니 하나님의 말씀을 정수해서 받아들이는 사람들이었습니다. 하나님의 말씀을 정수해서 받아들인다함은 자기가 순종할 수 있는 것은 받아들이고 자기가 순종할 수 없는 것은 받아들이지 않는다는 것입니다. 순종하려면 물질이 들어간다거나, 희생이 필요하고, 자기 시간을 빼앗기는 말씀은 받아들이지 않고 흘려보낸다는 것입니다.

예를 든다면 영적으로 정신적으로 질병이 심하면 화-수-목 집회에 참석해야 합니다. 이래도 요과가 적다면 토요일 개별집중정밀치유에 예약하여 치유를 받아야 합니다. 그런데 순종하지 않습니다. 더군다나 토요일은 선교헌금이 정해져 있습니다. 물질이 아까워서 참석하지 않습니다. 이러니 질병이 치유되지 않는 것입니다.

다른 경우는 자녀의 영적으로 정신적인 질병을 치유 받으려면 부모가 함께 치유를 받아야 합니다. 그런데 부모가 순종을 하지 않습니다. 자녀만 보낸다든지, 어머니나 아버지나 한분만 참석합니다. 그것도 겨우 주일날 오전 예배만 참석합니다. 이렇게 계산속으로 하나님의 뜻을 따르니 중한 질병을 치유하여 주시고 싶어도 치유하실 수가 없는 것입니다. 하나님은 무엇보다도 마음중심이 하나님께 가있는 순종을 요구하십니다.

그리고 개인과 가정이 예수님으로 하나가 되는 것을 원하십니다. 예수님은 요한복음 17장 21-23절에서 이렇게 기도하십니다. "아버지여! 아버지께서 내 안에, 내가 아버지 안에 있는 것 같이 그들도 다 하나가 되어 우리 안에 있게 하사 세상으로 아버지께서 나를 보내신 것을 믿게 하옵소서, 내게 주신 영광을 내가 그들에게 주었사오니 이는 우리가 하나가 된 것 같이 그들도 하나가 되게 하려 함이니이다. 곧 내가 그들 안에 있고 아버지께서 내 안에 계시어 그들로 온전함을 이루어 하나가 되게 하려 함은 아버지께서 나를 보내신 것과 또 나를 사랑하심 같이 그들도 사랑하신 것을 세상으로 알게 하려 함이로소이다"

자녀의 영적으로 정신적인 질병을 치유 받으려면 가정이 성령으로 하나가 되어야 합니다. 이것이 하나님의 뜻이기 때문에 하나님의 뜻에 부합되지 않으면 치유가 되지 않는 것입니다. 개인과 가정을 예수님으로 하나가 되게 하려는 하나님의 뜻에 순종해야 자녀의 영적으로 정신적인 질병이 치유되는 것입니다. 하나님의 뜻에 순종하지 않으면서 어떻게 자녀의 영적으로 정신적인 질병을 치유 받겠습니까? 하나님의 말씀 안에서 치유가 되는 것입니다. 순종이 우선입니다. 순종할 때 하나님과 관계가 열리고 성령의 역사가 일어나는 것입니다.

크리스천의 영적활동에서 욕심과 믿음을 구별한다면 이렇게 설명할 수가 있습니다. 하나님은 이렇게 말씀하셨습니다. "하나님의 성령으로 봉사하며 그리스도 예수로 자랑하고 육체를 신뢰하지 아니하는 우리가 곧 할례파라(빌 3:3)" 교회에서 봉사하는 것을 보면 하나님께서 축복해주실 것을 바라고 봉사하는 것은 욕심입니다. 그러나 하나님께서 주신 은혜에 감사해서 봉사하는 것은 믿음입니다. 믿음은 하나님께서 축복하실 것을 믿고 봉사하는 것입니다. 헌금도 마찬가지입니다. 하나님께서 헌금을 드리면 축복해주실 것을 바라고 헌금하면 욕심입니다. 그러나 하나님께서 주신 축복이 감사해서 드리면 믿음입니다. 헌금은 하나님의 것을 드리는 것이요, 축복해 주실 것은 믿고 드리는 것입니다. 조건을 달고 헌금하는 것은 욕심입니다.

질병을 치유 받는 것도 마찬가지입니다. 자신의 병을 고쳐주시옵소서, 오로지 자신의 병만 고쳐주실 것을 바라는 기도는 욕심입니다. 그러나 믿음은 하나님께서 자신의 병을 고쳐주실 것은 믿는 것입니다. 하나님의 뜻이 자녀들의 병을 고쳐주시는 것이기 때문입니다. 하나님! 제가 어떻게 해야 이 병에서 자유 함을 누릴 수가 있겠습니까? 하나님! 제가 무엇 때문에 이병으로 고통을 당합니까? 원인을 알려주세요. 하면서 병 치유를 위해 기도한다면 믿음입니다. 기도하면서 성령께서 감동하시는 대로 순종하면 치유가 되는 것입니다.

자녀들은 위해서 기도하는 것도 마찬가지입니다. 하나님! 우리 아들이 직장에 취직하게 하여 주시옵소서. 우리 아들이 하는 사업이 잘되게 하여 주시옵소서, 이렇게 기도하는 것은 욕심입니다. 하나님은 그의 자녀가 하는 일을 축복하시기를 원하십니다. 직장에 취직이 되는 것이 하나님의 뜻입니다. 그렇기 때문에 믿음으로 기도를 해야 합니다. 하나님! 우리 아들이 어떻게 하면 직장에 취직되어 하나님의 영광을 드러낼 수가 있겠습니까? 부족한 부분을 알려주옵소서. 이렇게 직장에 취직에 되는 것은 하나님의 뜻인 줄 믿고, 부족한 부분을 채우려는 기도를 하는 것입니다. 무엇이 부족하기 때문에 취직이 되지 않기 때문입니다. 즉 하나님께서 원하시는 장성한 분량에 차지 않아서 취직이 되지 않는 것입니다. 취직이 되는 것은 하나님의 뜻입니다. 그렇기 때문에 취직되게 하여 주옵소서 하면서 기도하는 것은 욕심입니다.

남편의 사업을 위해서 기도하는 것도 마찬가지입니다. 하나님! 우리 남편이 하는 사업을 축복하여 주시옵소서. 사업이 잘되게 하여 주시옵소서. 이렇게 기도하는 것은 욕심입니다. 하나님의 뜻은 남편의 사업이 잘되는 것입니다. 그렇기 때문에 기도하는 방법을 바꿔야 합니다. 하나님! 우리 남편의 사업이 잘되는 것이 하나님의 뜻인 줄 잘 압니다. 하나님! 우리 남편의 사업장을 친히 운영하여 주시옵소서. 우리 남편은 부사장이요, 하나님께서는 사장님이라는 것을 우리 남편이 믿게 하시어, 매사를 하나님께 기도하여 결정하게 하여 주옵소서, 혹여 라도 우리 남편 독단으로 운영하지 않도록 성령으로 깨닫도록 인도하여 주옵소서. 남편의 사업장이 하나님께서 사장이 되시면 잘되지 않을 수가 없는 것입니다.

교회 사모님들이 기도하는 것도 마찬가지입니다. 하나님! 우리 교회가 부흥 성장되게 하여주옵소서. 이렇게 기도하는 것은 욕심입니다. 교회가 성장되는 것은 하나님의 뜻입니다. 교회는 하나님의 교회입니다. 성령님이 친히 목회하시면 교회가 성장하지 않을 수가 없습니다. 그렇기 때문에 이 사모님은 기도를 바꾸어야 합니다. 하나님! 우리 남편이 목회하는 교회를 친히 성령으로 목회하여 주시옵소서. 우리 남편은 부목사요, 성령하나님께서는 담임목사님이라는 것을 우리 남편 목사님이 믿게 하시어, 매사를 하나님께 기도하여 결정하게 하여 주옵소서, 혹여 라도 우리 남편 독단으로 교회를 운영하지 않도록 성령께서 깨닫게 하시고 인도하여 주옵소서. 성령님이 친히 목회하는 교회가 되게 하여 주옵소서. 남편이 목회하는 교회가 성령하나님께서 담임목사가 되시면 성령의 역사가 일어나지 않을 수가 없을 것입니다. 성장하지 않을 수가 없을 것입니다. 그러나 많은 목회자와 사모님들이 막연하게 교회를 성장시켜 달라고 기도합니다. 교회성장은 하나님의 뜻입니다.

하나님께서 질병을 치유하실 때 입술로 시인하고 지정한 부분만 치유하시는 이유가 있습니다. 지정하고 입술로 시인한다는 것은 마음이 열렸다는 것입니다. 마음이 열리니까, 성령의 역사가 지배하고 장악하여 치유하시는 것입니다. 질병이나 상처나 영적인 문제나 물질적인 문제나 정신적인 문제나 할 것이 없이 모두 성령께서 장악을 하셔야 치유되고 해결이 되는 것입니다. 성령께서 지배하고 장악하시지 못하면 치유되지 않고, 해결될 수가 없는 것입니다. 문제나 질병의 배후에 악한 영이 역사하기 때문입니다. 그렇기 때문에 반드시 본인의 문제나 질병이 있을 때 인정하고 시인해야 합니다. 사역자에게도 어디어디가 문제가 있다고 말해주어야 합니다. "하나님은 초자연적인 분이기 때문에 나의 모든 사정을 아시니 모든 질병과 문제를 해결하여주신다. 목사님은 능력이 있으시니 안수하면 모든 것이 해결이 된다." 이는 자신의 이기주의적인 생각일 뿐입니다. 반드시 인정하고 시인을 해야 합니다.

그리고 목사가 능력이 있어서 문제가 해결되고 질병이 치유되는 것이 아닙니다. 예수를 믿을 때 죽은 목사가 무슨 능력이 있겠습니까? 목사님 안에 주인으로 계시는 하나님께서 능력이 있으시니 목사님을 통하여 하나님께서 치유하시는 것입니다. 그렇기 때문에 "아무개 목사님은 능력이 있으시다." 이렇게 말하는 것이 아닙니다. 만약에 자신이 스스로 능력이 있다고 자찬하는 목사가 있다면 이단이요, 사이비요, 사단이요, 하나님의 영광을 가로채는 사람입니다. 이렇게 말해야 합니다. "아무개 목사님은 하나님께서 함께 하시면서 사용하시는 분이다." 이렇게 말해야 목사님에게 누가 되지 않는 것입니다. 잘못하면 성도님들이 담임목사님을 이단을 만들 수도 있습니다. 하나님의 자리에 앉아있는 사람을 만들 수도 있으니 언행을 조심해야 합니다. 예수를 믿고 성령으로 거듭난 사람들은 너나나나 할 것 없이 예수 믿고 죽은 사람들입니다. 다시 예수님의 인생을 사는 것입니다.

하나님께서 우리를 부르신 것은 하나님을 위해서 부르신 것입니다. 죄로 죽었다가 살려서 하나님을 위해서 사용하시려고 부르신 것입니다. 분명하게 사무엘상 16장 3절에 "이새를 제사에 청하라. 내가 네게 행할 일을 가르치리니 내가 네게 알게 하는 자에게 나를 위하여 기름을 부을지니라." 하나님을 위하여 다윗에게 기름을 부으라고 하셨습니다. 그렇다고 다윗이 자기 마음대로 했습니까? 하나님께서 하라는 대로 순종했습니다. 하나님께서 우리를 부르시고 성령의 인도를 받게 하신 것은 훈련시켜서 종으로 부려먹기 위해서 부르신 것이 아닙니다. 그래서 우리가 예수를 믿는 순간에 죽고, 다시 예수님으로 태어나는 것입니다. 하나님께서 분명하게 말씀하셨습니다. "그리스도의 사랑이 우리를 강권하시는 도다. 우리가 생각하건대 한 사람이 모든 사람을 대신하여 죽었은즉 모든 사람이 죽은 것이라. 그가 모든 사람을 대신하여 죽으심은 살아 있는 자들로 하여금 다시는 그들 자신을 위하여 살지 않고 오직 그들을 대신하여 죽었다가 다시 살아나신 이를 위하여 살게 하려 함이라(고후 5:14-15)" 분명하게 "자신을 위하여 살지 않고 오직 그들을 대신하여 죽었다가 다시 살아나신 이를 위하여 살게 하려 함이라고"하셨습니다. 예수님을 위하여 살게 하려고 부르신 것입니다. 예수님께서 하신 일을 하게 하려고 부르신 것입니다. 죽었다가 다시 살아난 사람답게 예수님의 말씀에 순종해야 합니다. 자기 마음대로 하지 말고 성령의 인도와 감동에 순종해야 합니다.

예수님은 영이십니다. 육체가 죽지 않고 예수님을 위하여 살아갈 수가 없습니다. 그래서 죽었다고 다시 살아나 예수님으로 살도록 하시는 것입니다. 이제 자신의 인간적인 생각이나 지혜나 열심으로 살지 말아야 합니다. 성령의 인도를 받아야 합니다. "무릇 하나님의 영으로 인도함을 받는 사람은 곧 하나님의 아들이라(롬 8:14)" 그래서 하나님은 "만일 우리가 성령으로 살면 또한 성령으로 행할지니(갈 5:25)" 라고 말씀하십니다. 예수를 믿고 성령으로 거듭난 성도는 성령으로 깨달아야 하고, 성령으로 기도해야 합니다. 자신은 예수를 믿을 때 죽고 다시 예수로 태어나 예수님을 위하여 살기 때문입니다.

결론적으로 하나님은 명확하게 인정하고 시인하고 드러낸 부분만 치유하십니다. 본인이 열심히 기도하고 능력자의 안수 받는 다고 영육의 모든 문제가 해결이 안 된다는 것입니다. 본인이 꼭꼭 집어내고 드러낸 부분이 해결하십니다. 하나님은 현실 문제를 통하여 하나님과 관계가 열린 성도가 되게 하기 때문입니다. 그래서 하나님을 마음을 열어라, 마음을 열어라, 하시는 것입니다. 마음을 열고 시인하고 드러내십시오, 그러면 하나님께서 해결하실 것입니다.

# 4부 예수 믿으며 건강하게 지내는 비결

## 16장 마음을 다스림으로 내면을 강화하라.

(잠 16: 32)"노하기를 더디하는 자는 용사보다 낫고 자기의 마음을 다스리는 자는 성을 빼앗는 자보다 나으니라"

예수를 믿고 성령의 인도를 받는 생활을 하더라도 우리의 삶은 수많은 정신적인 고통과 육체적 아픔, 생활의 슬픔 등 헤아릴 수 없는 불행의 쓰나미가 항상 다가옵니다. 우리는 이와 같은 고난을 이겨내고 행복하게 살아야 되는 것입니다. 삶은 한 번의 기회밖에 없습니다. 그 한 번의 기회에 울고 탄식하고 부정적으로 살아도 일생을 살고 모든 운명과 환경을 극복하고 기쁘고 행복하게 살아도 일생을 사는 것입니다. 환경은 언제나 똑같이 다가오는 것입니다. 그것을 극복 못하고 사는 사람은 슬프게 살고 극복하고 사는 사람은 기쁘게 살 수 있는 것입니다. 우리가 환경을 다스리기 위해서 어떻게 해야 될까요? 환경을 다스리기 전에 우리 마음을 다스려야 되는 것입니다. 마음을 다스리면 환경을 다스리는 능력이 나타나게 되는 것입니다.

잠언 16장 32절처럼 "노하기를 더디하는 자는 용사보다 낫고 자기의 마음을 다스리는 자는 성을 빼앗는 자보다 나으니라" 성을 빼앗는 것이 쉽습니까? 성을 지키고 있는 군대들이 안에서 끊임없이 저항을 하는데 성 빼앗는 것이 얼마나 어려운 것입니까? 그러나 마음을 다스리는 자가 성을 빼앗는 자보다 더 위대하다고 말하는 것은 마음을 다스리면 그 마음에 다스리는 능력이 나아가서 성을 무너뜨리고 마는 것입니다. 성을 빼앗으려고 하기 전에 마음을 다스리면 성이 무너진다는 말은 우리 마음을 다스리는 자는 환경과 운명의 성을 다스릴 수 있다는 것을 말하는 것입니다.

잠언서 4장 23절에 "모든 지킬 만한 것 중에 더욱 네 마음을 지키라 생명의 근원이 이에서 남이니라" 생명의 근원을 찾아 동서남북으로 방황하지 말고 내 마음에 바로 생명의 근원이 있기 때문에 마음을 다스리라고 말하는 것입니다. 잠언 25장 28절에 "자기의 마음을 제어하지 아니하는 자는 성읍이 무너지고 성벽이 없는 것과 같으니라" 성읍이 무너지고 성벽이 없으면 도둑놈들이 마음대로 들락날락하고 약탈꾼들이 와서 도둑질하고 죽이고 멸망시키는 것입니다. 마음을 제어하지 못하면 바로 그와 같다는 것입니다.

**첫째, 마음을 청소하고 정리하라.** 생명의 말씀과 성령으로 마음을 정화해야 합니다. 집안을 다스리려면 집안을 청소하고 정리해야 되는 것처럼 마음을 청소하고 다스려야 되는 것입니다. 정신적으로 미움, 분노, 시기, 질투, 교만, 탐욕 같은 쓰레기더미를 씻어내고 양심에 고통스런 죄책을 다 회개하고 성령의 역사로 씻어야 마음을 다스릴 수가 있는 것입니다. 마음에 쓰레기가 잔뜩 쌓여있고 마음이 완전히 불완전하게 흩어져서 정신을 차릴 수 없는데 다스려집니까?

마가복음 7장 21절로 23절에 "속에서 곧 사람의 마음에서 나오는 것은 악한 생각 곧 음란과 도둑질과 살인과 간음과 탐욕과 악독과 속임과 음탕과 질투와 비방과 교만과 우매함이니 이 모든 악한 것이 다 속에서 나와서 사람을 더럽게 하느니라." 우리 속에는 쓰레기더미가 있습니다. 너나 할 것 없이 우리 가슴을 활짝 펴고 들여다보면 쓰레기더미가 다 있습니다. 남에게만 쓰레기더미가 있다고 손가락질하지 말 것은 내 속에 쓰레기더미가 있는 것입니다. 그러므로 이것을 청산해야 돼요. 쓰레기더미를 어떻게 청산합니까? 우리가 성령님이 인도하시는 회개를 통해서 청산할 수 있는 것입니다.

크리스천들은 세상 사람이 알지 못하는 샘물이 있습니다. 세상 사람은 물질적으로 넘쳐나는 물로써 때는 씻지만 마음은 못 씻는데 우리는 마음을 씻는 그리스도의 십자가 보혈이 우리에게 주어진 것입니다. 우리는 갈보리산에 매달려 있는 예수 그리스도의 고통을 통해서 흘리신 피를 믿고 받아들이므로 우리 죄가 다 용서함 받을 수가 있는 것입니다. 우리 마음속에 더러운 죄만 자복할 뿐 아니라, 부정적인 생각을 정리해야 되는 것입니다. 마음에 염려, 근심, 불안, 초조, 절망, 시기, 분노, 우울한 마음, 살고 싶지 않은 부정적인 생각, 이런 생각을 다 쫓아내야 되는 것입니다. 그래서 제가 "나는 행복하다. 나는 기쁘다. 나는 즐겁다. 나는 평안하다. 나는 만사형통하다." 이 말을 하라는 이유는 부정적인 생각을 쫓아내는 방법으로 그렇게 하는 것입니다.

어떤 분들은 저보고 이런 질문을 하고 싶을 것입니다. 행복하지도 않은데 왜 자꾸 행복하다고 그럽니까? 그래서 내가 하는 말은 행복 안하기 때문에 행복하다고 말하라는 것입니다. 행복한 사람은 행복한데 행복하다고 말할 필요 없지 않습니까? 행복 안하니까 그것을 쫓아내기 위해서 나는 행복하다. 안 기쁘니까 슬프니까 나는 기쁘다. 평안하지 못하니까 나는 평안하다. 건강 안하니까 내가 건강하다. 그래서 부정적인 것을 쫓아내는 것입니다. 이것을 반대 영을 공급하다고 하는 것입니다. 부정적인 것을 그냥 두고는 마음이 정리정돈이 되지 않습니다. 로마서 8장 5절로 6절에 "육신을 따르는 자는 육신의 일을, 영을 따르는 자는 영의 일을 생각하나니 육신의 생각은 사망이요 영의 생각은 생명과 평안이니라." 육신을 따라서 여러 가지 부정적 생각이 마음을 꽉 점령하고 있을 때 우리는 영의 생각을 쫓아서 예수님 이름으로 긍정적인 시인을 하므로 이를 쫓아내는 것입니다.

로마서 12장 2절에 "너희는 이 세대를 본받지 말고 오직 마음을 새롭게 함으로 변화를 받아 하나님의 선하시고 기뻐하시고 온전하신 뜻이 무엇인지 분별하도록 하라" 마음을 새롭게 해야 되는 것입니다. 낡은 마음을 가지고는 하나님의 선하시고 기뻐하시고 온전한 뜻을 분별할 수 없습니다. 마음이 맑아져야 하나님의 뜻을 분별할 수 있는 것입니다. 그렇기 때문에 부정적인 생각을 정리해서 마음을 깨끗이 해야만 되는 것입니다.

먼저 버려야 할 사소한 생각으로는, 불행하다는 마음과 마음의 고통, 슬픔, 상처 등 주로 부정적인 것들을 다 성령의 역사로 정화해야 합니다. 매주일 마다 예배드리고 기도하면서 정화해야 합니다. 화, 불안, 분노, 비난 등 부정적인 감정들도 지금 당장 버리고 망설이고, 걱정하고, 불신하고, 갈등하고, 조급증, 적대감 등의 행동을 버릴 때 마음이 그런 것으로부터 해방되면 행복하게 된다는 것입니다. 우리가 성공적이고 행복한 삶을 살기 위해서는 무엇보다 먼저 우리의 생각과 감정과 행동 가운데 부정적이고 소극적인 쓰레기더미를 예수님의 보혈로 씻어내고 우리 마음을 십자가 구속의 은혜로 채워야 하는 것입니다.

우리는 그 쓰레기더미 속에서 살지 않는데 바깥은 좋은 집에서 잘 정돈된 가구를 갖다 놓고 살지만 마음이 그런 쓰레기통이 되어 있습니다. 이 마음이 쓰레기통이 되어 있으니까 바깥이 아무리 좋아도 행복하지 않습니다. 우리가 마음을 정리정돈하기 위해서 항상 죄를 회개하고 자복하고 보혈로 씻고 부정적인 생각을 긍정적인 생각으로 내어 쫓아야 됩니다. "나는 행복하다. 나는 기쁘다. 나는 즐겁다. 울면서라도 나는 평안하다. 나는 건강하다. 나는 잘된다. 형통하다." 그렇게 하면은 그 생각이 우리 마음에 들어와서 반대적인 생각을 밀어내 주는 것이니까 마음에 그런 생각을 통해서 우리가 행복할 수가 있는 것입니다.

하나님께 기도할 때도 성령으로 마음이 정리정돈 되어서 기도해야 힘 있게 기도가 상달되지 마음이 아주 쓰레기더미 같이 혼잡하게 되어있는 상태에서 기도해서는 기도응답이 오지 않는 것입니다.

우리가 항상 마음속에 기뻐하고 경배하며 즐거움으로 꽉 들어찬 마음을 가지고 살면 마음을 다스릴 수가 있습니다. 우리의 삶의 고통과 어려움을 극복하고 기쁨과 행복 가운데 살아가기 위해서는 우리 마음을 십자가 구속의 은혜로 가득 채워야 되는 것입니다. 예수님 보혈로 씻고 성령으로 기도하여 하나님 은혜로 마음에 가득 채우면 어떠한 환경에도 행복과 기쁨을 갖고 살 수가 있는 것입니다. 예수 그리스도를 믿고 하나님 앞에서 얻은 기쁨은 세상으로 비교할 수가 없는 것입니다. 그래서 마음을 다스리면 행복이 환경에도 다가오게 되는 것입니다.

**둘째, 희망찬 꿈을 그려보고 살아야 되는 것입니다**. 우리는 모두 다 꿈을 갖고 사는 것입니다. 꿈이 없는 백성은 망한다고 말한 것입니다. 적은 꿈, 큰 꿈, 살아있는 사람은 다 마음에 꿈을 갖고 있는 것입니다. 그런데 희망찬 꿈을 갖고 살아야지 꿈이 언제나 비관적이고 절망적이면 절대 행복하지 않습니다. 비관적인 꿈을 가진 사람들이 요사이 자살을 많이 하지 않습니까? 대학생들도 대학교수도 자살을 하거든요. 그러면 희망찬 꿈을 어디에서 얻을 수 있느냐. 우리는 갈보리 십자가를 바라보고 희망찬 꿈을 얻을 수 있는 것입니다. 예수님이 우리의 모든 절망을 십자가에서 청산해 주었기 때문에 십자가를 바라보아야 희망찬 꿈을 얻을 수가 있는 것입니다. 세상 꿈은 왔다가 갔다가 왔다가 갔다가 변화무쌍 합니다. 큰돈을 벌겠다고 애를 써서 돈을 벌고 난 다음 대개 건강 잃어버리고 환경이 어려워지면 순식간에 돈 다 날아가 버리고 빈손 들게 되는 것입니다.

그러나 절대로 우리가 실망하지 않는 것은 갈보리 십자가에서 몸 찢고 피흘려 돌아가신 예수 그리스도와 성령님을 바라보면 그 예수 그리스도 안에서 얻는 꿈은 희망차고 없어지지 않습니다. 예수님 쳐다보고 용서와 의의 꿈을 언제나 꿀 수 있고 거룩하고 성령 충만한 꿈을 꿀 수 있고 치료받고 건강한 꿈을 꿀 수가 있고 아브라함의 복과 형통을 얻을 꿈을 꿀 수 있고 부활 영생 천국의 꿈을 꿀 수가 있습니다. 내 영혼이 잘됨같이 범사에 잘되며 강건하고 생명을 얻되 넘치게 얻는 꿈을 꾸고 나아가면 그 꿈이 그 세계로 이끌어 가는 것입니다. 자신이 꿈을 이루는 것이 아닙니다. 절대로 그것은 오해하지 마십시오. 꿈을 가슴에 품고 있으면 꿈이 자신을 이끌어 가는 것입니다. 그렇기 때문에 꿈을 갖는다는 것은 그렇게 중요한 것입니다. 믿음의 주요 또 온전케 하시는 예수를 바라보라고 성경에 말한 것입니다. 예수를 바라보고 나아가면 그 꿈이 우리를 예수께로 이끌어 주는 것입니다.

그래서 누구든지 그리스도 안에 있으면 새로운 피조물이라 이전 것은 지나갔으니 보라 새것이 되었도다. 이전의 죄악된 삶, 부패한 삶, 병든 삶, 패배와 실패, 낭패, 가난, 저주의 삶. 죽음의 고통의 삶이 다 사라지고 새로운 삶, 영혼이 잘됨같이 범사에 잘되며 강건하고 생명을 얻되 넘치게 얻는 삶으로 변화되는 것입니다. 그것은 내가 노력하고 힘쓰고 애쓰고 되는 것이 아니라 꿈이 그 세계로 이끌어 가는 것입니다. 예수를 바라보고 믿으면 성령이 오셔서 그 꿈대로 변화시켜 주는 것입니다. 그 은혜를 인하여 믿음으로 말미암아 구원을 얻었은즉 이것이 우리에게서 난 것이 아니요. 하나님의 선물이라. 행위에서 난 것이 아니니 아무든지 자랑치 못하게 하려함이라. 그 은혜를 인하여 믿음으로 말미암아 꿈이 이루어지는 것입니다. 수단과 방법과 노력으로 이루어지는 것이 아닌 것입니다. 그러므로 가난 대신에 복된 모습을 예수님 안에서 바라보십시오. 환경을 바라보고 나는 가난하다. 못산다. 빈손 들었다. 그렇게 생각하고 그것을 마음속에 상상하고 바라보면 그대로 끌려가고 그대로 되는 것입니다. 그러나 환경을 바라보지 말고 십자가를 쳐다보면 예수님께서 십자가에서 우리의 가난과 저주를 다 청산해 버린 것입니다.

고린도후서 8장 9절에 "우리 주 예수 그리스도의 은혜를 너희가 알거니와 부요하신 이로서 너희를 위하여 가난하게 되심은 그의 가난함으로 말미암아 너희를 부요하게 하려 하심이라" 어디에서 그런 말씀을 얻을 수 있습니까? 십자가를 바라보면 예수 그리스도를 통해서 그 말씀을 얻을 수 있고 그 말씀을 통하여 우리는 부요하게 되는 꿈을 꿀 수가 있는 것입니다. 꿈을 꾸면 꿈이 그 세계로 이끌어 가는 것입니다. 그러므로 꿈을 우습게 생각하지 마십시오. 죄와 마귀와 고통의 종 대신에 자유로운 삶을 얻게 되는 모습을 꿈꿀 수 있는 것입니다. 십자가를 바라보고 주님께서 죄와 마귀와 고통에서 해방시켜 주시고 자유를 주신 모습을 꿈꿀 수가 있는 것입니다. 예수 그리스도의 은혜를 꿈꾸면 그대로 이끌어지는 것입니다.

사도행전 10장 38절에 "하나님께서 예수 그리스도에게 성령과 능력을 기름 붓듯 하셨으매 그가 두루 다니시며 선한 일을 행하시고 마귀에게 눌린 모든 사람을 고쳤다"고 했습니다. 예수님은 고치는 하나님이신 것입니다. 영혼을 고치고 마음을 고치고 육체를 고치고 생활을 고치는 하나님이신 것입니다. 하나님은 자녀들이 건강하기를 소원하십니다. 그러므로 그리스도를 통해서 내가 치료받고 고침 받고 변화 받는 모습을 상상하면 성령께서 그 길로 이끌어 주시는 것입니다. 꿈을 꾸어야 되는 것입니다. 생각과 꿈을 꾸어야 되는 것입니다. 그러면 그대로 되어요. 자꾸 못살고 안 되고 죽는 것을 생각하면 꿈이 못살고 안 되고 죽는 것으로 끌고 가는 것입니다. 주님이 주시는 새로운 삶을 꿈꾸고 심신의 병 대신 건강한 삶을 꿈꾸고 하나님이 복된 삶을 마음속에 꿈꿔야 되는 것입니다.

그러면 시편 103편 1절로 5절과 같은 우리가 됩니다. "내 영혼아 여호와를 송축하라 내 속에 있는 것들아 다 그의 거룩한 이름을 송축하라 내 영혼아 여호와를 송축하며 그의 모든 은택을 잊지 말지어다. 그가 네 모든 죄악을 사하시며 네 모든 병을 고치시며 네 생명을 파멸에서 속량하시고 인자와 긍휼로 관을 씌우시며 좋은 것으로 네 소원을 만족하게 하사 네 청춘을 독수리 같이 새롭게 하시는 도다" 얼마나 좋습니까? 이런 꿈을 꾸라는 것입니다. 저가 내 모든 죄를 다 사해 주시고 내 병을 다 고쳐 주시고 내 생명을 파멸에서 건져 주시고 내 마음의 소원을 이루어 주사 네 청춘으로 독수리 같이 새롭게 해주신다. 이 성경말씀을 읽고 이 말씀을 꿈꾸고 감사하면 그러한 역사가 일어나게 되는 것입니다.

우리는 성경말씀에 약속의 말씀이 있기 때문에 이 말씀을 읽고 상상하고 꿈꾸면 하나님의 말씀은 살았고 운동력이 있어 좌우에 날선 검보다 예리하여 혼과 영과 및 관절과 골수를 쪼갭니다. 말씀이 자신을 변화시키고 이끌어 가는 것입니다. 아무리 유능한 사람이라도 꿈이 없는 사람은 그 능력을 발휘하지 못합니다. 그러나 아무리 둔한 사람도 꿈이 있으면 지혜와 지식과 총명이 개발되어서 큰일을 하게 됩니다. 그렇기 때문에 우리가 그리스도의 십자가를 바라보고 하나님 말씀을 통하여 항상 꿈을 잃지 말아야 되는 것입니다. 하나님 말씀을 늘 가까이 하시고 말씀을 읽고 상상하고 꿈꾸십시오. 그래서 마음을 다스리면 그 마음을 다스린 대로 환경에 이루어지는 것입니다. 환경이 그대로 이루어지는 것이 아니라 마음에 다스린 마음에 정리된 그것이 환경으로 나타나는 것입니다. 보이는 것은 나타난 것으로 말미암아 된 것이 아닙니다. 스스로 된 것이 아니라 모든 것이 마음에서 이루어진 것이 밖에 나타나는 것입니다.

**셋째, 우리는 믿음을 활용해야 되는 것입니다**. 마음을 다스리기 위해서는 하나님을 믿어야 되는 것입니다. '내가 하는 것이 아니요, 나를 통하여 하나님께서 하신다.'고 믿어야 기적이 일어납니다. 성경에는 하나님을 믿으라고 말했는데 세상 사람들은 믿을 데가 없잖아요. 지위, 명예, 권세, 돈 이런 것을 믿지 하나님을 못 믿는 것은 하나님 모르니까. 그러나 극히 어려운 일을 당하면 하나님을 모르는 사람은 믿을 데가 없기 때문에 망하고 마는 것입니다. 이스라엘 백성이 애굽에서 나올 때 바로와 온 군대가 그들을 다 잡으러 나왔는데 홍해수가에 와서 진퇴유곡에 빠졌습니다. 군대도 없고 무장도 안 되고 바로왕의 군대를 대항할 수도 없습니다. 다 잡혀 죽을 수밖에 없습니다. 그럴 때 이스라엘 백성은 무엇을 했습니까? 발만 동동 굴렀습니다. 그러나 모세는 두려워하지 않고 당황하지 않고 하나님께 기도했습니다. 너희는 오늘날 낙심하지 말고 하나님을 믿으라. 오늘 내가 본 애굽 군대를 다시는 보지 못하리라 했습니다. 그러면서 하나님께서 지시하신 대로 지팡이를 바다로 내미니까, 홍해수가 갈라졌습니다. 상상할 수 없는 기적이 생겨난 것입니다. 우리가 하나님을 믿는다는 것은 상상할 수 없는 기적이 일어날 것을 기대하고 믿는 것입니다. 하나님을 믿는 것은 일반적인 상식적인 일이 일어날 것이면 하나님 믿을 필요가 없습니다. 우리 감각적으로나 경험 등으로나 이성적으로나 지적으로 가능한 것을 믿으면 그것은 믿음이 아니지요. 불가능한 것을 믿는 것입니다. 할 수 없는 것을 믿는 것입니다.

그렇기 때문에 내가 믿는다고 기도할 때는 반드시 기적이 일어날 것을 기대해야 되는 것입니다. 기적이 없는 믿음은 믿음이 아닙니다. 기적은 살아계신 하나님께서 함께 하시는 보증입니다. 하나님께서 함께 하심을 믿으니 믿음을 보시고 기적을 일으키시는 것입니다. 내가 영적으로 믿으면 영적인 변화의 기적이 일어나야 되고 육신적으로 믿으면 육신적인 치료가 기적적으로 일어나야 되고 생활적으로 믿으면 생활에 사람이 상상할 수 없는 은총이 나타나야 되는 것입니다. 그러므로 하나님을 믿으라는 것은 기적이 일어날 것을 기대하는데 무엇을 믿을까요? 그렇게 하는 사람 많습니다. 믿음은 들음에서 나며 들음은 그리스도의 말씀으로 말미암는다고 성경에 보면 하나님이 주신 약속이 얼마나 많은지 모릅니다. 그러므로 말씀을 읽고, 그 말씀이 레마가 되어서 감동을 주면 그대로 믿고 순종하면 역사가 이루어지는 것입니다.

잠언 4장 20절로 22절에 "내 아들아 내 말에 주의하며 내가 말하는 것에 네 귀를 기울이라 그것을 네 눈에서 떠나게 하지 말며 네 마음속에 지키라. 그것은 얻는 자에게 생명이 되며 그의 온 육체의 건강이 됨이니라." 말씀이 마음속에 들어오면 그것이 생명이 되고 온몸에 건강이 되는 것입니다. 네가 내 안에 내 말이 너희 안에 있으면 무엇이든지 원하는 대로 구하라 이루리라. 우리는 정말로 튼튼한 백을 가지고 있습니다. 이런 하나님이 어디에 계십니까? 그러므로 우리가 예수 이름으로 말씀이 우리 마음속에 믿어지면 기도하면 하나님이 이루어주시는 것입니다. 그렇기 때문에 믿음이라는 것은 기적을 기대하고 없는 것을 있는 것같이 생각하고 바라보는 것입니다. 없는 것을 있는 것같이 눈에는 아무 증거 안보이고 귀에는 아무 소리 안 들리고 손에는 잡히는 것 없어도 내가 믿는다는 것은 없는 것을 있는 것같이 보고 생각하고 기대하는 것입니다. 그러므로 강하고 담대할 수가 있습니다.

창세기 13장 14절로 15절에 "롯이 아브람을 떠난 후에 여호와께서 아브람에게 이르시되 너는 눈을 들어 너 있는 곳에서 북쪽과 남쪽 그리고 동쪽과 서쪽을 바라보라 보이는 땅을 내가 너와 네 자손에게 주리니 영원히 이르리라" 지금 내 땅이 아닌데 바라보라는 것입니다. 바라봄의 법칙입니다. 바라보고 마음에 내 것이라고 믿고 선언하면 너에게 주겠다. 그런데 가나안 땅 동서남북 땅을 아브라함과 그 자손에게 다 하나님이 다 주신 것입니다. 바라보라. 여러분은 뭘 바라봅니까? 건강을 바라봅니까? 계속 바라보십시오. 그리고 믿으십시오. 기적이 일어날 것을 기대하십시오. 바라보고 믿고 기적이 일어날 것을 기대하고 입으로 하나님이 은혜를 주셨다고 시인하면 능력이 나타나게 되는 것입니다.

**넷째, 말로써 마음을 다스려야 되는** 것입니다. 꿈과 믿음을 말로써 시인하면 꿈과 믿음이 마음을 점령하게 되는 것입니다. 말이 제일 중요한 것은 말을 통해서 생각하고 말을 통해서 바라보고 말을 통해서 믿고 말을 통해서 행동하게 되는 것입니다. 사람은 말에 대해서 깊이 생각 안하는데 말이 자신을 붙잡고서 좌우하는 것입니다. 믿는 것이 가만히 있으면 그 믿음이 아니지 않습니까? 나 믿습니다. 말로 하면 믿음이 나타나는 것입니다. 꿈도 마음속에 가만히 혼자서 어떻게 꿈꿉니까? 나는 꿈을 꾸고 있습니다. 무슨 꿈을 꾸느냐. 영혼이 잘됨같이 범사에 잘되며 강건한 꿈을 꾸고 있습니다. 말을 하면 그 꿈이 선명해진다 말입니다. 말을 하는 것입니다. 가만히 있으면 무엇인지 모르지만 나는 백화점에 가서 봄옷을 사 입겠습니다. 멋있는 봄옷을 사 입겠습니다. 말을 해보십시오. 그 꿈이 마음에 아주 확실하게 되잖아요. 그렇기 때문에 자꾸 말로써 나는 행복합니다. 나는 기쁘고 즐겁습니다. 하면 마음속에 꿈이 행복한 꿈과 즐거운 꿈이 마음속에 그려집니다. 말을 안 하면 안 됩니다.

잠언서 18장 21절에 "죽고 사는 것이 혀의 힘에 달렸나니" 혀가 힘이 있습니다. "죽고 사는 것이 혀의 힘에 달렸나니 혀를 쓰기 좋아하는 자는 혀의 열매를 먹으리라" 그냥 말이 공중으로 날아가는 것이 아닙니다. 혀가 그 열매를 맺어서 드시도록 만들어 주는 것입니다. 야고보서 3장 2절에 "우리가 다 실수가 많으니 만일 말에 실수가 없는 자라면 곧 온전한 사람이라 능히 온 몸도 굴레 씌우리라" 말이 온 몸을 굴레 씌우는 것입니다. 그러므로 말이라는 자체가 얼마나 힘이 있는지 모릅니다. 말을 통해서 믿음의 분위기를 만들어야 됩니다.

마음속에 긍정적인 생각과 긍정적인 꿈과 긍정적인 믿음과 긍정적인 말을 해서 긍정적인 분위기를 만들어 놓으면 성령이 날아옵니다. 분위기가 얼마나 중요한지 모릅니다. 쓰레기통을 갖다 놓으면 쥐가 옵니다. 쥐가 오지 말라고 해도 쓰레기통을 갖다 놓으면 쥐가 오고 벌레들이 옵니다. 그러나 꽃을 갖다 놓으면 나비와 벌들이 옵니다. 마음에 어떠한 분위기를 만드느냐에 따라서 환경이 달라지는 것입니다. 그러므로 마음에 예수 그리스도의 보혈로 말미암아 영혼이 잘되고 범사에 잘되며 강건한 분위기를 만들어 놓으면 좋은 일이 한없이 생겨나요. 그런데 이 마음의 분위기를 잘 만드는데 가장 공로를 세우는 것이 말입니다.

로마서 10장 8절로 10절에 “말씀이 네게 가까워 네 입에 있으며 네 마음에 있다 하였으니 곧 우리가 전파하는 믿음의 말씀이라. 네가 만일 네 입으로 예수를 주로 시인하며 또 하나님께서 그를 죽은 자 가운데서 살리신 것을 네 마음에 믿으면 구원을 받으리라. 사람이 마음으로 믿어 의에 이르고 입으로 시인하여 구원에 이르느니라.” 아무리 마음에 믿어도 말 안하면 구원에 이르지 않습니다. 성령으로 충만하여 성령께서 감동하시는 말대로 순종하면 기적이 일어나는 것입니다.

# 17장 전인격이 성령의 지배를 받는 훈련

(고전 2:10-13)"오직 하나님이 성령으로 이것을 우리에게 보이셨으니 성령은 모든 것 곧 하나님의 깊은 것까지도 통달하시느니라. 사람의 일을 사람의 속에 있는 영외에 누가 알리요 이와 같이 하나님의 일도 하나님의 영외에는 아무도 알지 못하느니라. 우리가 세상의 영을 받지 아니하고 오직 하나님으로부터 온 영을 받았으니 이는 우리로 하여금 하나님께서 우리에게 은혜로 주신 것들을 알게 하려 하심이라. 우리가 이것을 말하거니와 사람의 지혜가 가르친 말로 아니하고 오직 성령께서 가르치신 것으로 하니 영적인 일은 영적인 것으로 분별하느니라."

하나님은 전인격이 성령의 지배를 받는 사람이 되기를 원하십니다. 하나님은 모든 성도들이 성령의 지배를 받기를 소원하십니다. 왜 예수를 믿으면서 여전하게 불통의 세월을 사는가? 자신의 전인격이 성령의 지배를 받지 못하기 때문입니다. 한마디로 세상 것이 섞여있기 때문입니다. 세상 것이 섞여서 방해함으로 강력한 능력을 이끌어내지 못하는 것입니다. 이것은 아주 심각하게 받아드려야 합니다. 그래야 성령의 역사에 관심을 가져서 성령의 지배를 받는 성도가 될 수 있기 때문입니다. 전인격이 성령의 지배를 받지 않고는 강력한 능력을 이끌어내어 권능 있는 삶을 살수가 없기 때문입니다. 우리 예수 믿는 사람들의, 삶의 특징이 있다면, 그것이 무엇이라고 생각하십니까? 입으로만 예수를 믿는다고 시인하는 그런 보통의 신앙의 삶이 아니라, 예수를 믿고 난 다음에 변화된 삶을 살아가는 성도들의 특징을 말하는 것입니다. 이러한 성도들의 삶의 특징이 무엇이겠습니까? 그것은, "영-혼-육 전인격이 성령의 지배를 받는 삶"이라, 그렇게 말 할 수 있습니다.

그러면, 성령의 지배를 받는 삶이란, 또 무엇을 말하는 것입니까? 전인격이 성령께 사로잡혀 사는 것을 말하는 것입니다. 성령을 주인으로 모시고 세상을 살아가는 것입니다. 매사를 성령님과 의논하고 성령의 뜻을 따라 사는 것을 성령의 지배를 받는 삶이라고 말할 수 있습니다. 성령의 인도함을 받아, 성령의 능력에 의해서 살아가는 삶을 말하는 것인 줄로 믿습니다. 성령님이 나를 지배하고 다스리는 삶, 이전에 우리의 삶이, 육체의 본능이 지배하는 삶이었고, 죄가 지배하는 삶이었다면, 이제 예수를 믿고, 변화를 받고 난 다음에 나타나는 삶은, 성령에 의해서 지배를 받는 삶이 되어야 합니다.

에베소서 5장 14절 말씀을 보게 되면, "그러므로 이르시기를, 잠자는 자여 깨어서 죽은 자들 가운데서 일어나라. 그리스도께서 네게 비취시리라 하셨느니라." 말씀하고 있습니다. 지금 우리의 신분은 어떤 신분입니까? 이제 예수 안에서, 새로운 생명을 소유하고 태어난, 하나님의 자녀들입니다. 그러므로 이제는, 과거의 세상 적이고, 육신적인 삶의 방식은 벗어버리고, 하나님의 백성으로서 살아가야 하는 삶의 방식을 따라야 한다는 것입니다. 그 하나님의 방식을 따르는 삶, 이것이 바로 성령의 지배를 받는 삶이라는 것입니다.

그러나 오늘 우리 성도들의 삶은 어떻습니까? 아직도 우리는 많은 부분이 주님의 방식을 따르지를 못하고 있습니다. 아직도 내 자아가, 내 속에 살아 쉼 쉬고 있고, 아직도 내 뜻이 내 인생의 대부분을 결정하고 있습니다. 어둠의 권세에 속해 있는 죽음의 자리에서 이제는 벗어나, 나의 삶을 주장하시고, 온전히 이끌어 주시기를 원하시는, 빛 되신 예수 그리스도를 향해, 걸어가야 하는데도 불구하고, 우리는 여전히 그 빛을 외면하고, 고개를 어둠의 세상을 향해, 돌리고 있다는 것입니다. 빨리 알아차리고 성령의 지배와 인도를 받아 빛의 영역으로 돌려야 합니다. 그래야 전인적인 건강을 누릴 수가 있습니다. 우리의 삶에 빛이 크게 비취면, 어두움은 작아지게 되고, 결국에는 그 어둠이 흔적 없이 물러가게 됩니다. 그러나 반대로, 우리의 삶에 어두움이 크면 어떻습니까? 빛이 작게 느껴지게 됩니다. 그리고 이 상태로 계속 있게 되면, 나중에는 그 어두움이, 빛을 완전히 삼켜 버리게 된다는 것입니다.

그래서 예수를 믿어도, 예전과 비교해 별로 변화된 것이 없는 여전히 세상 흑암 속에서 헤매며, 오히려 더 무능력한 가운데, 오히려 더 고통스런 가운데, 삶을 살아가게 된다는 것입니다. 왜냐하면 성령의 역사가 일어나지 않으니 마귀와 귀신들이 자꾸 장악하기 때문입니다. 그래서 오만가지 문제가 발생하는 것입니다. 빨리 알아차리고 성령의 지배를 받아야 합니다.

가슴에 손을 얹고 생각해 보세요. 주님이 우리에게 요구하시는 삶의 모습이, 과연 이러한 것이겠습니까? 주님이 우리에게 요구하시는 삶은, 결코 이러한 모습의 삶은 아닐 것입니다. 주님은 우리에게, 변화된 삶을 요구하십니다. 그것도 어정쩡한 변화가 아니라, 확실히 변화된 삶을 요구하십니다. "아니 저 사람 예수 믿고 나더니, 완전히 달라졌네!" 이런 평가와 칭찬을 듣는 그러한 삶을 원하신다는 것입니다. 그런데 이렇게 변화되기 위해서는 반드시 성령의 역사가 있어야 가능한 것입니다. 성령의 지배를 받아야 변화되는 것입니다. 예수를 믿으면서도 변화되지 않는 것은 성령의 역사 없이 이론으로 지식으로 전통으로 믿음 생활을 하기 때문입니다. 성령으로 어두운 영역을 밝은 빛의 영역으로 바꾸지 못하기 때문입니다. 반드시 성령으로 세례를 받고 성령의 인도를 받아 어두움을 빛의 영역으로 바꾸려고 관심과 의지를 발휘해야 합니다.

그래서 이런 찬송이 있지요? "내 죄 사함 받고서 예수를 안 뒤, 나의 모든 것 다 변했네. 지금 나의 가는 길 천국 길이요, 주의 피로 내 죄 씻었네." 할렐루야! 예수를 믿고 나서, 자신의 모든 것이 변화되어 지는 것, 바로 이러한 놀라운 삶의 변화의 역사를, 하나님은 우리 모두에게 기대하고 계신다는 것입니다.

우리의 신앙의 출발은, 하나님의 권능을 믿는 믿음에서 출발하는 것입니다. "하나님은 나의 모든 것을 아시는 가운데, 나의 모든 것을 주의 권능으로 채워주시며, 온전케 하시는 하나님이시다." 이것은 모두 성령으로 되는 것입니다. 우리가 이것을 믿어야, 하나님을 평생에 주인으로 모시며 따를 수 있는 것입니다. "내가 사망의 음침

한 골짜기로 다닐지라도 해를 두려워하지 않을 것은, 주께서 나와 함께 하심이라." 다윗은 담대하게 신앙의 고백을 했습니다. 그리고는 선언하지요. "나의 평생에 선하심과 인자하심이 정녕 나를 따르리니 내가 여호와의 집에 영원히 거하리로다." 할렐루야!

세상 사람들이 우리를 향해, 너는 못한다고 말할지라도, 우리 예수 믿는 성도들은 예수 안에서 할 수 있다고, 얼마든지 가능하다고 말하며, 믿음으로 밀고 나가 행해야 기적을 체험하는 것입니다. 삶에 자신감과 담대함이 있어야 한다는 것입니다. 왜입니까? 하나님의 권능이 오늘도 나와 함께 하시기 때문에…. 성령의 역사가 오늘도 나의 삶에 나타나기 때문에…. "너 가는 길을 누가 비웃거든, 확실한 증거를 보여 주어라. 성령이 친히 감화하여 주사, 저들도 참길을 얻으리…." 지금 우리 모두가, 성령의 다스림 속에서, 성령의 인도함 속에서, 이런 확실히 변화된 인생을 살아갈 수 있기를, 주님의 이름으로 축원합니다.

그러면, 오늘 우리가 어떻게 하면 이런 성령의 지배함을 받는 능력 있는 삶을 살아갈 수 있겠는가? 여기에 대한 고민이 있어야 진정한 성도일 것입니다. 그래야 바른 길을 찾아서 성령의 인도를 받으며 성령의 지배를 받는 성도가 될 수 있기 때문입니다. 그런데 이에 대한 해답이 바로 에베소서 5장 18절에 나타나 있다는 것입니다. "술 취하지 말라. 이는 방탕한 것이니, 오직 성령의 충만을 받으라."했습니다. 우리가 성령의 지배를 받는 삶을 살아가는 방법, 뭐 다른 게 있겠습니까? 내 속에 성령의 크기를, 내 자아보다 더 크게 만들면 되는 것입니다. 성령님을 주인으로 모시어 성령이 자신을 지배하게 하면 됩니다. 성령님을 주인으로 모시고 살면 되는 것입니다. 성령이 내 속에 끊임없이 임하게 만들어서, 그 성령이 나의 삶을 온전히 주장할 수 있도록, 자신의 신앙을 가꾸어 나가면 되는 것입니다. 그렇잖아요? 그 외에 무슨 방법이 있겠습니까? 성령의 지배를 받으며 살아가는 것 알고 보면 너무나 쉽습니다. 습관이 되지 않기 때문에 어려운 것입니다.

그러면, 우리가 생각해 볼 것은 무엇입니까? 이 성령으로 세례가 언제 어느 때에, 우리에게 임하고 장악하게 되는가? 하는 것입니다. 직장에서 일할 때 성령이 임합니까? 가정에서 설거지 하고, 청소할 때 성령이 임합니까? 학교에서 공부할 때 성령이 임합니까? 언제 우리에게 성령이 임하게 되어 집니까? 교회의 예배당에서, 성령이 역사하는 교회에서 우리가 말씀 듣고, 기도하고, 찬송할 때, 성령이 임하고 장악이 되는 것입니다. 그래서 성도들에게 유형교회는 아주 중요합니다. 성령은 반드시 성령의 역사가 일어나는 장소에서 체험할 수가 있기 때문입니다. 성령의 역사가 강하게 일어나는 교회에서 성령으로 장악이 되어 삶의 현장에서 기도할 때 성령의 지배를 받을 수 있습니다. 성령의 역사가 아니고는 각자에게 웅크리고 있는 어두움의 영역을 밝은 빛의 영역으로 바꿀 수가 없습니다. 그러면 자연스럽게 환경에 여러 가지 문제가 발생하는 것입니다.

성경을 성령의 임재가운데 보세요. 초대 교회의 성도들이 언제 성령을 체험하고 받았습니까? 각 가정마다 모여 예배하고 말씀 들을 때, 또 마가의 다락방 같은 곳에 모여, 그들이 기도하고, 찬송할 때, 하늘로부터 급하고 강한 바람 같은 성령이, 홀연히 그들 가운데 임하게 되어졌다는 것입니다. 그렇다고 가정에서만 성경보고, 기도하라는 얘기는 아닙니다. 그때는 그 가정이 곧 교회였습니다. 초대교회는 곧 가정 교회였습니다. 하나님은 언제나 교회 가운데, 좌정하여 계시는 줄 믿습니다. 교회는 유형교회와 무형교회를 모두 망라하는 것입니다. 그래서 지금도, 언제나 성령의 역사가 일어나는 교회에 모여 성경보고, 말씀 듣고, 기도하고, 찬양할 때, 성령이 임하게 된다는 것입니다. 그런데 홀연히 라는 말이 무슨 말입니까? 갑자기라는 말이지요. 오로지 하나님만을 생각하며 몰입 집중하여 기도할 때 홀연히 성령이 장악하시는 것입니다.

성령이 임하시는 것은 전적으로 성령님의 뜻이지만 분명한 것은 적당히 말씀보고, 적당히 기도하고, 적당히 찬송할 때 임하는 것이 아니라, 마음 중심으로 예배하고, 말씀을 깊이 묵상하고, 전심으로 기도하고, 뜨겁게 찬송할 때, 성령은 우리 가운데 분명 임하게 된다는 사실입니다. 그러므로 내 삶 속에 말씀 보는 시간을 늘리고, 기도하는 시간을 늘리고, 찬송하는 시간을 늘리면, 그 때에 우리도 성령이 충만하게 될 가능성이 더 많아진다는 것입니다.

에베소서 5장 15절-16절 말씀에, "그런즉 너희가 어떻게 행할 것을 자세히 주의하여 지혜 없는 자같이 말고, 오직 지혜 있는 자같이 하여 세월을 아끼라. 때가 악하니라." 했습니다. 무슨 뜻입니까? 세상에 취하여, 하나님의 주신 시간들을 자기 임의로 사용하여, 허송세월을 보내지 말고, 우리의 시간들을 영적인 부분들에 할애해서, 말씀과 기도와 찬양의 시간들을 통하여, 하나님의 뜻을 온전히 분변한 가운데, 그 뜻대로 살아가는 신앙의 모습이, 필요하다는 것입니다. 항상 하나님을 생각하고 집중하는 자세가 중요합니다. 그래서 결과적으로 우리의 삶이, 성령이 원하시는 대로, 성령이 이끄시는 대로, 성령의 지배함을 받아, 살아가게 된다는 것입니다.

우리가 이렇게 성령의 지배를 받게 되면, 우리의 삶에 어떤 역사가 나타나겠습니까? 먼저 우리는 하늘의 신령한 지혜와 강력한 능력을 이끌어낼 수가 있습니다. 그리고 세상에 능력을 행사하게 됩니다. 그래서 세상을 살아가도 힘 있게, 당당하게 살아가게 된다는 것입니다. 사단의 권세가 지배하는 이 세상에서, 사단의 올무에 걸려 허우적거리는 인생을 살아가는 것이 아니라, 하나님의 자녀답게 하나님의 권능을 힘입어, 사단의 권세를 깨뜨리며, 주의 이름으로 날마다 승리하며 살아가는 삶, 이런 역사들이 우리의 삶에 나타나게 된다는 것입니다.

더 나아가 마음에 천국을 이루어 항상 하나님과 교통하면서 살아갈 수가 있는 것입니다. 성도는 무엇보다도 하나님과 관계를 열어 친밀하게 지내야 합니다. 하나님과 친밀하게 지내려고 성령의 지배를 받는 것입니다. 성령의 지배를 받게 되니 마귀와 귀신이 감히 넘보지 못하는 성도가 되는 것입니다. 그래서 무시로 하나님을 찾는 것입니다. 항상 성령으로 충만하여 성령의 지배를 받는 삶을 살기 위해서 하나님을 찾는 것입니다. 많은 성도들이 성령이 충만 하면은 교회에 나가서 기도할 때 손을 흔들고 벌벌 떨면서 기도하면 성령으로 충만한 줄로 착각합니다.

그러나 성령으로 충만하다는 것은 항상 하나님을 생각하면서 하나님을 찾는 상태가 성령으로 충만한 상태인 것입니다. 이렇게 될 때 전인격이 성령의 지배를 받게 되는 것입니다. 성도들은 성령의 권능으로 살아가야 합니다. 성도들에게서 성령의 능력이 빠진 인간의 힘이나, 경험으로는 하나님을 기쁘시게 하지 못합니다. 성령의 도우심이 빠진 인간의 재주나 재능으로 세상을 이길 수가 없습니다. 성령의 지배를 받지 않는 성도는 잎만 무성한 무화과나무로 자라게 만들 뿐이라는 겁니다. 열매가 없이 잎만 무성한 무화과나무, 그 나무는 인간의 눈으로 볼 때는 멋있게 자란 나무이고, 가지도 무성하고, 잎도 너무나도 푸른 나무이지만, 결국 어떻게 되었습니까? 주님의 저주로 인해 말라 죽고 말았다는 것입니다. 이러한 사실을 우리는 유념해야 할 줄로 압니다. 전인격이 성령의 지배를 받아야 합니다. 그러면, 성령의 지배를 받는 사람들에게 나타나는 삶의 변화는 무엇일까요?

**첫째로 전인적인 건강 속에서 살아가게 된다는 것입니다**. 성령의 지배와 장악을 받으면 전인격이 하나님의 나라가 됩니다. 하나님은 건강하기를 원하십니다. 하나님은 이렇게 말씀을 하셨습니다. "여호와께서 또 모든 질병을 네게서 멀리 하사 너희가 아는 애굽의 악질에 걸리지 않게 하시고 너를 미워하는 모든 자에게 걸리게 하실 것이라(신 7:15)" 건강은 하나님의 뜻입니다. 나는 하나님이 만드신 걸작이기에 건강해야합니다. 내 몸은 내 것이 아니라 하나님의 것이기 때문에 건강해야하는 이유가 됩니다. 육체가 건강해야 영적인 하나님의 일(기도, 찬송, 선교, 등)도 많이 할 수 있습니다. 건강을 위해 영-혼-육이 잘 먹어야 합니다. 영의 양식을 먹기 위하여 영과 진리로 예배를 드려야 합니다. 성령으로 기도해야 합니다. 말씀을 묵상해야 합니다. 찬양해야 합니다. 혼의 양식을 위하여 마음을 평안하게 해야 합니다. 마음을 평안하게 하려면 잠재의식을 정화해야 합니다. 성령으로 기도하면서 잠재의식을 정화해야 마음이 평안해집니다. 육체를 건강하게 하기 위해서 음식을 먹어야 합니다. 하나님은 지친 엘리야에게 빵과 물을 주셨습니다. 자연의 신선한 공기와 흙 등은 하나님이 건강을 위해 주신 선물입니다. 적당한 휴식도 건강에 유익합니다. 적당한 운동을 해야 합니다. 하나님은 영-혼-육의 균형을 유지하기를 원하십니다.

성령의 지배를 받으면 삶을 긍정하고 기뻐하는 마음을 가지고 살게 됩니다. 생각이 말이 되고 말이 행동이 되고 습관이 되기 때문에 긍정의 말은 건강의 시작이 됩니다. 성령의 지배와 인도를 받는 신앙생활을 통해 얻는 마음의 감동은 엔돌핀의 4,000배의 효력이 있는 다이돌핀을 발산하여 암세포와 병균을 이기게 합니다. 성령의 지배와 인도로 영이 잘되어 병을 이길 수 있는 믿음을 생기는 것입니다. 사람은 하나님의 호흡을 받은 생령이기 때문에 보이는 육체보다는 보이지 않는 영이 더욱 중요합니다. 영이 잘되면 질병을 이길 만한 믿음을 갖습니다. 성령의 지배와 인도를 받으면 어떠한 질병이라도 믿음은 능히 병을 이길 수 있습니다.

**둘째로 생산적인 인생을 살아가게 된다는 것입니다**. 하나님을 떠나 세상에 속한 인생은 어떤 인생입니까? 낭비하는 인생입니다. 돌아온 탕자가 아버지를 떠나 살 때에 보았던, 그 허랑 방탕한 인생의 모습으로 살아갑니다. 허비하고 낭비하여, 모든 것들을 다 날려버리는, 그런 인생을 살아가게 된다는 것입니다.

그러나 하나님께 속해 있으면서, 성령의 인도하심을 따라 사는 사람들의 삶은 어떻습니까? 있는 것을 허랑방탕하게 다 없이 만드는 인생이 아니라, 없는 것도 있게 만드는, 그야말로 무에서 유를 창조하는, 생산적인 인생을 살아가게 된다는 것입니다. 하나님은 창조의 하나님이시기 때문입니다. 성령의 지배를 받으니 하나님께서 창조하도록 지혜를 주시기 때문입니다. 믿지 않는 자가 볼 때에 이해가 되지 않는 것입니다. 왜요, 하는 것마다 형통하게 되기 때문입니다.

그래서 성령 충만한 사람들을 세상 사람들이 볼 때에 이해가 되질 않습니다. 어떻게 저런 인생을 살아갈 수 있을까? 상식이 통하지 않습니다. 통계가 통하지 않습니다. 저렇게 살다간 실패하는데, 걱정합니다. 그런데 오히려 더 성공합니다. 저렇게 하다간 망하는데, 오히려 더 흥합니다. 성도들을 향해 우습게 여기며 접근했는데, 나중에는 오히려 큰 코를 다칩니다. 어떻게 저렇게 될 수 있을까? 세상 사람들은 도무지 이해를 하지, 못한다는 것입니다.

그러나 우리는 어떻습니까? 안다는 것이지요. 무엇을 압니까? 그 능력이, 성령으로 말미암은 것인 줄 안다는 것입니다. 하나님께서 함께 하신다는 보증이라는 것을 안다는 것입니다. 생각해 보세요. 성령이 나를 주장하고 다스리시는데, 그 인생이 어찌 실패함이 있을 수 있겠습니까? 그 인생에 어찌 망함이 있을 수 있겠습니까? 성경이 진짜 살아계신 하나님의 말씀이고, 하나님이 진짜 살아계셔서 우리 가운데 함께 계신 임마누엘의 하나님이시라면, 결코 인생에 실패함이나, 망함이 나타날 수가 없는 것입니다.

성령의 인도하심을 받아 살아가는 그 인생에 어찌 약함이 있을 수 있겠습니까? 하나님의 능력으로 강하게 되고, 하나님의 도우심으로 범사가 형통케 되어지는, 그런 귀한 역사들이, 실제적으로 우리 삶에 나타나게 된다는 것입니다. 그런데 우리의 문제는 무엇입니까? 이런 강함을 소유하기 위해, 성령의 충만을 받기 위해 노력하는 것이 아니라, 자꾸만 엉뚱한 것에 관심을 가지며, 세월을 낭비하고 있다는 겁니다. 우리를 향하신 하나님의 뜻이 무엇인지를 제대로 분별하지를 못한 채, 계속해서 세상적으로 나아가 낭비하는, 그런 어리석은 인생을 살아가고 있다는 것입니다.

오늘 인생을 성공적으로 살고 싶습니까? 그러면 성령의 지배를 받기 위하여 성령으로 기도하시길 바랍니다. 사업이 잘 되기를 소원하십니까? 그렇다면, 성령의 지배를 받기 위하여 성령으로 기도하시길 바랍니다. 영육이 건강하기를 소원하십니까? 그렇다면 성령의 지배를 받기 위하여 성령으로 기도하시길 바랍니다. 자녀들이 공부를 잘 하시기를 소원하십니까? 그렇다면, 그들이 성령의 지배를 받기 위하여 성령으로 기도하시길 바랍니다. 그러면 공부를 잘 하게 될 것입니다. 성령께서 지혜를 주시고 집중하게 하시니 공부를 잘하게 되는 것입니다.

성령의 지배를 받으면 인생에 실패함이 없이, 계획한 모든 것을 이루며, 또한 얻으며 살아가게 된다는 것입니다. 지극히 생산적인 인생을 살아가게 된다는 것입니다. "너희는 먼저 그의 나라와 그의 의를 구하라. 그리하면 이 모든 것을 너희에게 더하시리라." 오늘 우리는 이 약속의 말씀을 믿으면서, 성령의 충만을 받아, 성령의 지배를 받는 삶을 살아갈 수 있기를, 주님의 이름으로 축원 드립니다.

**셋째로 집중력 있는 인생을 살아가게 된다는 것입니다.** 성령의 지배와 인도를 받으면 무슨 일을 해도 포기하지를 않습니다. 쉽게 절망하지 않습니다. 끝까지 될 때까지 밀어붙이는 끈기 있고, 집중력이 있는 인생을 살아가게 된다는 것입니다. 그래서 기도를 해도, 남들과 다릅니다. 언제까지 기도합니까? 응답될 때까지 기도 한다는 것입니다. 하나님은 신실하신 하나님이시다. 신실이 뭡니까? 믿을 신자, 열매 실자가 아닙니까? 말 그대로 우리가 믿는 대로 열매를 맺게 해 주시는 하나님이시라는 겁니다. 그것을 의심 없이 믿는다는 것이지요. 그래서 시간이 문제지, 응답은 반드시 된다는 믿음을 가지고 기도하게 된다는 것입니다. 하나님이 귀찮아서라도 응답해 주실 줄 믿습니다. 불의한 재판관의 마음을 움직여, 자신의 억울한 사정을 풀게 한 것은 한 여인의 끈질긴 기도 때문이었습니다. 집중력 있는 기도 때문이었다는 겁니다.

오늘 우리 충만한 교회의 특징이, 무엇이어야 하겠습니까? 이런 집중력이, 특징이 되어야 할 줄로 믿습니다. 수백명, 수천명 모이는 큰 교회만 하나님의 일을 합니까? 아닙니다. 그와는 비교가 안 되게 작은 교회라 할지라도, 우리 교회와 같이 이백 명도 안 되는 중소교회라 할지라도, 이런 집중력만 있다면, 얼마든지 큰 교회 못지않은, 아니 그 보다 더 큰 하나님의 일들을 감당해 나갈 수 있는 줄로 믿습니다. 비단 하나님의 일만 그렇겠습니까? 성도들이 하는 모든 일에도 그럴 줄 압니다. 성령이 충만하여, 성령에 지배함을 받는 삶을 살아가면, 이런 집중력을 발휘해 삶 가운데서도, 어떤 시련이나, 어떤 어려운 환경도, 능히 극복하며 성공할 수 있게 되는 것입니다.

그래서 성령 충만한 분들의 얼굴을 보면, 늘 웃음이 가득합니다. 활기가 있습니다. 오늘 죽도록 일했는데, 내일이면 금방 회복됩니다. 하나님으로부터 공급받는 힘으로 일을 하기 때문에, 성령 충만한 사람들은 일하고도 지지치 않습니다. 이것이 성령의 지배함을 받는 사람들의 특징이라는 것입니다.

오늘 인생을 살아감에 있어, 직장 생활을 함에 있어, 또는 교회에서 맡은 사역을 감당함에 있어, 자꾸만 힘이 들고, 자꾸만 내가 피곤하게 느껴지는 때가 있습니까? 인생에, 사역에 나타나는 열매는 없고, 자신의 힘만 고갈되는 그런 경험을 하신 적이 있습니까? 그래서 모든 것 그냥 포기하고 싶은 그런 생각이 드십니까? 혹 이런 가운데 지내는 분들은 없으십니까? 곰곰이 생각 해 보시기 바랍니다. 일이 많아 힘든 것이 아닙니다. 환경이 어려워 힘든 것이 아닙니다. 무엇 때문입니까? 내가 성령에 충만하지 못하기 때문에 힘이 든 것입니다. 내가 성령의 지배를 받지 않고, 내 힘과 내 뜻으로 살아가려고, 그 일을 감당하려고 했기 때문에 힘이 든 것입니다. 자신의 힘으로 하나님의 일을 하려고 하기 때문에 힘이 드는 것입니다. 우리가 바르게 알아야 할 것은 성도가 하는 모든 일은 하나님의 일입니다. 그렇기 때문에 성도는 성령이 지배하여 성령의 힘으로 인생을 살아가고, 직장 생활을 해야 됩니다. 사람의 힘으로 하나님의 일을 하려니 얼마나 힘이 들겠습니까? 상상에 맡깁니다. 모든 크리스천은 반드시 성령의 지배와 인도를 받아야 합니다.

19세기의 사역자, D.L 무디가 이런 말을 했습니다. "사역자들을 망가뜨리는 것은 과도한 사역이 아니라 성령 없이 일하는 것이다" 참 멋진 얘기 아닙니까? 우리가 과도한 사역을 해서 무너지는 게 아니라는 겁니다. 성령 없이 일하기 때문에 무너지는 것입니다. 기계가 망가지는 게 기계를 많이 돌려서 망가지는 것입니까? 아닙니다. 윤활유 없이 돌리기 때문에 망가지는 것입니다. 오늘 우리가 하나님 앞에 성령의 충만을 위해 기도해야 하는 이유가 여기 있는 것입니다. 성령의 지배와 인도를 받으면서 하나님의 일을 해야 합니다.

성령의 지배와 장악이 되면 어디를 가나 평안합니다. 많은 크리스천들이 교회에 가면 평안한데 집에만 돌아오면 평안하지 못하다고 말합니다. 이는 인간적인 측변에서 보면 맞는 말입니다. 교회에는 성령의 역사가 있고 하나님의 말씀이 전해지고, 믿음의 친구들이 있기 때문입니다. 분명하게 교회에 오면 평안한 것이 맞습니다. 그런데 영적으로 보면 조금 문제가 있는 영적인 상태요, 심령상태라고 말할 수 있습니다. 하나님은 어디를 가나 항상 평안하기를 원하십니다. 예수님은 이렇게 말씀하십니다. "평안을 너희에게 끼치노니 곧 나의 평안을 너희에게 주노라 내가 너희에게 주는 것은 세상이 주는 것과 같지 아니하니라. 너희는 마음에 근심하지도 말고 두려워하지도 말라(요 14:27)" 그렇기 때문에 교회에 가면 평안하고 집에 돌아오면 평안하지 않다는 것은 마음에 있는 성전에 주인으로 계시는 하나님께서 전인격을 장악하지 못한 상태라고 이해해야 합니다. 성령의 지배를 받지 못하는 상태라고 보면 정확합니다. 자신 안에 성전에 하나님께서 주인으로 좌정하며 지배하고 계시면 어디를 가나 하늘나라가 되는 것입니다. 하나님께서 함께 하시기 때문입니다. 그렇기 때문에 교회에 가면 평안하고, 집에 돌아가면 평안하지 못하는 분들은 자신의 내면의 상처와 스트레스와 자아와 혈통에 흐르는 문제를 성령으로 정화해야 합니다. 그리하여 하나님께서 주인으로 계시면서 전인격이 성령의 지배를 받는 신앙으로 발전해야 합니다. 자신의 심령이 하나님이 계시는 성전 되는 영적활동에 관심을 집중해야 합니다. 아마 교회에 오면 평안하고 집에 돌아가면 평안하지 못한 분들이 절에 가면 더 평한 할 것입니다. 영적인 부담이 없기 때문입니다. 이런 분들은 하루라도 빨리 내면을 강하게 하여 어디를 가나 평안해야 합니다. 어디를 가나 평안하다는 것은 자신이 하나님의 소유가 되었다는 증표입니다. 하나님께서 함께 하시기 때문입니다. 아주 중요한 일입니다. 최우선으로 시정해야 하는 영의 활동입니다.

반대로 교회 오면 불안하고 두렵다가 집에 돌아가면 평안에 지는 경우가 있습니다. 이는 교회에서 일어나는 성령의 역사에 자신 안에 있는 세상적인 요소가 불안하고 두렵게 하는 것입니다. 자신의 내면에 관심을 가지고 정화해야 합니다. 성령의 지배를 받아야 합니다. 자신 안에 상처나 스트레스나 자아나 혈통에 흐르는 문제가 있기 때문에 교회 오면 두려운 것입니다. 이를 인정하고 치유 받으려고 관심을 가지면 금방 없어집니다. 자신이 인정하느냐 안 하느냐가 문제이지 인정하기만 하면 문제가 되지 않습니다. 좌우지간 교회에서는 평안하고, 집에 돌아가면 불안한 사람이나, 교회에 오면 불안하고 집에 가면 평안한 사람이나 모두 내면에 문제가 있는 것입니다. 관심을 가지고 내면을 생명의 말씀과 성령으로 정화해야 할 것입니다.

많은 크리스천들이 영성이나 성령의 역사하면 자신에게 밝고 좋은 현상만 일어나는 것으로 이해하고 있는 경우가 많습니다. 그것은 극히 초보적인 생각입니다. 자신이 성령으로 장악이 되면 자기가 받아들이기 거북스러운 현상도 일어납니다. 쉽게 나타나는 것이 몸에 닭살이 돋우면서 찾아오는 두려움입니다. 이 두려움은 성령이 장악을 할 때 일시적으로 일어나는 현상입니다. 쉽게 말하면 귀신들이 성령의 역사가 두려우니까, 자신이 장악하고 있던 사람에게 느끼게 하는 것입니다. 그래서 이 장소하고 자기가 맞지 않아서 나타나는 현상과 같이 느끼게 하여 자리를 이탈하게 하려는 귀신의 미혹이라는 것입니다. 이때에는 조금만 인내하고 참으면 순간 떠나가는 것이 보통입니다. 그러나 자리를 이탈하면 성령의 인도를 받지 못하는 사람이 될 수도 있습니다. 상당한 기간동안 성령의 지배를 받지 못 할 수가 있습니다. 이렇게 영성이나 성령의 역사에는 어두움과 밝은 역사가 있습니다. 평안하기만 않는다는 것입니다.

하나님 앞에서 기도하는 가운데 성령의 은혜를 받고, 성령의 능력으로 사명을 감당하는 하나님의 거룩한 자녀들이 다 되시기를 바랍니다. 우리는 사명을 꼭 교회에서 사역하는 것으로 한정하면 안 됩니다. 성도들이 하는 모든 일은 하나님께서 주신 사명입니다. 직장 생활도 사명입니다. 사업을 하는 것도 사명입니다. 예수를 믿고 성령으로 거듭난 성도가 하는 모든 일은 사명입니다. 사명을 거창하게 생각하지 마시기를 바랍니다. 다 같이 한 번 따라합시다. “주여! 성령 없이는, 아무 일도 하지 않게 하옵소서.” “주여! 성령에 사로잡힌 인생이 되게 하옵소서.” 성령의 지배함을 받아, 남은 평생의 시간도, 이런 생산적인 인생, 집중력 있는 인생으로, 지치지 않는 인생을 살아가시는 성도님들 다 되시기를 주님의 이름으로 간절히 축원 드립니다.

# 18장 영의기도로 내면을 강화하는 훈련

(요 14:27)"평안을 너희에게 끼치노니 곧 나의 평안을 너희에게 주노라 내가 너희에게 주는 것은 세상이 주는 것과 같지 아니하니라. 너희는 마음에 근심하지도 말고 두려워하지도 말라"

내면을 강화하는 기도를 숙달해야 합니다. 마음으로 예수님을 찾는 능력 있는 기도는 우리의 영 안에 계신 성령으로 충만하게 하는 기도 방법입니다. 마음으로 예수님을 찾는 능력기도는 다른 기도를 대치하려는 것이 아니라, 단순히 다른 기도들에게 새롭고도 충만한 시간을 갖도록 해줍니다. 기도 중에는 하나님께서 내 안에 현존하시고 활동하심에 동의해야합니다. 살아계신 하나님께서 내 안에 있는 성전이 주인으로 임재하여 계신다는 것을 믿어야 한다는 말입니다. 걸어 다니는 성전의식을 가지고 기도를 마치고 세상에서 살아갈 때도 언제나 마음으로 예수님을 찾는 것입니다. 우리가 세상을 살아가는 시간에는 우리의 주의가 밖으로 옮겨가서 어디에나 임재 하여 계시는 하나님의 현존을 발견하게 됩니다.

기도의 단어는 내 안에서 하나님께서 현존하시면서 활동하심에 동의한다는 나의 지향을 상징하는 거룩한 단어를 선택합니다. 거룩한 단어란 "예수사랑, 예수천국, 예수권능, 예수님 사랑합니다. 예수님 도와주세요." 등의 단어를 말하는 것입니다. 편안히 앉아서 눈을 감고 자세를 취한 다음에 하나님께서 내 안에 현존하시고 활동하심에 내가 동의한다는 상징으로 그 거룩한 단어를 의식 속에 불러들입니다. 눈을 뜨면 사물들이 눈에 보임으로 깊은 영의 상태에 들어가기가 심히 어렵게 됩니다. 어떤 잡념이 자신의 기도를 방해한다는 것을 알아차리면, 아주 부드럽게 그 거룩한 단어로 돌아갑니다. 기도를 방해하는 것들은 "예수 이름으로 명하노니 떠나가라"고 대적하면 육성이 발동되어 다시 깊은 영의상태에 들어가는데 시간이 걸리기 때문입니다. 거룩한 단어로 기도를 계속하다가 보면 성령의 역사로 초자연적인 상태가 도어 기도를 방해하는 세력이 자연스럽게 물러가는 것입니다. 기도가 끝날 때에는 눈을 감고 2분 여간 침묵 속에 머뭅니다.

우리 크리스천은 자신의 내면의 상태를 항상 긍정적이 되게 해야 합니다. 어떤 교회에서 목사님이 주일날 설교를 하시면서 "건강해야지 건강하지 못하면 직장에서 구조 조정을 당할 수가 있습니다." 라고 하셨습니다. 그러자 어떤 성도의 속에서 '나는 우리 직장에서 없으면 안 되는 사람이다.' 라고 말이 나왔습니다. 다른 성도의 마음 안에서는 그래 건강관리를 잘하지 않으면 직장에서 구조조정을 당할 수가 있겠구나 하고 아멘으로 받았습니다. 그 다음 얼마가지 않아서 이런 일이 벌어졌습니다. '나는 우리 직장에서 없으면 안 되는 사람이다.' 라고 마음의 소리가 나온 성도는 몸이 너무 많이 아파서 직장을 나갈 수가 없게 되었습니다. 반대로 그럴 수가 있다는 성도는 건강관리를 잘해서 직장을 잘 다녔다는 것입니다. 교만은 패망의 선봉입니다. 항상 긍정적으로 받아들이는 성도가 내면이 강한 성도입니다.

**첫째. 마음으로 예수님을 찾는 기도문의 선택.** 먼저 "하나님께서 내 안에 현존하시면서 활동하심에 동의한다는 나의 지향을 상징하는 거룩한 단어를 선택합니다." 거룩한 단어는 하나님 현존 안에 머물면서 그분의 활동에 나를 맡겨드리겠다는 우리의 마음을 나타냅니다. 거룩한 단어는 간단한 기도를 하면서 성령께 우리에게 적합한 단어를 달라고 청하여 선택합니다. (예: 주님, 예수님, 아버지, 성령님, 예수능력, 예수치유, 예수권능, 예수사랑, 예수평화, 믿음, 소망, 예수님 사랑합니다. 예수님 도와주세요. 등). 일단, 거룩한 단어를 선택했으면, 기도 중에는 바꾸지 말아야 합니다. 그렇게 되면 또 다른 잡념을 끌어들이는 계기가 될 수 있기 때문입니다.

어떤 사람에게는 거룩한 단어보다 내면으로 단순히 하나님을 바라봄이 더 적절할 수도 있습니다. 이러한 경우에는 그분을 바라보는 것처럼, 내면으로 하나님께 향함으로써 하나님의 현존과 활동에 동의를 합니다. 거룩한 단어와 같은 지침이 여기에도 적용됩니다. 하나님은 영이십니다. 하나님의 속성은 거룩입니다. 성경에 나오는 거룩한 단어를 사용하여 하나님을 찾는 것입니다. "하나님은 반석이십니다." "하나님은 요새이십니다." "하나님은 피난처이십니다." "하나님은 권능이십니다."

**둘째. 마음으로 예수님을 찾는 기도에 들어가기**. "편안히 앉아서 눈을 감고 자세를 취한 다음, 하나님께서 내 안에 현존하시고 활동하심에 내가 동의한다는 상징으로 그 거룩한 단어를 의식 속에 불러들입니다." "편안히 앉는다."는 말은 상대적인 편안함을 말하는데, 즉 너무 편안하여 잠이 들지 않을 정도이며, 동시에 너무 불편하여 기도 중에 몸의 불편함 때문에 신경 쓰지 않을 정도를 말합니다.

어떤 자세를 취하든 등은 곧게 세웁니다. 잠이 들었었다면, 깨어났을 때에 시간 여유가 있으면 몇 분간이라도 기도를 계속합니다. 기도하면서 졸리면 억지로 잠을 몰아내려고 할 필요는 없습니다. 피곤하니까, 졸리는 것입니다. 마음으로 하나님을 찾다가 잠이 든다면 영적인 상태임으로 피로가 더 잘 풀리는 것입니다. 항상 긍정의 자세를 가져야 깊은 경지에 들어갈 수가 있습니다. 깊은 경지에 들어가야 내면이 강하게 되면 영육이 건강해지는 것입니다. 식사를 마친 뒤에 이 기도를 하면 졸리기 쉽습니다. 식사 후에는 식사 후 한 시간 정도 기다리는 것이 좋습니다. 잠자기 직전에 이 기도를 하면 잠자는 습관을 해칠 수도 있습니다. 우리 주변과 내면에서 돌아가는 것들을 떠나보내기 위해 눈을 감습니다. 부드러운 솜 위에 새 깃털을 얹듯 아주 부드럽게 거룩한 단어를 의식 속으로 불러들입니다.

많은 크리스천들이 교회에 가면 평안한데 집에만 돌아오면 평안하지 못하다고 말합니다. 이는 인간적인 측면에서 보면 맞는 말입니다. 교회에는 성령의 역사가 있고 하나님의 말씀이 전해지고, 믿음의 친구들이 있기 때문입니다. 분명하게 교회에 오면 평안한 것이 맞습니다. 그런데 영적으로 보면 조금 문제가 있는 영적인 상태요, 심령상태라고 말할 수 있습니다. 하나님은 어디를 가나 항상 평안하기를 원하십니다.

반대로 교회 오면 불안하고 두렵다가 집에 돌아가면 평안에 지는 경우가 있습니다. 이는 교회에서 일어나는 성령의 역사에 자신 안에 있는 세상적인 요소가 불안하고 두렵게 하는 것입니다. 자신의 내면에 관심을 가지고 정화해야 합니다. 자신 안에 상처나 스트레스나 자아나 혈통에 흐르는 문제가 있기 때문에 교회 오면 두려운 것입니다. 이를 인정하고 치유 받으려고 관심을 가지면 금방 없어집니다. 자신이 인정하느냐 안 하느냐가 문제이지 인정하기만 하면 문제가 되지 않습니다. 좌우지간 교회에서는 평안하고, 집에 돌아가면 불안한 사람이나, 교회에 오면 불안하고 집에 가면 평안한 사람이나 모두 내면에 문제가 있는 것입니다. 관심을 가지고 내면을 생명의 말씀과 성령으로 정화해야 할 것입니다.

**셋째, 잡념이 들어 올 때 조치방법**. "잡념이 의식 속에 들어왔음을 알아차리면 아주 부드럽게 거룩한 단어로 돌아가야 합니다." '잡념'이란 감각적 지각, 감정, 영상, 기억, 사색, 과거의 나쁜 기억, 그리고 비평 등과 같은 모든 지각 내용을 다 포괄하는 용어입니다. 잡념을 몰아내는 것은 마음으로 예수님을 찾는 깊은 영의기도의 중요한 관건입니다. 잡념이 들어오면 "아주 부드럽게 거룩한 단어로 돌아간다."는 말은 최소의 노력으로 하라는 말입니다. 최소의 노력으로 성령의 역사를 불러일으켜서 잡념을 몰아내는 것입니다. 떠나가라, 떠나가라, 하는 사람의 힘이 아닌 성령의 능력으로 잡념을 몰아내는 것입니다. 이것이 마음으로 예수님을 찾는 깊은 영의기도 중에 우리가 하는 유일한 행위입니다.  기도 시간 중에 거룩한 단어는 아주 희미해지거나 사라지기도 합니다. 이 말은 기도에 집중하여 몰입하다가 보면 숨을 쉬는 것조차 지각하지 못하게 됩니다. 호흡하는 것도 지각하지 못하는 깊은 경지에 이르게 됩니다.

**넷째, 마음으로 예수님을 찾는 기도의 비법**. "기도의 끝에 눈을 감고 1,2분간 침묵 속에 머뭅니다." 이 기도를 그룹으로 할 때에는 인도자가 2-3분 동안 마음으로 예수님을 찾는 기도 중에 마음 안에 주인으로 계시는 예수님을 만나는 경지에 이르게 해달라고 하는 '간구기도'를 하고, 다른 사람들은 호흡을 깊게 하면서 듣는 것입니다. 이 2-3분은 우리의 정신이 외적 감각세계로 되돌아오는 데 적응하는 시간을 줄 수 있게 하며, 또 일상생활에 이 침묵의 분위기를 가져올 수 있게 도와줍니다.

먼저 소리가 작게 나는 알람을 30분으로 맞춰놓고 편안히 앉아 눈을 감습니다. 그런 다음 몸의 모든 긴장과 내면에서 떠오르는 잡념들이 떠나가게 놓아둔다는 마음으로 두세 번 정도 깊은 심호흡을 합니다. 그리고 '성령의 임재를 요청합니다.' 성령님께서 내 안에 나와 함께 계심을 의식합니다. 의식한다는 말은 하나님의 현존을 '느끼라는 것'이 아니라, '마음으로 생각 한다.'는 의미입니다. 준비기도가 끝나면 먼저 바깥에서 들려오는 모든 소음들이 의식이 되더라도 그것들에 마음을 빼앗기지 말고 자연스럽게 떠나가도록 놓아둡니다. 떠나가도록 놓아둔다는 말은 그 어떤 것에 대해서도 '관심'과 '주의'를 기울이지 않는다는 말입니다. 그런 다음 서서히 자신의 내면으로 돌아와 내면으로부터 떠오르는 모든 생각들, 즉 모든 상상력, 기억, 느낌, 계획, 성찰, 중대한 관심사 등을 떠나보내려고 애쓰지 말고 그것들이 그저 지나가도록 놓아둡니다.

이제 마음이 가라앉고 차분해졌으면, 자신이 선택한 거룩한 단어(예수능력. 예수치유. 예수 사랑. 예수 권세, 예수님 사랑합니다. 예수님 도와주세요. 등)를 아주 부드럽게 떠올리고, 그것을 호흡을 들이쉬고 내쉬면서 지속적으로 마음으로 암송합니다. 거룩한 단어를 정확하게 발음하거나 그 의미를 생각할 필요도 없습니다. 다만 하나님의 현존과 그분의 활동에 자신을 온전히 열어드리고 내어드리면서 시간을 보내겠다는 지향의 표현으로 거룩한 단어를 떠올립니다. 그 상태에서 아무것도 하지 말고 하나님의 현존 속에 그대로 머물러 있는 것입니다. 그러면 서서히 여러 가지 잡념들이 계속해서 떠오를 것입니다. 그러나 그 어떤 것도 억지로 몰아내려고 애쓰지 말고 그냥 놓아둡니다. 그러면 그것들은 자연스럽게 흘러가 버릴 것입니다.

그러나 초심자들은 계속해서 떠오르는 잡념에 대해 관심을 갖게 되고, 잡념에 사로잡혀 가게 됩니다. 이렇게 잡념에 빠진 것을 알아차리면, 즉시 아주 부드럽게 거룩한 단어로 돌아갑니다. 거룩한 단어로 돌아가라는 말은 그 단어를 의식 속에 떠올리거나 아니면 마음으로 천천히 암송하라는 의미입니다. 이것이 마음으로 예수님을 찾는 기도 중에 우리가 하는 유일한 활동입니다.

그 밖의 모든 것은 하나님께 맡겨드리고, 그분의 현존 속에 머무릅니다. 이렇게 20분간 기도한 다음, 알람이 울리면 바로 눈을 뜨지 말고 주님을 찾는 기도문을 아주 천천히 암송합니다. "예수님 사랑합니다." "예수님 도와주세요." 어느 정도 시간이 지나면 성령님께 감사기도를 드리고 기도를 마칩니다. 기도를 마쳤다고 기도를 멈추는 것이 아니고, 세상을 살아가면서도 계속 마음으로 예수님을 찾는 것입니다. 그리하여 항상 자신의 마음에 예수님의 임재를 유지합니다. 세상을 살면서도 세상에서 섭리하시는 예수님을 마음으로 느끼면서 살아가는 것입니다.

지금까지 살펴보았듯이 마음으로 예수님을 찾는 기도는 하나님과의 관계를 깊게 하는 기도로, 대화를 넘어 친교로, 능동적 기도에서 수동적이고 수용적인 기도로 옮아가게 합니다. 우리는 단지 하나님께서 현존하시는 골방(우리 내면의 깊은 곳, 마음)에서 온 마음으로 자신을 온전히 열어드리고 내어드리며 '제가 여기 있나이다.'하고 주님을 기다리면서 하나님 현존과 활동하심에 동의한다는 '원래의 지향'을 유지하는 것 이외에 아무것도 하지 않습니다. 그러나 우리는 아무것도 하지 않지만, 우리 안에 현존하시는 하나님께서는 엄청난 일을 하고 계신 것입니다.

바로 당신의 사랑으로, 영으로 우리를 영적으로 충전시켜 주시면서, 우리가 그분과 깊고 친밀한 관계를 맺는 데 방해가 되는 모든 장애물 들, 즉 우리 안에 있는 모든 상처와 아픔과 어둠을 정화시켜 우리를 변형시켜 주십니다. 성령님의 빛의 역사로 하나님의 영역이 넓어지게 합니다. 지속적으로 해야 합니다. 지속적으로 하다가 보면 자신도 모르게 성품이 유순하게 변하는 것을 체험하게 됩니다.

**다섯째, 마음으로 예수님을 찾는 깊은 영의기도간 나타나는 현상**. 가장 많이 나타나는 증상들로부터 언급하면 이렇습니다.

1)몸이 이완됩니다. 근육이 풀리면서 나른해집니다. 주의할 점은 잠들지 않는 것이 좋습니다. 잠들면 그 다음으로 이어지는 성령님의 은혜를 인식할 수 없게 됩니다. 그러나 초기에는 깊이 잠드는 경우가 많습니다. 이는 육체를 치유하시는 은혜이므로 너무 아쉬워할 것까지는 없습니다. 다음에 다시 하면 됩니다. 우리의 몸으로 행한 죄의 찌꺼기를 배출하는 과정입니다. 우리 몸속에 있는 나쁜 영의 잔재들을 주님이 제거하시는 것입니다.

2)몸이 뜨겁거나 전류가 흐르는 것 같습니다. 깊은 호흡을 하면 10여분쯤 지나서 몸이 뜨거워지는 것을 느낍니다. 그리고 몸속으로 약한(처음에) 전류가 흐르는 듯합니다. 강하게 느껴지면 가만히 있을 수 없을 정도로 찌릿찌릿함을 느낍니다. 몸이 뜨거워짐으로써 우리 몸이 활동력을 얻게 됩니다. 영적인 능력이 임하게 되는 것입니다. 이 능력은 세상을 이기는 담대함과 마귀의 세력을 이길 수 있는 힘입니다.

3)몸이 무척 아픕니다. 근육에 통증이 옵니다. 심하면 도무지 견딜 수 없을 지경으로 온 몸에 통증이 와서 더 이상 호흡을 계속할 수 없습니다. 평소 몸이 아픈 곳이나 약한 부분이 아픕니다. 이는 치유의 과정입니다. 우리 몸의 약한 곳을 성령님이 치유하시는 것입니다. 치유는 성령님의 일입니다. 성령님이 임재하시면 우리의 몸이 병들었거나 약한 부분을 주님은 고치십니다. 너무 고통이 심해서 견디기

어려우면 호흡을 중단하십시오. 그리고 다시 시작하십시오. 치유는 단번에 이루어지는 경우는 적습니다. 우리 몸은 서서히 치유되며 회복되는 것이기 때문에 너무 조급해 할 필요가 없습니다. 마음으로 예수님을 찾는 기도를 할 때마다 통증이 온다고 해서 중단하지 마십시오. 치유하는데 여러 달이 걸리는 경우도 있습니다. 치유사역자의 도움을 받으십시오. 사역자의 도움을 받아 상처를 배출해야 합니다.

4)몸속에 이물감을 느낍니다. 뱃속이 더부룩해지고 몸속에 벌레가 기어가는 것 같은 느낌을 받습니다. 마음으로 예수님을 찾는 기도 전에는 아무렇지도 않던 뱃속이 갑자기 더부룩하고, 소화가 안 되는 것 같은 느낌을 받는 것은 뱃속에 사기 덩어리가 들어있기 때문입니다. 몸에 이물감을 느끼는 것도 그렇습니다. 성령의 강한 임재로 인하여 악한 영이 피할 곳을 찾아 돌아다니는 것입니다. 속된 표현으로 마귀의 집이라고 하는 것입니다. 우리 몸속에 들어온 악한 영이 자리를 잡고 눌러 앉으려고 만들어놓은 그들의 영역이 분쇄되는 것입니다. 머리가 심하게 어지러운 현상도 마찬가지입니다. 머릿속을 점유하고 있는 악한 영이 요동치는 것입니다. 이 악한 영이 견디지 못하고 떠날 때까지 계속하십시오. 악한 영이 몸에서 나가면 그러한 현상이 사라지고 평안해집니다. 그렇지 않고 계속 심하고 구토가 나고 정신이 혼미해지는 등의 현상이 계속되면 축귀가 필요합니다.

심한 경우는 악령의 음성이 들리는데 매우 위협적이어서 겁이 납니다. "야~ 호흡을 중단해라. 중단하지 않으면 죽여 버릴 거야! 계속하면 죽여 버릴 거야," 라고 협박합니다. 그래서 무서워 더 이상 마음으로 예수님을 찾는 기도를 하지 못하고 두려움에 사로잡힙니다. 이런 경우 자기 축귀를 하십시오. 그런데도 잘 되지 않으면 능력 있는 축귀 사역자에게 도움을 구하십시오. 축귀는 성도들의 내면을 하나님의 나라를 만드는 적극적인 수단입니다. 축귀는 어렵지 않습니다. 성령님이 장악하시면 떠나갑니다.

5)서늘한 기운을 느낍니다. 서늘한 청량감이 온몸을 감쌉니다. 심하면 한기를 느낄 정도입니다. 여름인데도 온 몸이 서늘하고 만져보면 차가움을 느낍니다. 때로는 부분적으로 그러한 현상을 느끼기도 합니다. 악한 영이 드러나서 나타나는 증상입니다. 머리가 맑아지고 정신이 상쾌해집니다. 이는 몸이 정상으로 돌아왔음을 알려주는 것입니다.

6)평안하고 몸이 가벼워집니다. 이 현상은 사실 가장 많이 느끼는 부분입니다. 그런데 왜 나중에 언급하였느냐면, 앞의 현상들을 경험한 뒤에 오는 현상이기 때문입니다. 우리의 몸의 병과 죄와 악령의 영향 등의 불순한 것들이 성령의 은혜로 치유된 후에 찾아오는 평안함입니다. 마음으로 예수님을 찾는 기도는 이 평안함이 계속 유지되어야 바람직한 것입니다. 성령으로 충만하고 주의 임재가 강할수록 평안하고 고요한 기분이 계속 됩니다. 주님의 위로하심이 임하는 것입니다.

그 밖에도 개인에 따라 독특한 증상들을 경험하게 되지만 그 모든 현상은 치유와 회복이라는 과정에서 나타나는 증상입니다. 그 내용이 무엇을 의미하는지 구체적으로 알 필요는 없습니다. 그것보다 더 중요한 것은 주님과 동행하는 것이기 때문입니다. 마음으로 예수님을 찾는 기도를 통해서 얻는 유익은 이루 헤아릴 수 없이 많습니다. 어떤 분들은 시작하는 그 날로 영안이 열리기도 하고 주의 음성을 듣기도 합니다. 이제까지 그토록 원하던 하나님의 임재가 이렇게 쉽게 이루어질 줄 몰랐다고들 고백합니다. 의지를 가지고 하다가 보면 자신도 깊은 경지에 들어가는 것을 몸으로 체험하여 알게 됩니다. 성령은 평안입니다. 성령이 심령을 장악하면 말로 표현 할 수 없는 평안이 올라옵니다.

**여섯째, 기도하는 장소를 바르게 해야 한다**. 필자가 어느 날 새벽에 기도하니까, 성령하나님께서 이렇게 감동하시는 것입니다. "왜 무당들이 유명한 산에 올라가 장구치고 북치고 하면서 기도하는지 알고 있느냐" 잠시 생각을 해보니까, 유명한 산에 역사하는 산신령을 접신 받으려고 유명한 산을 찾아 기도한다는 생각이 떠올랐습니다. 그래서 "산에 역사하는 산귀신을 접신 받으려고 산에 가서 기도하는 것입니다." 했더니 성령께서 "그렇다. 산에 역사하는 산신령을 접신 받으려고 산에 가서 기도하는 것이다." 말씀하시는 것입니다.

그러면서 목회자들이나 성도들에게 알려주어 기도 장소의 계념을 바르게 알고 기도하도록 하라고 말씀하셨습니다. 크리스천은 기도는 하나님이 계시는 자신 안에 마음 성전에 집중하여 기도하게 하라는 것입니다. 기도는 자신 안에 계신 하나님께 기도하시기를 바랍니다. 우리 성도들의 의식이 기도하려면 "기도원가야 한다. 산에 가야한다. 교회에 가야한다." 로 고정되어 있기 때문에 자신의 심령 안에 관심이 두지 않습니다. 자신의 마음 안에 관심을 두지 않기 때문에 예수를 믿으면서도 변화되지 못하는 것입니다. 그렇다고 교회나 기도원에 가서 기도하지 말라는 말로 이해하면 안 됩니다. 교회에 가서 기도에 대하여 바르게 배우고 바르게해야 합니다. 교회에 가서 성령으로 세례도 받아야 합니다. 필자는 자신 안에 계신 하나님께 관심을 가지고 기도하라는 것입니다.

기도는 자신 안에 계신 하나님께 기도하여 자신이 하나님의 입장이 되어 하나님의 길을 제대로 따라가고 있는지, 바르게 가고 있는지, 돌아가고 있는지를 보는 것입니다. 그리고 자신 앞에 있는 문제를 하나님께 기도하여 하나님의 해결 방법을 알아내는 것입니다. 그리고 알려주신 해결방법대로 순종하기 위해서 기도하는 것입니다. 기도는 하나님께 무엇을 얻어내려고 하는 것이 절대로 아닙니다. 자신의 상처를 치유하고, 성령으로 충만하며, 하나님과 대화하기 위하여 기도하는 것입니다. 지친 영혼의 쉼을 얻기 위하여 기도하는 것입니다. 기도는 영-혼-육이 쉼을 얻는 시간이라고 생각하며 성령으로 해야 합니다. 이 중요한 기도가 잘못되면 먼저 영혼이 만족을 누리지 못하는 것입니다. 다음은 혼이 만족을 누리지 못하니 정신이 안정되지 못하고 산란한 것입니다. 더 진전이 되면 육체의 질병으로 발생합니다. 따라서 예수를 믿으면서도 세상 사람들과 똑 같은 영육간의 고통을 당하고 사는 것입니다.

세상 한의학에서는 몸에 독이 싸여있다고 합니다. 사람의 몸에 독이 싸이는 원인 제공자는 스트레스, 환경의 영향, 음식이라고 합니다. 독소가 증상별로 1단계부터 6단계까지 나눠집니다. 독소의 1~2단계에서 주로 느끼는 것이 만성피로와 어깨 결림입니다. 아마 현대인이라면 다 있을 것입니다. 해독이 필요한 가장 초기단계의 증상입니다. 독소 1~2단계를 방치해서 3~4단계로 진행되면 몸이 붓듯이 살이 찝니다. 물만 먹어도 자꾸 살이 찝니다. 그리고 배설, 소화가 잘 안 됩니다.비오는 날에 몸이 쑤시고 아픕니다. 5~6단계의 경우 중증 질환이 되는 경우가 많은데 5단계 이상에서는 각종 검사 수치상에도 이상이 나타납니다. 제일 애매한 분들이 4단계 환자들이라고 합니다. 자신이 자각적으로 느끼는 통증이나 불편은 대단히 많은데 병원에 가면 이상이 없다고 하고 일반 병원이나 한의원에 가도 부분적인 통증치료나 증상환화 치료만 받는 경우가 많습니다. 세상에서 근본적인 해독을 통해서 몸이 좀 더 한 단계 업그레이드되는 방법을 찾기가 대단히 쉽지 않습니다.

우리는 예수를 믿음으로 치유받기가 쉽습니다. 먼저 성령으로 세례를 받아야 합니다. 성령으로 세례 받고 잠재의식에 형성된 독소를 치유하는 것입니다. 마음의 상처를 치유해야 합니다. 내적인 상처를 치유하는데 이성적인 치유가 아니라 영적인 치유를 받아야 합니다. 내적치유도 기도가 바르게 되어야 성령으로 충만 되어 상처가 치유되는 것입니다. 상처는 전적으로 성령으로 되는 것입니다. 기도는 자신 안에 계신 하나님께 아무 곳에서나 해야 합니다.

# 19장 마음안의 주님과 대면하는 영성훈련

(민12:4-9)"여호와께서 갑자기 모세와 아론과 미리암에게 이르시되 너희 세 사람은 회막으로 나아오라 하시니 그 세 사람이 나아가매, 여호와께서 구름 기둥 가운데로부터 강림하사 장막 문에 서시고 아론과 미리암을 부르시는지라. 그 두 사람이 나아가매, 이르시되 내 말을 들으라 너희 중에 선지자가 있으면 나 여호와가 환상으로 나를 그에게 알리기도 하고 꿈으로 그와 말하기도 하거니와 그와는 내가 대면하여 명백히 말하고 은밀한 말로 하지 아니하며 그는 또 여호와의 형상을 보거늘 너희가 어찌하여 내 종 모세 비방하기를 두려워하지 아니하느냐, 여호와께서 그들을 향하여 진노하시고 떠나시매"

하나님은 크리스천들을 불러서 모세와 대면하여 말씀하신 것과 같이 대면하며 대화하기를 원하십니다. 모세는 하나님과 음성으로 대면하며 지낸 사람입니다. 모세의 아내 십보라가 광야에서 죽었습니다. 십보라가 죽은 후에 모세는 구스 여자와 결혼을 하게 되었습니다. 여기 구스 여자는 유대인이 아닙니다. 애굽에서 나올 때에 이스라엘 백성들과 동행한 잡 족 중에 있던 여인이었습니다. 구스는 지금의 에디오피아를 가리킵니다. 이 여인은 아프리카 구스 출신의 흑인이었습니다. 이 일로 모세의 누나 미리암과 모세의 형 아론이 모세를 비방했습니다. 아마도 아론 보다는 미리암이 적극적으로 비난을 했던 것 같습니다. 아무래도 무슨 일이 있으면 남자보다는 여자가 더 말을 많은 하지 않습니까? 정황으로 볼 때 모세는 미리암의 공격에 대해서 저항하지 않고 일방적으로 당하고 있었던 것 같습니다. 민수기 12장 3절에 보니 모세는 온유함이 지면의 모든 사람보다 더하더라고 말하는 것으로 보아 미리암의 공격에 대해서 모세는 묵묵히 온유하게 반응했던 것이 분명합니다. 이런 상황 속에서 하나님께서 갑자기 모세와 아론과 미리암에게 말씀하셨습니다. 그들에게 회막으로 나아오게 하셨습니다. 그리고 하나님께서 강림하셔서 아론과 미리암을 부르셨습니다.

하나님은 모세가 일반 선지자들과는 다른 특별한 주의 종이라는 것을 말씀하셨습니다. 하나님께서는 보통 선지자들에게는 환상이나 꿈으로 하나님을 알리셨습니다. 그런데 모세와는 그렇게 하지 않으셨습니다. 모세는 하나님이 인정할 만큼 충성된 사람이었기에 하나님은 모세와 대면하셨고 은밀하게 말씀하시지 않으시고 명백하게 말씀하셨습니다.

하나님은 "너희가 어찌하여 내 종 모세 비방하기를 두려워하지 아니하느냐"라고 말씀하신 후에 진노하시고 떠나셨습니다. 미리암은 모세의 누나요 아론은 모세의 형이었습니다. 그런데도 하나님의 종인 모세를 비방한 것에 대해서 하나님께서 진노하셨던 것입니다. 진노하신 하나님께서는 미리암의 몸에 나병이 발하게 하셨습니다.

영적인 관계는 육신적 차원에서 보면 안 됩니다. 주의 종을 육신적인 눈으로 보는 사람들이 있습니다. 나이로 따지고 실력으로 따지는 사람들이 있습니다. 심지어 교회의 크기로 목사를 판단하는 사람들도 있습니다. 하나님이 싫어하십니다. 아니 하나님이 진노하시는 일입니다.

주의 종이 나이가 어리다고 함부로 대하는 사람들이 있습니다. 주의 종은 나이로 보는 것이 아닙니다. 그를 세우신 하나님의 사자로 봐야 합니다. 하나님을 대면하는 자로 보아야 합니다. 목회자들도 자신의 자리를 찾도록 영성관리를 잘해야 합니다. 자기가 높은 자리에 있다고 주의 종에게 함부로 말하는 사람들이 있습니다. 하나님께서 진노하십니다. 이스라엘의 왕들은 주의 종을 대할 때 아주 조심해서 대했습니다. 우리 주변에 보면 아주 작은 교회를 담임하고 있는 목사님들도 있습니다. 이런 분들을 개척교회 목사라고 우습게보면 안 됩니다. 주의 종은 어디까지나 주의 종입니다. 하나님의 사자(종)로 보아야 합니다.

우리는 본문을 읽으면서 하나님께서 과민반응을 보이신 것 아닌가라는 생각을 할 수도 있습니다. 동생이 이방인과 결혼한 문제로 누나가 동생을 비방 좀 했다고 나병에 걸려서 죽어간다니 좀 지나친 것이 아닌가라는 생각을 할 수 있습니다. 그러나 우리가 알아야 할 것이 있습니다. 우리의 생각과 하나님의 생각은 다르다는 것입니다. 하나님께서 싫어하시는 일이 있습니다. 우리가 생각할 때 별 것 아닌 것 같아도 하나님께서 싫어하신다면 우리는 하지 말아야 합니다. 우리는 하나님의 눈치를 볼 줄 아는 사람들이 되어야 합니다.

하나님께서 아론과 미리암을 떠나신 후에 모세를 비방하는데 더 적극적으로 앞장섰던 미리암이 나병에 걸렸습니다. 그 살이 반이나 썩어서 죽은 자처럼 되었습니다. 주의 종을 원망하거나 대적해서는 안 되겠지만, 혹시 그런 일이 있을 때 절대 앞장서지 마시기를 바랍니다. 제가 우리교회에 오시는 분들에게 당부하는 말입니다. 이스라엘 백성들의 광야 생활을 보면 늘 주의 종을 원망하고 비방하는 일이 있었습니다. 그 결과 대부분의 사람들이 광야에서 죽음을 당했습니다. 그런데 그들 중에서 특별히 앞장섰던 사람들은 즉각적인 심판을 받았습니다. 불이 삼키기도 했고, 전염병으로 죽기도 했고, 땅이 삼켜버리기도 했습니다.

미리암이 나병에 걸려 죽게 되니 놀란 아론이 모세에게 "슬프도다 내 주여 우리가 어리석은 일을 하여 죄를 지었으나 청하건대 그 벌을 우리에게 돌리지 마소서"라고 말합니다. 조금 전까지 모세를 비방했던 아론이 미리암이 나병에 걸려 죽어가는 것을 보니 놀라서 모세에게 '내 주여'라고 합니다. 모세는 온유한 사람이라 하나님께 미리암을 고쳐주시도록 기도합니다. 하나님께서 모세의 기도를 들으시고 미리암을 치료해주셨습니다.

모세가 자격이 없는 구스 여자를 아내로 취한 것은 하나님의 백성이 될 자격이 없던 이방인을 자기 백성으로 삼아주신 예수 그리스도를 보여주는 것입니다. 에베소서 2장 12-13절을 보겠습니다. "그 때에 너희는 그리스도 밖에 있었고 이스라엘 나라 밖의 사람이라 약속의 언약들에 대하여는 외인이요 세상에서 소망이 없고 하나님도 없는 자이더니, 이제는 전에 멀리 있던 너희가 그리스도 예수 안에서 그리스도의 피로 가까워졌느니라" 자격 없는 우리들은 예수 그리스도의 은혜로 구원을 받은 것입니다. 모세는 과연 어떤 사람이기에 하나님과 대면하며 사명을 감당했을까요?

**첫째, 광야 훈련을 통과해야 한다**. 모세가 40세가 되었을 때, 모세는 스스로 생각했을 것입니다. '그 동안 갈고 닦은 내 실력과 경륜으로 이 백성을 충분히 구할 수 있을 것이다.' 모세는 이스라엘 사람을 압제하는 애굽 사람을 쳐 죽였고, 그 결과 민족의 구원은 고사하고 오히려 광야로 도망가는 도망자의 신세가 되고 말았습니다. 자신의 힘으로 동족을 구원하는 것은 불가능한 것이었습니다. 우리는 자신의 힘으로 살아갈 수가 없는 나약한 존재입니다. 모세가 힘이 있고, 권력이 있었어도 자기 힘으로는 아무것도 할 수 없었습니다. 하나님은 스스로 하나님 없이 아무것도 할 수 없다는 것을 체험하게 하십니다.

모세는 40년 동안 광야에서 도대체 무엇을 경험하고 배웠습니까? 어제의 영광을 다 내려놓게 됩니다. "네 하나님 여호와께서 이 사십 년 동안에 너로 광야의 길을 걷게 하신 것을 기억하라. 이는 너를 낮추시며 너를 시험하사 네 마음이 어떠한지 그 명령을 지키는지 알려 하심이라"(신 8:2). 광야는 인간이 현실적으로 누릴 모든 가능성이 사라진 곳, 단절된 곳입니다. 자신의 힘으로 아무것도 할 수 없다는 것을 깨닫는 곳입니다. 자신을 죽이는 기간입니다. 광야는 내 안에 있는 욕심으로 가득 찬 손을 비우게 하십니다. 어제의 분노-억압-열등감에서 탈출을 시도하게는 하지만, 내일의 약속의 땅은 아직 현실로 오지 않은 현실입니다. 모세로 하여금 자신의 정확한 모습을 확인하게 하십니다. 자신을 감싸고 있는 거짓 치장들이 벗겨지면서, 자신의 정체성이 드러납니다. 그러나 이는 자신을 파멸시키려는 것이 아니라, 오히려 단련하여 순금같이 나오게 하심입니다. 그래야 하나님이 쓰실만한 인물이 되기 때문입니다. 찌꺼기 같은 불순물은 사라지고, 순금으로 순전하게 나올 수 있게 하기 위함입니다. "나의 가는 길을 오직 그가 아시나니 그가 나를 단련하신 후에는 내가 순금 같이 나오리라"(욥 23:10).

광야에서 모세가 배운 것은 무엇일까요? 이름 없음도 감내할 수 있는 자기 포기를 배웁니다. 세상이 내 이름을 전혀 몰라도 괜찮을 만큼 낮아져 있기 때문입니다. 홀로 있음을 견딜 수 있는 강인함을 배웁니다. 외로움을 넘어 침묵을 지키며 홀로 있는 것을 즐길 수 있어야 합니다. 하나님과 직접적으로 교통하는 방법을 배웁니다. 자기의 때가 오기까지 기다리는 법을 배웁니다. 어쩌면 그러한 기회조차도 (자신의 소원이 이루어지는) 영원히 없을 수도 있다는 것을 인정해야합니다. 섬김을 받는 것이 아니라, 섬기는 법을 배웁니다. 왕이 아니라, 목동입니다. 양을 치는 목자의 심정을 지니기 때문입니다. 양을 긍휼히 여기는 예수니(목자)의 마음을 배웁니다.

광야는 하나님께서 말씀하시며, 그분의 영으로 채움을 받는 장소입니다. "여호와께서 그를 황무지에서, 짐승의 부르짖는 광야에서 만나시고 호위하시며 보호하시며 자기 눈동자 같이 지키셨도다."(신 2:10). 하나님은 광야에서 모세를 낮추셨습니다. 겸손하게 하셨습니다. 광야라는 고난의 학교에서 자기 욕심을 버리고, 하나님에게만 집중합니다. 그분에게 기도하게 하시고, 감사하는 법을 배웁니다. 때가 이르니 하나님께서 부르십니다.

**둘째, 예수님의 마음을 가져야 한다.** 하나님의 음성을 듣고 순종하는 모든 사람이 구원을 받을 수 있다는 것입니다. 우리가 잘 아는 것처럼 이스라엘 백성들은 자신들만이 하나님께서 선택하신 특별한 민족이라는 선민의식이 있습니다. 선민의식은 유대인과 이방인 사이에 큰 벽이 되었습니다. 본문은 이스라엘 백성들에게 선민의식이 형성되어가는 초기였지만 선민의식 사상이 분명히 나타나고 있습니다. 아마도 미리암은 '어떻게 유대인이 이방인을 아내로 취할 수 있다는 말인가 그것도 모세는 하나님의 종이고 이스라엘 백성의 지도자인데 어떻게 이럴 수 있다는 말인가?'라고 생각했던 것이 분명합니다.

미리암과 아론은 선민의식의 틀 때문에 마음이 좁아졌습니다. 반면에 모세는 민족과 언어와 문화를 초월해서 역사하시는 하나님을 알았기 때문에 민족이나 피부색이 문제 되지 않았던 것입니다. 모세의 이 마음이 바로 주님의 마음입니다. 주님은 유대인들의 구원만을 위해서 이 땅에 오시지 않았습니다. 주님은 모든 민족의 구원을 원하십니다. 주님이 성전에 들어가셔서 성전을 성결하게 하시면서 "내

집은 만민이 기도하는 집이라"는 말씀을 하셨습니다. 사실 그 말은 유대인들을 화나게 만드는 말이었습니다. 유대인들은 이방인들은 성전에 들어올 수 없다고 생각했습니다.

그들에게는 감히 이방인들이 성전에 들어가는 것은 생각할 수도 없는 일이었습니다. 사도 바울이 유대인들의 공격을 받았던 이유 중에 하나가 이방인을 성전에 데리고 들어갔다는 거짓말 때문이었잖아요. 예수님 당시에 성전에는 이방인들에게 주는 경고문이 적혀 있었다고 합니다. 이방인이 성전에 들어오면 죽어도 책임을 질 수 없다는 내용이었다고 합니다. 유대인들은 온 세상을 구원하고자 하시는 하나님의 마음을 몰랐습니다. 그들의 마음은 이방인들에게 좁아져 있었습니다.

우리 주님은 유대인의 구원만을 위해서 이 땅에 오시지 않았습니다. 우리가 잘아는 바와 같이 가나안에 입성한 갈렙도 이방인 입니다. 모든 민족들이 구원을 받기 원하십니다. 계 7장에 보면 하늘의 예배가 나옵니다. 예배를 드리는 사람들은 유대인들 가운데 144,000명도 있었지만 각 나라와 족속과 백성과 방언에서 아무도 능히 셀 수 없는 큰 무리가 나와 흰 옷을 입고 손에 종려 가지를 들고 보좌 앞과 어린 양 앞에 서서 찬양을 합니다. 우리 주님은 유대인의 경계를 넘어서 모든 민족이 구원을 얻기를 원하시는 것입니다.

하나님은 우리가 넓은 마음을 갖기를 원하십니다. 무슨 일을 할 때도 좁은 마음으로 자기의 이익만 생각하는 것이 아니라 넉넉한 마음으로 하나님의 영광도 생각하고 이웃의 유익도 생각하는 것을 원하십니다. 하나님은 우리가 넓은 마음을 갖기를 원하십니다. 자기의 작은 유익에 집착하지 않고 하나님을 생각하고 이웃을 생각하기를 원하십니다. 우리가 그렇게 할 때 하나님은 우리의 방패가 되시고 큰 상급이 되시는 것입니다. 하나님은 우리들에게도 같은 요구를 하실 것입니다. 좁은 마음을 넓히고 넉넉한 마음으로 살아가기를 원하십니다.

**셋째 온유함이 지면에 뛰어나야 한다**. 민수기 12장 3절에 보니 모세는 온유함이 지면의 모든 사람보다 더했다고 말씀합니다. 온유한 모세는 온유하신 우리 주님을 보여주는 것입니다. 마 11:29에서 예수님은 "나는 마음이 온유하고 겸손하니 나의 멍에를 메고 내게 배우라"고 말씀하셨습니다. 온유함이라는 말은 따듯하고 부드럽다는 의미가 있습니다. 히브리어를 보면 '아나우'라는 단어인데 '가난한, 고통 받는, 겸손한, 온유한' 등의 의미가 있습니다. 이 단어를 통해서 알 수 있는 것은 온유함이란 고난을 통해서 만들어지는 것이고 온유한 사람은 겸손한 사람이라는 것을 알 수 있습니다.

하나님 앞에서 온유한 사람은 하나님께 순종을 잘하는 사람입니다. 온유한 말은 주인의 말을 잘 듣습니다. 주인이 좌로 가라고 하면 좌로 가고 우로 가라고 하면 우로 가고 서라하면 서고 달리라고 하면 달리는 말이 온유한 말입니다. 야생마는 길들여지지 않아서 온유하지 않습니다. 기수가 올라타도 기수의 말을 듣지 않고 펄쩍펄쩍 뜁니다. 기수가 원하는 대로 가지 않고 자기가 가고 싶은 대로 갑니다. 이런 말은 온유하지 못한 말입니다. 신앙생활도 같습니다. 하나님이 원하시는 대로 순종하는 사람이 온유한 사람입니다.

모세가 기록한 성경을 모세오경이라고 합니다. 모세오경은 창세기, 출애굽기 레위기, 민수기, 신명기입니다. 이 모세오경을 보면 모세가 얼마나 하나님께 순종을 잘했는지 알 수 있습니다. 모세오경에 모세가 여호와 하나님께서 명령하신 대로 했다는 말씀이 46번이나 나옵니다. 모세가 자기 생각대로 했던 일은 제가 알기로는 딱 한 번입니다. 46번은 여호와께서 모세에게 명령하신대로 했습니다.

모세가 하나님이 명령하신대로만 하니 하나님께서 모세를 충성되다고 인정해주셨습니다. 민수기 12장 7절을 보십시오. "내 종 모세와는 그렇지 아니하니 그는 내 온 집에 충성함이라" 하나님이 그의 충성을 인정하셨던 이유는 그는 하나님이 시키시는 대로 모든 일을 했기 때문입니다. 모세는 하나님께 순종을 잘했던 사람입니다.

모세가 하나님의 명령대로 순종할 수 있었던 힘은 하나님을 대면하는 데서 왔습니다. 8절을 보십시오. "그와는 내가 대면하여 명백히 말하고…" 출애굽기 33장 11절을 보면 "사람이 자기의 친구와 이야기함 같이 여호와께서는 모세와 대면하여 말씀하시며"라고 기록되어 있습니다. 신명기 34장 10절에 보면 "그 후에는 이스라엘에 모세와 같은 선지자가 일어나지 못하였나니 모세는 여호와께서 대면하여 아시던 자요"라고 말씀합니다. 모세는 날마다 하나님을 대면했습니다. 그리고 하나님께로부터 힘을 얻어서 하나님의 명령을 순종했던 것입니다.

하나님은 우리들이 모세를 통해서 순종의 비결을 배우기를 원하십니다. 일을 하려면 힘이 있어야 합니다. 기계가 움직이려면 동력이 필요합니다. 자동차가 움직이려면 연료가 있어야 합니다. 하나님께 순종하려면 순종할 수 있는 영력이 있어야 합니다. 그 영력을 어떻게 얻습니까? 자신 안에 임재하신 하나님을 대면하는 것입니다. 자신 안에 임재하신 하나님을 대면하기 위해 성령으로 기도하는 것입니다. 하나님을 만나면 하나님이 주시는 영적인 힘을 얻게 됩니다. 그리고 그 힘으로 하나님의 말씀에 순종하게 됩니다. 그러므로 하나님을 만나는 사람이 하나님께 순종 잘 하는 온유한 사람이 될 수 있는 것입니다. 하나님 앞에 나오기를 힘쓰십시오. 그것이 우리의 영혼이 사는 길이고, 하나님 앞에 나오기를 힘쓸 때 영적인 힘을 얻어서 하나님의 말씀에 순종 잘하는 온유한 사람이 될 수 있는 것입니다.

**넷째, 한 영혼을 천하보다 귀하게 생각했다**. 넓은 예수님의 마음으로 미리암을 위하여 기도했습니다. 모세는 자기를 비난하여 나병에 걸려 죽어가는 미리암을 위하여 하나님께 기도합니다. 13절을 읽어봅니다. "모세가 여호와께 부르짖어 이르되 하나님이여 원하건대 그를 고쳐 주옵소서" 하나님께서는 모세의 기도를 들으셨습니다. 그리고 미리암을 진 밖에 이레 동안 가두게 하신 후에 다시 회복시키셔서 진중으로 돌아오게 하셨습니다. 미리암은 모세의 중보기도 때문에 살아났고 회복되었던 것입니다. 모세는 한 영혼을 천하보다 귀하게 여겼습니다.

불 뱀 사건 때의 모세의 중보기도입니다. 이스라엘 백성이 길로 인하여 마음이 상하니까 그들은 또 다시 하나님과 모세를 원망했습니다. 민21장 5절 중반 절에서 보면, "…어찌하여 우리를 애굽에서 인도하여 올려서 이 광야에서 죽게 하는고. 이곳에는 식물도 없고 물도 없도다. 우리 마음이 이 박한 식물을 싫어하노라" 그 부모세대들이 기회만 있으면 원망했던 말이 그 자녀 세대에서 그대로 나타나고 있는 것입니다. 그들의 불만은 습관적으로 하는 것 같이 느껴집니다. '박한식물'이라고 하는데, 하늘의 음식인 만나를 멸시하고 있는 것입니다. 하나님의 은혜의 선물을 감사해야 하는데 그들은 싫어했습니다.

사실 이들에게 하나님께서는 놀라운 은혜를 베풀어 주셨습니다. 그들은 사막에서도 필요한 물을 공급받았고, 하늘로부터 내려온 떡 곧 "하늘의 양식"(시78:24)을 먹었으며, 낮에 그늘을 제공하는 구름기둥과 밤의 불기둥 덕분에 안전하고 평화롭게 지내왔습니다. 느헤미야 9장 21절에 보면, 기나긴 여정에도 불구하고 "사십년 동안을 들에서 기르시되 결핍함이 없게 하시므로 그 옷이 해어지지 아니하였고 발이 부릍지 아니하였사오며"라고 말씀합니다. 그런데도 이들은 범사에 감사하지 않은 것입니다.

원망의 소리를 들으신 하나님께서는 이 때 어떻게 하십니까? 즉시로 그들에게 '불 뱀'을 보내 많은 백성들이 물려 죽게 하셨습니다. 민수기 21장 6절에 보면 "여호와께서 불 뱀들을 백성 중에 보내어 백성을 물게 하시므로 이스라엘 백성 중에 죽은 자가 많은지라" 불

뱀은 광야 지역에 많이 서식하던 독사가운데 한 종류인데, 등에 '불이 타는 것과 같은 붉은 반점'이 있는 뱀을 일컫는 것입니다. 한번 물리면 강력한 독성으로 인해 즉시 온몸에 높은 열이 생기며 죽어가기 때문에 불 뱀으로 불린 것입니다. 엄청난 재앙이 일어난 것입니다.

갑자기 나타난 불 뱀으로 큰 환란을 겪게 되자 이스라엘은 모세에게 호소했습니다. 민수기 21장 7절에 보면, "백성이 모세에게 이르러 가로되 우리가 여호와와 당신을 향하여 원망하므로 범죄 하였사오니, 여호와께 기도하여 이 뱀들을 우리에게서 떠나게 하소서" 그들은 즉각적으로 회개하며 모세에게 도움을 구했습니다. 사람이 급하게 되면 두말하지도 않고 하나님을 찾게 되는 것입니다. 모세가 백성들을 위하여 하나님께 기도합니다.

이때 하나님께서 모세에게 '불 뱀'을 만들어 장대에 달게 하고 그것을 보는 자마다 구원을 얻어 살게 될 것이라고 하셨습니다. 그래서 모세는 급히 불 뱀처럼 놋으로 뱀을 만들었습니다. 그리고 장대 높이 달았습니다. 민수기 21장 9절에 보면 "모세가 놋 뱀을 만들어 장대 위에 다니 뱀에게 물린 자마다 놋 뱀을 쳐다본즉 살더라." 물론 이스라엘 중 어떤 이들은 "그 놋 뱀이 무슨 효험이 있겠느냐?"고 하면서 믿지 않고 쳐다보지도 않은 사람들도 있었을 것입니다. 그런 사람들은 다 죽고 말았습니다. 그러나 쳐다본 사람은 다 살았습니다. 불 뱀이 심판과 저주의 뱀이라고 한다면, 장대에 높이 달린 놋 뱀은 은혜와 구원의 뱀입니다.

우리가 '놋 뱀'을 통해 분명히 알아야 할 것이 있는데, '놋 뱀'자체에는 구원의 능력이 있는 것이 아니라는 것입니다. 믿음의 눈으로 하나님이 치료해주시고 회복해 주실 것이라는 확신으로 그 '놋 뱀'을 바라볼 때 효험이 있는 것입니다. '놋 뱀'을 바라보면 산다는 하나님의 말씀을 의심하지 않고 순종하니 살아나는 기적을 체험하는 것입니다. 실제로 히스기야 왕 시대에 이스라엘 백성은 이 '놋 뱀'이 큰 능력과 생명력이라도 있는 신처럼 생각해서 그 앞에 분향하고 섬기는 우스운 일도 있었습니다. 그래서 히스기야 왕은 이 '놋 뱀'을 부수어 버렸습니다(왕하18:4).

중요한 것은, '놋 뱀'은 장차 십자가 위에 달려 죄로 말미암아 죽어야할 인간을 대신하여 죽으신 예수 그리스도를 예표 한다는 것입니다. 요한복음 3장 14절에 "모세가 광야에서 뱀을 든 것 같이 인자도 들려야 하리니 이는 저를 믿는 자마다 영생을 얻게…." 육체적 죽음을 당한 이스라엘이 '놋 뱀'을 바라봄으로써 구원받은 것처럼, 영적인 죽음에 처한 우리들도 믿음으로 예수 그리스도를 바라보면 구원을 얻게 되는 줄로 믿습니다.

모세는 우리의 중보자가 되시는 예수 그리스도를 보여줍니다. 미리암만 아니라 이스라엘 백성들은 광야 생활 내내 하나님께 죄를 범하여 하나님을 진노하시게 만들었습니다. 진노하신 하나님께서는 여러 번 이스라엘 백성들을 버리시거나 심판하시려고 하셨습니다. 그런데 그 때마다 모세가 하나님께 간구하여 하나님의 은혜와 긍휼을 구했습니다. 하나님은 그 때마다 모세의 중보기도를 받으시고 마음을 돌이키셔서 이스라엘 백성들과 함께 하셨고 이스라엘 백성들을 심판하지 않으셨습니다.

모세는 광야 40년 생활을 통하여 육적인 모세는 죽었고, 영적인, 하나님과 대면하는 모세로 다시 태어났습니다. 그래서 하나님께서는 "이 사람 모세는 온유함이 지면의 모든 사람보다 더하더라"(민12:3). "그와는 내가 대면하여 명백히 말하고 은밀한 말로 하지 아니하며 그는 또 여호와의 형상을 보거늘 너희가 어찌하여 내 종 모세 비방하기를 두려워하지 아니하느냐"(민12:8). 라고 말씀하심으로 모세를 확증하여 주셨습니다. 하나님께 인정받은 사람이 되었다는 것입니다. 그러나 한 번의 실수(반석에 명하지 않고 친)로 가나안에 입성하지 못한 불운의 사람이기도 합니다. 그렇기 때문에 하나님의 말씀 대로 순종하는 것이 아주 중요한 것입니다. 레마에 순종하는 예수인이 되시기를 바랍니다.

# 20장 성령의 빛으로 어두움을 밝히는 훈련

(롬 8:11)"예수를 죽은 자 가운데서 살리신 이의 영이 너희 안에 거하시면 그리스도 예수를 죽은 자 가운데서 살리신 이가 너희 안에 거하시는 그의 영으로 말미암아 너희 죽을 몸도 살리시리라"

하나님은 밝은 영성을 통하여 어두운 영성을 깨우라고 말씀하십니다. 영성에는 밝은 영성이 있고, 어두운 영성이 있다는 말입니다. 밝은 영성은 생명의 말씀과 성령으로 하나님의 영역이 된 곳입니다. 어두운 영성은 원래 하나님의 영역이었으나 아직 생명의 말씀과 성령으로 장악되지 않는 어두운 곳을 말하는 것입니다. 원래 사람은 하나님께서 창조하셨습니다. 아담이 하나님과 같이 에덴동산을 거닐 때는 아담의 모든 영역이 하나님의 소유였습니다. 그러나 아담이 하와의 말을 듣고(하와는 마귀의 말을 듣고) 선악과를 먹음으로 아담의 모든 영역이 마귀의 지배하에 들어간 것입니다.

이를 회복하기 위하여 예수님께서 사람의 몸을 입고 세상에서 오셔서 십자가에서 아담의 죄악을 청산했습니다. 이를 믿음으로 받아들이는 사람은 순간 영이 살아나 하나님과 통하기 시작한 것입니다. 이 영안에 계신 성령의 능력으로 아직 하나님의 영역이 되지 못한 어두운 곳을 성령의 빛으로 깨닫게 하여 장악하시는 것입니다. 이 어두운 영역은 성령으로 기도하며 진리의 말씀을 깨닫는 만큼씩 장악되어 가는 것입니다. 장악되어 가는 만큼씩 건강하게 되는 것입니다.

그래서 하나님은 예수를 믿고 성령으로 거듭난 성도들이 한쪽으로 치우치는 영성을 탈피하기를 원하십니다. 많은 크리스천들이 영성이나 성령의 역사하면 자신에게 밝고 좋은 현상만 일어나는 것으로 이해하고 있는 경우가 많습니다. 그것은 극히 초보적인 생각입니다. 자신이 성령으로 장악이 되면 자기가 받아들이기 거북스러운 현상도 일어납니다. 쉽게 나타나는 것이 몸에 닭살이 돋우면서 찾아오는 두려움입니다. 이 두려움은 성령이 장악을 할 때 일시적으로 일어나는 현상입니다. 쉽게 말하면 귀신들이 성령의 역사가 두려우니까, 자신이 장악하고 있던 사람에게 느끼게 하는 것입니다. 그래서 이 장소하고 자기가 맞지 않아서 나타나는 현상과 같이 느끼게 하여 자리를 이탈하게 하려는 귀신의 미혹이라는 것입니다. 이때에는 조금만 인내하고 참으면 순간 떠나가는 것이 보통입니다. 그러나 자리를 이탈하면 성령의 인도를 받지 못하는 사람이 될 수도 있습니다. 이를 극복하면 어두움이 깨어나 하나님의 영역이 되는 것입니다. 자연스럽게 영-혼-육도 건강하게 되는 것입니다. 이렇게 영성이나 성령의 역사에는 어두움과 밝은 역사가 있습니다. 어두움의 역사는 반드시 개인적인 체험을 통하여 밝아집니다. 미지의 성령의 역사를 믿고 받아들여야 밝아지는 것입니다. 반드시 개인적인 체험과 극복을 통하여 어두움의 영성이 밝은 영성으로 밝아지는 것입니다.

동전에는 양면이 있듯이 영성에도 두 가지 기능이 있습니다. 정면과 후면이 있어야 입체감을 나타내듯이 영성에도 밝은 면과 어두운 면이 있어야 제대로 의미가 드러납니다. 빛과 어두움은 흑백의 논리로만 보면 그 의미를 제대로 알 수 없습니다. 긍정과 부정이라는 극단적인 면으로만 이해하려고 하면 우리는 항상 밝은 쪽만 보게 됩니다. 낮만 있는 것이 아니라, 쉼을 위한 밤이 있어야 하는 것처럼 빛만을 생각하면 어두움이 가져다주는 많은 유익을 상실하게 됩니다. 영성의 이중 구조는 밝음과 어두움으로 나타납니다. 빛의 영성 못지않게 중요한 것이 어두움의 영성입니다. 어두움의 영성을 밝은 영성으로 극복할 때 하나님의 영역이 넓어져서 전인적으로 건강할 수가 있는 것입니다.

우리가 긍정적이라고 생각하는 밝음은 실제로는 긍정적인 면만 가지고 있는 것이 아닙니다. 빛은 사물을 낡게 만들고 쉼이 없기 때문에 만물을 지치게 만듭니다. 밝음의 영성이란 긍정적인 영성만을 말하는 것으로 여기지만, 그 긍정적이라는 것이 실상은 많은 부정적인 요소들을 함께 지니고 있는 것이므로 단정적으로 말할 수 없는 부분이 있는 것입니다. 어두움의 영성이란 부정적이고 드러나지 않는 은밀함을 의미하지만 그것만이 제대로 된 의미는 아닙니다. 어두움은 우리에게 쉼을 가져다주고 다시 회복할 수 있는 기회를 제공합니다. 어두움은 우리의 허물을 덮으며 우리의 약점을 감추어줍니다. 어두움은 하나님의 신비의 영역이며, 우리가 알아가야 하는 비밀이기도 합니다. 성령으로 기도하면서 깨닫는 만큼씩 밝아지는 것입니다.

밝음의 영성은 드러나는 것이라면, 어두움의 영성은 가리어져있는 것입니다. 성령으로 진리의 말씀을 깨닫는 만큼씩 밝아지는 것입니다. 밝음은 드러나는 것이기 때문에 다수의 인정을 필요로 합니다. 공동체가 함께 공유하여야 하는 것이므로 개별성이 사라집니다. 밝음의 영성을 추구하는 사람은 이론적이고 집단적인 것만을 받아들이려고 합니다. 다수가 공유하는 것만을 기준으로 하여 공통점을 찾아내려고 하고 그렇지 못하면 배격합니다. 빛의 영성은 감추어지는 것이 없으므로 개인적인 특별한 사항에 대해서 용납하려 하지 않습니다. 반드시 성령으로 깨달아야 밝아지는 것입니다. 개인의 관심과 노력이 결부되어야 밝아지는 것입니다. 어두움의 영성은 하나님과 일대일, 즉 개별적인 성령의 인도로 밝아지는 것입니다. 개별적인 성령의 역사가 아니고는 밝아질 수가 없습니다. 어두움의 영성이 밝아지는 만큼씩 내면이 정화되어 하나님의 소유가 되는 것입니다. 이런 밝은 영성에 치우쳐 있는 사람은 공동체를 우선하기 때문에 개인적이고 특별한 것을 거부하려고 합니다. 원리적이고 다수가 공유하는 것을 우선으로 추구합니다. 그래서 개별적으로 성령의 인도를 받아야 밝아진다는 것입니다. 도저히 성령의 역사가 없이는 어두운 부분이 밝아질 수가 없는 것입니다.

어두움의 영성은 개별적이고 은밀한 것이며 감추어져있는 것입니다. 그렇기 때문에 이것은 독특하고 개인적입니다. 체험해야 밝아지는 것입니다. 그럼에도 불구하고 이것은 회복하는 힘을 제공하며 모든 것을 받아들이는 포용성을 지니고 있습니다. 하나님의 원천인 어두움은 빛이 있기 전부터 있었던 하나님의 본질입니다. 이것이 사람들에게 보여 지기 위해서 빛이란 기능이 필요한 것입니다. 어두움은 본질이기 때문에 신비하고 개인적입니다. 하나님은 공동체의 하나님일 뿐만 아니라 그 보다는 먼저 개인적인 하나님입니다. 공동체와 개인이라는 두 가지 개념은 빛과 어두움이라는 양면으로 드러나는 것입니다. 우리는 교회 공동체의 신앙고백을 받아들이고 그것을 지키고 따라야 할 의무도 있지만 개별적인 소명을 깨닫고 그 소명에 따라 행동해야 하는 개별적인 요소도 중요한 것입니다. 이 두 가지가 가능하게 하기 위해서는 빛과 어두움의 영성이 고루 갖추어져야 하는 것입니다. 빛은 교리이며 공식적 예배입니다. 이것은 모든 사람에게 드러나는 것이며, 이런 영성을 통해서 우리는 그리스도 공동체를 유지하여 우리의 믿음의 터를 다질 수 있습니다. 그러나 어두움은 경험이며 성령의 이끌림을 받는 기도입니다. 이것은 개인적이며 은밀하고 드러나지 않는 것이므로 엄격한 규격이 없습니다. 그렇기 때문에 이것은 비밀이고 사랑입니다. 그리스도 공동체가 예배의 형태로만 유지된다고 생각한다면 그것은 빛의 영성에 치우쳐 있는 것입니다. 반대로 개인적 경험과 기도로만 유지될 것이라고 생각하는 것은 어두움의 영성에 기우려져 있는 것입니다. 양면을 모두 받아들어야 밝음과 어두움에 균형이 잡히게 됩니다.

우리는 빛은 좋은 것이고 어두움은 피해야 하는 마귀의 영역이라고 생각하는 사람이 의외로 많습니다. 그래서 어두움에 속한 것들은 피하려고만 합니다. 어두움은 하나님의 본성이라는 사실을 바로 깨닫는 것이 필요합니다. 태초부터 어두움은 하나님 속에 계셨고 그 어두움은 지금도 하나님의 세계입니다. 그러므로 이 어두움에 대한 바른 이해가 필요합니다. 어두움도 하나님의 영역이었기 때문에 어두움은 반드시 생명의 말씀과 성령으로 깨달아야 이해하게 되는 것입니다.

빛의 영성은 예배와 가르침의 영성입니다. 그러나 어두움의 영성은 하나님과의 친밀함이며, 사랑입니다. 어두움은 드러나는 것이 아니라 느끼는 것입니다. 배워서 깨닫는 성경공부가 아니라, 감각으로 느끼고 마음속에 담아두는 계시입니다. 그렇기 때문에 정형화할 수도 없고 공식화할 수도 없는 그런 영역입니다. 어두움은 그 한계를 정하기가 어렵습니다. 그 깊이와 넓이를 측량할 길이 없습니다. 성경공부는 66권의 한계를 지니고 있지만 기도는 한계가 없습니다. 엄격히 말하면 범위는 있지만 우리가 알지 못합니다. 어두움 속에 있기 때문입니다. 무궁한 하나님은 어두움의 하나님입니다. 우리가 빛을 통해서 알게 되는 하나님은 아주 미미한 부분에 지나지 않습니다. 어두움의 영성은 어두움 속에 들어가야만 형성되는 것입니다. 그러므로 두려움이 없어야만 가능합니다. 어두움을 무서워하면 어두움 속에 들어갈 수 없듯이 두려움이 있다면 어두움의 영성은 얻을 수 없는 것입니다. 성령의 인도를 믿고 들어가야 열립니다.

기도는 어두움 속으로 들어가는 경험입니다. 미지의 세계로 무턱대고 달려가는 모험입니다. 방향도 모르고 어디쯤에서 하나님을 만날지도 모르며 어느 지점에 들어와 있는지도 모릅니다. 앞으로 얼마나 더 나아가야 할지도 모릅니다. 어두움은 모르는 세계이며 그래서 믿음의 영역인 것입니다. 어두움이 만드는 밤의 세계는 쉼이며 회복입니다. 어두움은 우리를 쉬게 하고 새롭게 하고 회복하게 합니다. 기도를 통해서 우리는 이런 기능과 마주칩니다. 이것이 다양한 형태의 체험으로 나타나며 개인적이고 독특한 현상으로 우리에게 전해지는 것입니다. 그래서 그것은 하나님의 계시이며 이것을 간직할 때 우리는 하나님의 사랑에 휩싸이게 되는 것입니다. 어두움을 통해서 얻을 수 있는 것은 이런 귀하고 친밀한 하나님의 관심을 얻어내는 것입니다. 그래서 어두움의 영성은 회복입니다. 주님이 어두울 때 모닥불 가까이 다가와 제자들을 만납니다. 지치고 피곤한 그들을 위로하기 위해서 밤이 제격입니다. 우리는 밤이 되면 감정이 가라앉고 낭만적이 됩니다. 감정은 어두움의 영역에 있습니다. 밤에 영적인 현상이 더 강하게 일어납니다. 영적으로 고통을 당하는 분들이 밤에 잠을 자지 못합니다. 아무도 그 속을 알 수 없는 어두운 영역입니다. 낮의 집회보다 밤의 집회에서 더 은혜가 넘치는 까닭이 무엇이겠습니까? 낮의 기도보다 밤의 기도에서 더욱 친밀해지는 까닭도 무엇을 의미하는 것입니까? 우리는 밝음과 어두움 모두를 귀하게 생각할 줄 알아야 합니다. 시험과 환난과 고난은 어두운 영역으로 이해할 수 있는 것입니다. 그래서 사람들이 반가워하지 않는 것입니다. 그러나 정말로 하나님을 사랑하는 사람은 이런 것들의 의미를 오히려 사랑하고 기뻐할 줄 압니다. 부정적이라고 생각하고 남들이 다 싫어하는 것들을 오히려 즐거움으로 행하는 사람이 하나님을 정말로 사랑할 줄 아는 사람이며 하나님의 사랑을 아는 사람입니다. 이것은 어두움으로 인해서 얻어지는 것들입니다.

어린 아이는 어두운 것을 무서워하지만 성숙한 사람은 어두움을 사랑하게 됩니다. 빛의 영성으로 채울 수 없는 귀중한 하나님의 친밀함이 어두움의 영성을 통해서 얻을 수 있습니다. 하나님과 친밀하고 그 분의 넘치는 은혜를 소망하는 사람이라면 어두움에 익숙해지는 법을 배워야 합니다.

말씀뿐만 아니라, 꿈과 환상과 기도를 통해서 하나님을 경험하십시오. 이것은 빛으로 오신 하나님의 또 다른 한 부분입니다. 우리를 개인적으로 만나시고 이끄시는 분은 어두움 속에 계시는 하나님이며, 이것은 하나님의 어두움(divine darkness)이라는 속성을 제대로 이해하고 받아들일 때 얻을 수 있는 귀한 은혜입니다. 은밀하고 개별적인 하나님을 만나기 위해서 두려움을 버리십시오. 모든 사람들과 다른 당신만을 위한 유일하신 하나님을 만날 준비를 하십시오. 이것은 아주 생소한 길이며 독특한 하나님의 인도하심을 받아들이는 낯선 길입니다. 잡힐 듯, 집힐듯하면서도 잡히지 않고 선명하지도 않고 그 깊이와 끝도 모를 하나님의 신비함입니다. 선지자들과 사도들과 경건한 신앙의 선배들이 오로지 믿음이라는 이정표 하나로 나아갔던 어두운 길입니다. 앞이 보이지 않아도 그것이 하나님이므로 두려움 없이 갈 수 있었던 하나님의 품 안으로 그 어두움 속으로 우리도 들어가야 합니다.

우리는 교회 공동체가 공유하는 교리와 원리들을 소중히 여길 뿐만 아니라, 자신에게 다가오시는 독특한 하나님의 경험을 소중하게 여길 수 있어야 합니다. 이것이 우리를 지켜주시는 하나님의 증거이며 사랑이라는 사실입니다. 이것이 오히려 우리를 강한 주의 군대로 이 험한 세상을 살아갈 수 있는 힘이 되는 것입니다. 밝음과 어두움의 두 가지 영성을 우리는 함께 공유할 때 능력 있는 강건한 그리스도인이 되는 것입니다. 어두움의 영성을 밝은 영성으로 변화시키기 위하여 깊은 영의기도를 해야 합니다. 습관적으로 깊은 영의기도를 해야 합니다. 깊은 영의기도는 성령으로 충만하게 하여 어두움을 밝게 합니다. 그러기 위해서 어두움의 영성을 밝은 영성으로 넓히려고 하시는 성령님의 역사를 바르게 알고 따라야 합니다.

성령께서 성도들을 장악하여 어두움을 빛의 영역으로 넓히는 원리는 이렇습니다. 많은 크리스천과 목회자들이 예수를 영접함과 동시에 성령의 사람이 되는 것으로 알고 있습니다. 그래서 "그런즉 누구든지 그리스도 안에 있으면 새로운 피조물이라 이전 것은 지나갔으니 보라 새 것이 되었도다(고후 5:17)" 말씀을 들이 댑니다. 이는 극히 인간적이고 합리적인 원리입니다. 하나님은 영이십니다. 말씀을 알았다고 새사람이 되는 것이 아닙니다. 영이신 하나님께서 전인격을 장악해야 온전한 새사람이 되는 것입니다.

한편으로는 성령으로 세례를 받아 방언기도하면 새사람이 되었다고 믿는 부류입니다. 성령으로 세례를 받았으면 성령께서 전인격을 지배하고 장악하도록 믿음 생활을 해야 합니다. 하나님은 영이시오, 말씀이십니다. 그래서 "태초에 말씀이 계시니라 이 말씀이 하나님과 함께 계셨으니 이 말씀은 곧 하나님이시니라(요 1:1)" 말씀이 하나님이십니다. 이 말씀이 육신이 되신 분이 예수님이십니다. "영접하는 자 곧 그 이름을 믿는 자들에게는 하나님의 자녀가 되는 권세를 주셨으니, 이는 혈통으로나 육정으로나 사람의 뜻으로 나지 아니하고 오직 하나님께로부터 난 자들이니라. 말씀이 육신이 되어 우리 가운데 거하시매 우리가 그의 영광을 보니 아버지의 독생자의 영광이요 은혜와 진리가 충만하더라(요 1:12-14)" 하나님은 예수를 믿어 자녀 된 성도들이 온전하게 말씀화가 되기를 원하십니다.

말씀은 영이요, 생명이라고 하셨습니다. 그렇기 때문에 말씀을 성령으로 깨달아야 합니다. 머리로 아는 것은 생명이 되지 못하고 성경지식이 되어 아무런 권능도 나타나지 않는 것입니다. 많은 크리스천들이 오해하는 것이 머리로 말씀을 많이 알면 믿음이 좋고 권능 있는 사람이라고 믿어버립니다. 물론 말씀을 많이 알고 행하면 좋은 것입니다. 그러나 말씀을 많이 알았다고 해도 행함이 없으면 죽은 믿음입니다. 왜 그럴까요, 생명(성령)이 없기 때문입니다.

성령의 역사가 일어나야 어두움의 영역이 밝은 빛의 영역으로 바뀌는 것입니다. 밝은 빛의 영역으로 바뀌어야 예수님의 인격이 나타나는 것입니다. 하나님은 말씀을 이렇게 정의하십니다. "하나님의 말씀은 살아 있고 활력이 있어 좌우에 날선 어떤 검보다도 예리하여 혼과 영과 및 관절과 골수를 찔러 쪼개기까지 하며 또 마음의 생각과 뜻을 판단하나니, 지으신 것이 하나도 그 앞에 나타나지 않음이 없고 우리의 결산을 받으실 이의 눈앞에 만물이 벌거벗은 것같이 드러나느니라(히 4:12-13)" 분명하게 말씀은 살아있습니다. 살아있는 말씀을 머리로 지식으로 깨달을 수가 없는 것입니다. 반드시 성령으로 깨달아야 합니다. 그래야 성령의 역사로 하나님의 영역이 넓어지는 것입니다. 하나님의 영역이 되니 자연스럽게 영-혼-육이 건강할 수도 있는 것입니다.

그럼 예수를 믿은 크리스천이 어떻게 말씀화가 되어가는 가 입니다. 한마디로 성령으로 세례를 받아 성령의 인도를 받으면서 말씀 화되어 갑니다. 성령으로 기도하면서 하나님의 영역이 넓어집니다. 원래 사람은 하나님께서 지으셨기 때문에 모두 하나님의 형상을 닮았었습니다. 그런데 아담이 하와(하와는 마귀의 말을 듣고)의 말을 듣고 선악과를 먹음으로 모든 영역이 마귀의 소유로 넘어간 것입니다. 예수를 믿음으로 영이 살아났습니다. 살아난 영의 능력으로 성령의 역사와 진리의 말씀을 깨닫는 만큼씩 하나님의 영역으로 바뀌는 것입니다. 그렇기 때문에 성령으로 세례를 받은 다음부터 성령으로 영역이 넓어지는 것입니다. 성령으로 기도하면서 깨달은 죄악을 회개하고 용서하면서 영역을 넓혀가는 것입니다.

그래서 예수를 믿었다고 단번에 하나님의 영역으로 바뀌지 않은 것입니다. 하나님의 뜻에 온전하게 순종하는 사람이 되지 못한 다는 것입니다. 성령으로 기도하면서 성령의 인도를 받으면서 깨달은 만큼씩, 순종하는 만큼씩 하나님의 영역이 되어가는 것입니다. 깨닫고 순종하는 만큼씩 말씀 화(하나님께서 원하시는 영의 사람) 되어 간다고 해도 과언은 아닙니다. 그래서 아브라함은 25년 동안 하나님의 인도를 받으면서 말씀 화 되어간 것입니다. 완전하게 순종하는 사람이 된 것입니다. "아브람이 구십구 세 때에 여호와께서 아브람에게 나타나서 그에게 이르시되 나는 전능한 하나님이라 너는 내 앞에서 행하여 완전하라(창 17:1)" 완전하게 행하니까, 이삭을 주신 것입니다.

야곱은 20년 동안 하나님의 인도를 받으면서 말씀 화 했지만, 아직 자신의 자아가 없어지지 않아서(형애서가 두려워서) 하나님의 말씀대로 순종하고 가나안에 가지 못했습니다. 얍복강에서 하나님과 씨름하다가 허벅지 관절이 어긋난 다음에 온전하게 말씀 화 된 것입니다. 허벅지 관절이 어긋나서 자기 의지대로 할 수가 없으니 그때서야 하나님을 의지한 것입니다. "야곱은 홀로 남았더니 어떤 사람이 날이 새도록 야곱과 씨름하다가 자기가 야곱을 이기지 못함을 보고, 그가 야곱의 허벅지 관절을 치매 야곱의 허벅지 관절이 그 사람과 씨름할 때에 어긋났더라. 그가 이르되 날이 새려하니 나로 가게 하라. 야곱이 이르되 당신이 내게 축복하지 아니하면 가게 하지 아니하겠나이다. 그 사람이 그에게 이르되 네 이름이 무엇이냐 그가 이르되 야곱이니이다. 그가 이르되 네 이름을 다시는 야곱이라 부를 것이 아니요, 이스라엘이라 부를 것이니 이는 네가 하나님과 및 사람들과 겨루어 이겼음이니라(창 32:24-28)" 20년간 훈련을 받았어도 아직 자기의 의지대로 살겠다는 자아가 강하여 천사가 이기지 못했습니다. 얍복강을 건너 가나안으로 가지 않았다는 것입니다. 하나님의 말씀대로 순종하지 않았다는 것입니다.

천사가 허벅지 관절을 치니까, 관절이 어긋나 자기 생각대로 할 수가 없으니 그때서야 자신에게 축복하지 않으면 얍복강을 건너지 않겠다는 것입니다. 그래서 천사가 이름을 야곱에서 이스라엘로 바꾸어준 것입니다. 만약에 허벅지 관절을 치기 전에 순종하여 얍복강을 건너갔더라면 어찌 되었겠습니까? 당연하게 허벅지 관절이 어긋나지 않았습니다. 천사가 이름을 바꾸어 주니 이스라엘(야곱)이 이렇게 말합니다. "그러므로 야곱이 그 곳 이름을 브니엘이라 하였으니 그가 이르기를 내가 하나님과 대면하여 보았으나 내 생명이 보전되었다 함이더라(창 32:30)" 20년간 훈련을 받았어도 사지가 멀쩡하니 하나님의 말씀에 순종하지 않다가 허벅지 관절이 어긋나 장애인이 되어 자신의 의지대로 할 수 없게 되지 순종한 것입니다. 하나님은 순종훈련을 시키십니다. 순종훈련이 말씀 화하는 것입니다. 온전하게 말씀화가 되니 하나님의 말씀에 온전하게 순종하는 것입니다. 온전하게 순종하니 자신의 영-혼-육에 축복인 것입니다. 광야를 지나 가나안에 도달한 이스라엘 열두지파 중에 오로지 두지파만 가나안에 들어갔습니다. "오직 여분네의 아들 갈렙은 온전히 여호와께 순종하였은즉 그는 그것을 볼 것이요 그가 밟은 땅을 내가 그와 그의 자손에게 주리라 하시고(신 1:36)" 온전하게 순종한 여호수아와 갈렙 만이 가나안에 입성한 것입니다.

그럼 지금 성령이 역사하시는 교회시대는 어떻게 성도들을 장악하실까요? 생명의 말씀을 깨달아 알고 순종하는 만큼씩 빛의 영역이 되게 하십니다. 물론 성령으로 인도하시면서 세상의 영역을 하나님의 영역이 되게 하십니다. 개별적인 체험을 통하여 어두움의 영역이 빛의 영역으로 바꾸는 만큼씩 영적으로 변화되는 것입니다. 성령으로 기도하여 깨달은 바를 회개하고 받아들이는 만큼씩 하나님의 영역이 되기 하십니다. 많은 목회자와 성도들이 예수를 믿으면 무조건 전인격이 하나님의 나라가 되는 것으로 알고 있습니다. 그러나 하나님은 그렇게 하시지 않습니다. 깨달아 인정하는 만큼씩 장악하여 가십니다. 물론 성령으로 세례를 받은 다음부터 장악하여 가시는 것입니다. 말씀을 머리로 많이 아는 것이 아니고 성령으로 깨닫는 만큼씩 장악하여 가시는 것입니다.

그래서 생명의 말씀과 성령으로 내면의 상처를 치유해야 한다는 것입니다. 상처가 자신을 들여다보는 것을 방해하기 때문입니다. 성도들이 성령의 지배와 장악을 받지 못하는 이유가 마음의 상처와 자아와 스트레스와 혈통의 문제를 성령으로 정화하지 못하기 때문입니다. 성령으로 영적인 원리를 알아 자신의 것으로 만드는 만큼씩 하나님의 영역이 되는 것입니다. 성령으로 세례 받아 찌릿찌릿했다고 하나님의 형상으로 바뀐 것이 아니다. 이런 의식을 가지고 믿음생활을 하기 때문에 나이가 들면 자신 안에 있던 상처와 스트레스와 자아와 혈통에 역사하는 사기 덩어리가 꼬리를 들고 일어나 고통을 가하는 것입니다.

이를 알고 교회에 들어와 생명의 말씀과 성령의역사로 내면을 정화하여 성령이 역사하는 성전이 되도록 관리를 해야 합니다. 많이 알고 열심히 하면 믿음이 좋은 것으로 알고 있는 신앙의 상태로는 내면이 정화되지 못하는 것입니다. 그래서 예수를 믿고 믿음 생활을 해도 나이가 들면 세상 사람들과 똑같은 고생을 하게 되는 것입니다. 바울이 육체의 가시가 있었는데 하나님께서 뽑아주시지 않았다고 영육간에 문제가 있는 것은 하나님께서 기도하라고 주신 것이라고 생각하며 믿음생활을 하는 분들이 있습니다. 그러나 바르게 알아야 합니다. 바울이 몸이 아파서 병원에 누워 있다가 영원한 천국에 갔다는 말이 성경에 없습니다. 바울 선생도 "나이 많은 나 바울은……"(몬 1:9). 하고 자기 나이가 많은 것을 이야기한 일이 있습니다. 그러나 바울 선생이 나이가 많아서 젊었을 때 가졌던 그 빛나던 그리스도의 증거자로서의 능력이 쇠잔했다든지 쇠감했다는 그런 이야기가 없습니다. 늙도록 복음을 전했습니다. 하나님의 음성에 순종하여 로마에서 복음을 전하다 그는 두 번의 옥고를 치르고 그 두 번째에서 그는 참수형(목이 잘림)으로 이 세상에서의 삶을 마감하게 됩니다.

# 5부 하나님의 뜻대로 백세 장수하는 비결

## 21장 체험적인 믿음생활의 습관을 들이라.

(잠 22:6)"마땅히 행할 길을 아이에게 가르치라 그리하면 늙어도 그것을 떠나지 아니하리라"

하나님은 어려서부터 성령의 인도를 받는 신앙을 갖기를 원하십니다. 어려서 신앙의 방향을 바르게 잡는 것은 무엇보다도 중요합니다. 제가 예수를 믿고 평신도 생활도 해보고, 목사가 되어 말씀과 성령으로 영육을 치유하며 성도들을 영적으로 바꾸는 사역을 전문으로 하다가 보니 어릴 때 신앙이 너무나 중요하다는 것을 깨닫게 되었습니다. 첫째, 기독교는 공부하여 이론을 아는 종교가 아니라는 것입니다. 많은 성도님들과 자녀들이 기독교를 말씀을 알고 예배와 기도 등 의식을 행하는 종교라고 생각하는 분들이 있습니다. 기독교는 이론의 종요가 아닙니다. 살아서 역사하는 생명의 종교입니다. 말씀과 같이 자신이 변하고 가정이 변하고 세상을 변하게 하는 생명입니다.

둘째, 신앙생활을 오래하고 말씀을 많이 알면 믿음이 좋은 줄 아는 것입니다. 이것도 잘못알고 있는 것입니다. 신앙생활을 오래하고 말씀을 많이 아는 만큼 하늘의 사람으로 변해야 한다는 것입니다. 아무리 신앙생활을 많이 했어도 변화되지 않으면 무엇인가 잘못된 것입니다. 빨리 원인을 찾아 해결해야 합니다. 예수를 믿으면 성령의 역사로 예수님의 성품으로 변화되는 것입니다. 변화되지 않는 것은 율법을 듣고 말하기 때문에 변화되지 않는 것입니다. 성령이 역사하는 생명의 말씀을 듣고 말하면 반드시 변화되게 되어있습니다. 자신이 믿음 생활은 열심 있고 성실하게 오래했는데 변화되지 않는 것은 성령의 세례를 받지 않았기 때문입니다.

셋째, 문제가 있을 때 신령한 사람에게 찾아가서 상담이나 예언을 받아야 한다는 것도 잘못된 신앙입니다. 지금은 성령이 역사하는 교회시대입니다. 그렇기 때문에 자신 안에 계신 성령님에게 상담도 하고 예언도 듣고, 하나님의 음성도 들어 하나님의 뜻을 알고 따라가야 합니다. 머리로 아는 말씀을 가지고 성령의 인도를 받는 것이 아니고 성령의 음성과 보증의 역사를 보고 성령님을 따라가야 합니다. 하나님이 살아계시기 때문입니다. 살아계신 하나님의 음성을 듣고 따라가려면 하나님과 같은 영적인 상태가 되어야 합니다.

하나님과 같은 영적인 상태가 되려면 성령으로 기도를 해야 합니다. 성령으로 기도하려면 먼저 성령으로 세례를 받아야 합니다. 지금 성령이 역사하는 교회시대를 살아가는 성도들은 무엇보다도 성령으로 세례를 받는 것이 중요합니다. 성령으로 세례를 받아야 살아계신 성령의 역사로 체험하며 믿음생활을 할 수가 있습니다. 성령으로 세례를 받으려면 성령의 역사가 있는 교회에 가야 빨리 성령으로 세례를 체험하게 됩니다. 지금은 성령께서 하늘에서 임하시는 것이 아니고 성령으로 세례를 받은 사람을 통하여 전이되기 때문입니다.

넷째, 성령의 감동을 선포할 줄 알아야 합니다. 많은 성도들이 능력 있는 사람만 말씀을 선포하여 기적을 일으키는 것으로 알고 있습니다. 이는 잘못알고 있는 것입니다. 성령으로 세례를 받은 성도는 누구나 성령의 감동을 선포할 때 믿음을 보고 성령의 역사가 일어나는 것입니다. 그러므로 우리 자녀들은 '누가 능력이 있다.' '없다.'를 논하려고 하지 말고 자신이 권능 있는 사람이라는 것을 믿고 행해야 합니다. 하나님은 예수를 믿는 하나님의 자녀가 모두 권능 있는 자가 되기를 소원하십니다. 하나님은 우리를 통하여 이 땅에 하나님의 나라를 만들어 가시기 때문입니다. 우리 자녀들은 어려서부터 신앙의 틀을 바르게 해야 합니다.

다섯째, 성령으로 기도할 때 귀신이 떠나간다는 것을 알고 믿어야 합니다. 많은 자녀들이 교회에는 귀신이 없는 줄 압니다. 이는 잘못알고 있는 것입니다. 귀신은 교회에서도 역사합니다. 그렇기 때문에 성령으로 기도하라고 하는 것입니다. 성령으로 기도할 때 귀신이 얼씬도 못하기 때문입니다. 귀신은 예수를 믿고 성령으로 세례 받고 성령으로 기도하는 사람은 누구나 쫓아낼 수가 있습니다. 귀신은 능력이 있는 사람이 쫓아내는 것이 아닙니다. 성령의 권능으로 귀신이 쫓겨나가는 것입니다. 자신 안에서 성령의 역사가 일어나면 자신 안에서 역사하는 귀신이 성령의 권능에 의하여 떠나가는 것입니다. 그러므로 귀신은 성령의 역사 없이는 절대로 쫓아낼 수가 없는 것입니다. 우리 자녀들이 영적인 세계를 알아야 합니다.

왜냐하면 우리 예수를 믿는 하나님의 자녀는 영적인 존재들입니다. 영적인 사람이 영적인 세계를 모른 다면 시각장애인이나 마찬가지인 것입니다. 영의 눈을 열어 영적세계를 알고 대처해야 합니다.

여섯째, 기독교는 행위 중심의 종교가 아닙니다. 지금 기독교의 병폐가 행위중심으로 신앙생활을 하는 것입니다. 기독교는 생명의 종교입니다. 행위뿐만 아니라. 예수님과 같이 변화되어야 합니다. 열심히 하면 모든 것이 이루어진다는 것은 샤머니즘의 신앙의 잔재입니다. 샤머니즘의 신앙이 신에게 열심히 빌어서 신이 잘되게 해주기를 바라는 것입니다. 기독교는 하나님께 성령으로 기도하여 하나님이 주시는 말씀대로 행동할 때 문제가 풀어지는 것입니다. 하나님의 음성을 들으려면 성령으로 충만하여 영적인 상태가 되어야 합니다. 하나님이 영이시기 때문입니다. 그래서 성경은 성령으로 봉사하라고 하시는 것입니다. 모든 일은 성령으로 영의 상태에서 해야 영이신 하나님이 받아주시는 것입니다. 기독교는 열심히 한다고 잘되는 종교가 아니라, 말씀과 성령으로 변화되어 하나님이 기뻐하시는 심령이 되어야 잘됩니다.

일곱째, 기독교는 심령(자신 안에 있는 교회)교회를 중요하게 여기는 것입니다. 많은 성도들이 보이는 교회를 중요하게 생각합니다. 보이는 교회가 좋아야 자기가 잘되는 줄 아는 성도들도 있습니다. 하나님이 우리의 마음 안에 임재하여 계십니다. 하나님은 예수를 믿는 사람의 마음 안에 성전삼고 계십니다. 그렇기 때문에 하나님은 보이는 교회보다 사람 안의 심령교회를 중요하게 여기십니다.

교회에는 유형교회와 무형교회가 있습니다. 유형교회는 보이는 성전 교회를 말합니다. 무형 교회는 하늘나라에 있는 교회와 사람의 마음 안에 있는 교회를 말하는 것입니다. 하나님은 무형교회인 개인의 심령성전에 좌정하고 계십니다. 그렇기 때문에 심령성전이 보이는 성전보다 중요한 것입니다. 기도도 심령성전에 계신 하나님께 하는 것입니다. 우리가 하나님과 관계가 열리려면 심령에 계신 하나님과 영의 통로가 열려야 합니다. 하나님과 영의 통로가 열리게 하려면 심령에 계시는 하나님을 무시로 찾아야 합니다. 항상 하나님과 동행하며 대소사를 물어보는 것입니다. 물어보아 하나님의 뜻에 따라 일을 처리해야합니다.

잠언서 22장 6절에 보면 "마땅히 행할 길을 아이에게 가르치라"고 말했습니다. 무엇을 우리가 가르쳐야 할까요? 성경에는 마땅히 행할 바를 아이에게 가르치라고 말씀하셨습니다. 어린아이를 기르는 부모는 농심을 가지고 길러야 합니다. 자식을 낳아서 기르는 정성이 농부의 농심과 같지 않고는 훌륭한 자녀를 성장시킬 수가 없습니다. 먹을 것과 입을 옷과 살 곳만 제공하면 부모의 의무를 다했다고 생각하면 큰 잘못을 범하게 됩니다. 그 때문에 오늘날 비행청소년들을 양산하게 된 것입니다. 마땅히 행할 길을 아이에게 가르치라고 했는데 무엇이 마땅히 행할 것이겠습니까?

**첫째, 기도하는 습관이 되어야 한다**. 성령으로 기도하는 것이 습관이 되지 않으면 영-혼-육의 건강은 생각하지 말아야 합니다. 적지 않은 크리스천들이 한 때는 기도를 열심히 하며 살았지만 지금은 기도를 하지 않고 있다는 것입니다. 그 이유는 여러 가지일 것입니다. 그러나 가장 큰 이유는, 일상의 삶에서 스스로 기도하는 습관을 들이지 않았기 때문입니다. “예수께서 나가사 습관을 따라 감람산에 가시매 제자들도 따라갔더니”(눅22:39). “새벽 아직도 밝기 전에 예수께서 일어나 나가 한적한 곳으로 가사 거기서 기도하시더니”(막1:35).

기도의 습관을 들이신 대표적인 분이 바로 예수님이십니다. 예수님은 기도의 습관을 들여서 틈만 나면 사람들을 피해 한적한 곳에 가서 기도하셨습니다. 예수님은 거처할 장소 가 없이 광야에서 쉬기도 하시고 기도도 하셨습니다. 그런데 기도할 곳이 없어 기도를 못한다거나, 기도할 시간이 없어 기도하지 못한다고 변명을 하는 게 말이 되겠습니까? 예수님 주변에는 항상 수많은 사람들이 따라다녔기에, 혼자 있을 시간과 조용한 장소도 찾기 어려우셨기 때문입니다.

규칙적으로 기도하는 습관을 들이지 못한 이유는 의지가 약한 탓만은 아닙니다. 많은 이들이 새벽기도회에 나가고 있지만, 특정장소에서 기도하는 습관은 좋은 습관이 아닙니다. 쉬지 않고 기도하는 습관은 특정한 장소에서 할 수 없습니다. 방해받지 않은 장소이면서 가장 많은 시간을 보내는 곳이 바로 자신의 집입니다. 그러므로 자신의 집에서 기도하는 습관을 들여야 합니다. 그러나 우리네 교회에서는 교회중심의 신앙생활을 강조하기 때문에, 기도조차도 교회에 나와야한다고 가르치고 있습니다. 이런 나쁜 가르침 때문에 쉬지 않고 기도하는 습관을 들이지 못하고 있습니다.

또한 기도하는 내용도 성경적이 아니기 때문에 하나님과 동행하는 삶을 누리지 못하고 있습니다. 기도란 하나님으로부터 무엇을 뜯어내는 수단이 아니라, 그분과 깊고 친밀하게 교제하는 통로입니다. 그러므로 하나님이 가장 기뻐하시는 기도는 무시로 하나님의 이름을 부르고 간절히 찾아야합니다. 그런 기도를 일상의 삶에서 쉬지 않고 하는 습관을 들이는 것이 성경적인 기도입니다.

이처럼 많은 이들이 기도의 습관을 들이지 못하는 이유는 성경적인 기도가 아니기 때문입니다. 하나님이 기뻐하시는 기도를 하였다면, 놀라운 능력과 기도응답은 물론 평안과 기쁨이 넘쳐나는 은혜를 경험하기 때문에 다시는 놓치고 싶지 않을 것입니다. 그러나 자기만족과 자기의 의를 드러내는 기도습관뿐이라면, 기도가 아니라 고단하고 팍팍한 노동일 수밖에 없습니다. 그래서 시간이 지나면 슬그머니 꼬리를 내리는 것입니다.

한 때는 능력 있는 기도로서 하나님의 은혜를 경험하고 성령 충만한 기쁨을 누렸던 사람들이 기도를 쉬고 있는 이유는, 성령과 깊고 친밀한 기도의 습관을 들이지 않았기 때문입니다. 기도를 쉬는 것은 영혼이 죽어있다는 증거입니다. 영혼이 죽어있기 때문에 기쁨과 평안을 잃고 고단하고 팍팍하게 살아가고 있습니다. 이들의 종착역은 지옥의 불길입니다. 그렇기에 세상에서 가장 불쌍한 사람이, 신앙생활을 열심히 하고 기도도 열정적으로 하였지만 하나님으로부터 버림받은 사람일 것입니다. 그 사람이 바로 성령과 교제하는 기도의 습관을 들이지 못한 사람입니다. 이런 사람이 영-혼-육이 건강할 이유가 없습니다. 건강은 영혼에서 시작이 되기 때문입니다.

**둘째, 예배드리는 습관이다**. 예배의 습관은 하나님의 은혜를 얻는 거룩한 습관입니다. 예배하는 습관은 아주 좋은 거룩한 습관입니다. 습관이라는 말이 부정적으로도 쓰이기 때문에 기도하는 습관 예배하는 습관이라고 말하면 오해의 소지가 있어 보입니다. 그러나 습관적인 기도와 기도의 습관은 다릅니다. 마찬가지로 습관적인 예배와 예배의 습관은 다릅니다. '습관적인'이라는 말은 기도와 예배를 습관적으로 의미 없이 한다는 부정적인 의미가 있지만, '습관'은 기도와 예배를 늘 한다는 긍정적인 의미가 있습니다. 예배의 습관은 깊은 체험을 얻게 합니다. 하나님의 강복을 받습니다.

1) 아브라함은 이사할 때마다 '예배드리는' 거룩한 습관이 있었습니다. 삶의 장막을 옮길 때마다, 자신의 삶의 근거지를 옮길 때마다, 하나님께 번제를 드렸습니다. 창세기 12장 7~9절에 보면 "여호와께서 아브람에게 나타나 이르시되 내가 이 땅을 네 자손에게 주리라 하신지라 자기에게 나타나신 여호와께 그가 그 곳에서 제단을 쌓고, 거기서 벧엘 동쪽 산으로 옮겨 장막을 치니 서쪽은 벧엘이요 동쪽은 아이라 그가 그 곳에서 여호와께 제단을 쌓고 여호와의 이름을 부르더니, 점점 남방으로 옮겨갔더라." 아브라함과 같이 예

배드리는 것이 습관이 된 성도는 영-혼-육이 건강하지 말라고 해도 건강한 성도입니다. 우리는 어려서부터 예배드리는 것이 습관이 되게 해야 합니다.

2) 엘가나와 한나는해 마다 실로에 올라가서 하나님께 '예배하며 제사하는' 거룩한 습관이 있었습니다. 이들은 사무엘을 얻었습니다. 사무엘의 부모들은 임신을 하지 못해서 슬픔에 가득 차 있으면서도 해가 바뀌면 하나님께 예배하고 제사하였습니다. 사무엘상 1장 1-3절에 이렇게 말씀하고 있습니다. "에브라임 산지 라마다임소빔에 에브라임 사람 엘가나라 하는 사람이 있었으니 그는 여로함의 아들이요 엘리후의 손자요 도후의 증손이요 숩의 현손이더라. 그에게 두 아내가 있었으니 한 사람의 이름은 한나요, 한 사람의 이름은 브닌나라, 브닌나에게는 자식이 있고 한나에게는 자식이 없었더라. 이 사람이 매년 자기 성읍에서 나와서 실로에 올라가서 만군의 여호와께 예배하며 제사를 드렸는데 엘리의 두 아들 홉니와 비느하스가 여호와의 제사장으로 거기에 있었더라." 예배드리는 습관이 참으로 중요합니다. 예배를 통하여 하나님의 은혜를 받아 영-혼-육의 건강을 유지할 수가 있기 때문입니다. 예배를 통하여 모든 것을 채울 수가 있습니다. 영적인 것을 잘 몰라서 예배를 등한히 하는 것입니다. 영적인 진수를 아는 성도는 절대로 예배를 등한히 하지 않습니다. 우리 충만한 교회 성도들은 예배에 빠지지 않습니다. 예배를 통하여 자신의 부족한 모든 것을 채움 받기 때문입니다. 체험을 했기 때문에 예배드리는 습관이 된 것입니다.  예배를 통하여 영-혼-

육의 양식을 공급받아 풍성하고 건강하게 지낼 수가 있는 것입니다. 성도는 주일 예배를 통하여 한 주간 동안 세상을 살아갈 수 있는 하늘의 양식을 공급받는 것입니다.

**셋째, 말씀을 묵상하는 습관이 중요하다**. 예수 믿었으면 복 받은 것입니다. 그런데, 복은 열매를 맺는 것이랍니다. 잎사귀는 늘어나는데, 열매가 없으면 그것은 제대로 되는 것 아닙니다. 껍데기만 있는 것 아닙니다. 복 있는 사람은 말입니다. 그렇다면 복 있는 사람은 어떻게 사는 사람입니까? '오직 여호와의 율법을 즐거워하여 주야로 그것을 묵상하는 자로다.' 오직은 반드시 그것을 지나가야 한다는 것입니다. 바로 하나님의 말씀을 묵상하는 삶입니다.

내재화된 가치관만이 사람을 변화시킵니다. 말 안 듣는 애들은요. 야단치고 나면 2,3일은 통합니다. 하지만, 그 이후에는 안 됩니다. 그것이 내재화되지 않았기 때문입니다. 그것을 계속 반복하면 가능합니다. 젊은이들이 군대에 가면 아침에 6시에 기상하려면 정말 힘이 듭니다. 처음에는 죽을 것 같은데, 나중에는 가능합니다. 몸에 배어버립니다. 더 이상 고참병들이 몽둥이를 들지 않아도 자연스럽게 됩니다. 그런데 어떻습니까? 제대하고 한 달 정도 지나고 나면, 다른 가치관이 내재화되기 시작합니다. 그러면 이제는 6시에 일어나지 않습니다.

내재화 되면 힘이 생기기 시작합니다. 내 속에서 영적인 삶의 힘이 일어납니다. 그리고 주위에 있는 사람에게서 이야기가 들립니다. '말에 힘이 있다. 교회 가고 싶다.' 그런 말들이 들리기 시작합니다. 핵심은 진리를 내면화 시키는 것입니다. 그것을 통해서 변화되는 것입니다. 설교 한편 읽고 나면 묵상해야 됩니다.

공부할 때도 마찬가지입니다. 진도 나가고 나서 그대로 덮어버리면 아무것도 남지 않습니다. 그런데 그것을 다시 한 번 돌아봐야 됩니다. 그렇게 되면 안 까먹습니다.

어떻게 마르지 않는 나무가 가능합니까? 마르지 않는 샘물, 시냇가에 뿌리를 내려야 나무가 안 마르지요. 물이 없으면 마를 수밖에 없잖아요. 그 마르지 않는 시냇가가 어디입니까? 바로 하나님의 말씀입니다.

부자가 아니어도 풍성한 삶이 있는데, 부자이어도 풍성한 삶이 없을 수 있습니다. 돈 많은 사람이 왜 바람 피우고, 자살합니까? 말씀의 은혜가 말라버린 겁니다. 무엇으로 자신의 공간을 채워야 하는지를 몰라요. 그러니까 바람도 피워보고, 술도 먹어보고, 쇼핑도 해보고 그러는데도 풍성함이 없어요. 말씀이 내 안에 말라버렸기 때문입니다.

내 안에 말씀이 올 때, 삶이 풍성해 지는 것입니다. 만약 목사인 제가 말씀을 매일 묵상하여 풍성해지지 않으면 목사직이 돈벌이밖에 되지 않습니다. 얼마나 누추해 지겠어요? 다른 것으로 채워지지 않으니까 엉뚱한 것으로 자꾸 채우려고 하는 것입니다. 절대로 채워지지 않습니다. 어떻게 해야 된다고요? 말씀으로 뿌리를 내려야 합니다.

시냇가에 심기 워야 합니다. 물과 자양분을 잘 얻도록 그 근처에 있어야 합니다. 우리는 주일 설교를 듣고, 수요일에 똑 같은 설교 안 합니다. 다른 설교를 합니다. 성도들은 설교를 듣고 되새김해야 합니다. 매일매일 이것을 해야 합니다. 이것을 소홀히 하면 안 됩니다. 믿음이 안자랍니다. 형식을 갖추라는 이야기가 아닙니다. 붙들고 씨름을 해야 합니다. 내 안에 맺힐 때가지 해야 합니다. 그때 능력이 나타납니다.

묵상하는 삶은 정상적인 그리스도인의 삶입니다. 묵상을 통해서만 내가 깨달은 가치를 내면화 시킬 수 있다고 했습니다. 도덕률도 윤리도 절대로 내 것이 되지 않습니다. 아무리 좋은 말씀을 들어도 변화되지 않습니다. 내 안에 내재화 될 때만 변화가 됩니다. 또 묵상하는 삶은 풍성한 삶이라고 했죠? 시냇가에서 자양분을 당기지 않기 때문에 풍성함이 없다고 했습니다. 말씀이 뿌리를 통해 들어와서 내 안에 자리를 잡으면 열매를 맺게 되는 것입니다.

묵상하지 않으면 영이 죽습니다. 영이 죽으면 영-혼-육에 문제가 생기기 시작을 합니다. 그래서 '말씀이 없이는 아침이 없다.'라는 말을 믿음의 선진들이 강조했습니다. 성경 묵상도 안하고, 담대하게 식사하시는 분들…. 묵상하는 삶은 정상적인 삶입니다. 우리가 밥을 먹는 것을 보고 위대한 삶이라고 하지 않습니다. 말씀 묵상하는 것 정상적입니다. 모든 그리스도인들은 말씀을 묵상해야 합니다. 그것이 없으니까 믿음의 증거가 나타나야 합니다.

**넷째, 영적건강 상태의 검진을 습관화하라**. 건강할 때 건강을 지켜야 합니다. 예방 건강하라는 말입니다. 필자는 참으로 안타까운 전화를 많이 받습니다. 목사님! 저희 어머니는 젊었을 때 노방전도도 열심히 하셨고, 교회에서 기도도 봉사도 열심히 하셨습니다. 그런데 갱년기에 들어서니 점점 영적인 상태가 좋지 못하시다가 지금 치매가 와서 요양원에 계십니다. 목사님! 저의 어머니를 치유할 수 있을 까요? 다른 사정은 우리 딸이 어려서부터 믿음이 좋아서 교회를 그렇게 잘 다녔습니다. 그런데 고등학교에 들어가더니 시름시름 아프다가 지금 영적이고 정신적인 문제가 발생하여 학교를 다니지 못합니다. 어찌해야 하겠습니까? 모두가 정기적인 영적검진을 받지 않아생긴 일입니다. 영적검진을 받았으면 사전에 예방이 가능한 질병입니다. 예방신앙이 정말로 중요합니다.

필자가 몇 년 전에 평생 한 번도 해보지 못한 종합건강검진이라는 것을 자의 반, 타의 반 하게 되었습니다. 그러면서 종합검진이 적게는 이 십 만원에서 많게는 수백 만 원이 든다는 것을 알게 되었습니다. 비싼 이유는 더 정밀하게 검진할수록 비용이 많이 드는 것이기 때문입니다. 비용이 부족해 가장 싼 기초건강검진을 하였지만, 눈에 보이지 않는 병을 찾기 위해 엑스레이를 찍고, 초음파를 하고, 약물까지 투여하여 속을 살피고, 피를 뽑고 혈압도 재고, 키와 몸무게도 재고, 그 과정들을 지나면서 영적 건강도 검사를 받아 보아야겠다고 생각하게 되었습니다.

그래서 우리 충만한 교회는 매주 주일날 영적검진을 합니다. 필자는 영적검진을 아주 중요하게 생각하기 때문에 주일날 성령으로 충만한 상태에서 필자가 일일이 안수하면서 영적상태를 점검합니다. 그래서 영육의 문제를 사전에 발견하여 치유 받도록 합니다. 그래서 성도는 주일날이 아주 중요한 것입니다.

고후13:5에는 "너희는 믿음 안에 있는가. 너희 자신을 시험하고 너희 자신을 확증하라 예수 그리스도께서 너희 안에 계신 줄을 너희가 스스로 알지 못하느냐 그렇지 않으면 너희는 버림받은 자니라."라고 말씀 하고 계십니다. 믿음 안에 있는가? 영적검진을 받아야 할 사람은 다른 사람이 아닌 각자 자신인 것입니다.

영적 건강 검진을 받아야 할 사람은 "나" 자신인 것입니다. 뜻대로 사는가를 살펴야 할 것은 다른 사람이 아닌 바로 나 자신인 것입니다. 간혹 그런 사람들이 있습니다. 다른 사람들의 건강 검진을 받는 일에는 꼭 해야 한다고 하면서…. 정작 자신은 병원에 가기 싫어서, 또는 병이 있다는 진단을 받을 까 무서워서 건강검진을 안하는 사람들입니다. 영적인 건강 검진은 다른 사람이 받아야 하는 것이 아니고, 우리 각자 자신이 받아야 하는 것입니다. 육신의 몸이 건강해야 자유로운 것처럼, 영적으로 건강해야 하나님이 우리를 자유롭게 사용하시고 그 안에 거하실 것입니다. 미리미리 검사하여 병을 예방하고, 병이 나도 초기에 발견하면 쉽게 치유되는 것처럼, 영적 건강검진도 미리미리 검진하여 영적인 병을 막아야 합니다.

## 22장 독대하는 훈련을 통하여 건강하게

(고전 2:10-11)"오직 하나님이 성령으로 이것을 우리에게 보이셨으니 성령은 모든 것 곧 하나님의 깊은 것까지도 통달하시느니라. 사람의 일을 사람의 속에 있는 영외에 누가 알리요 이와 같이 하나님의 일도 하나님의 영외에는 아무도 알지 못하느니라."

하나님께서 원하시는 성도가 되려면 하나님과 자신과 둘만의 독대 시간을 많이 보내야 합니다. 내면을 강하게 하려고 해도 독대하는 시간을 많이 가져야 합니다. 하나님께 질문하고 답변을 듣고, 기도하는 시간을 많이 가져야 하나님께서 원하시는 영성의 성도가 됩니다. 다윗과 같이 둘만의 시간을 많이 보낼 때 하나님과 교통할 수 있는 성도가 됩니다. 그런데 사람은 사회적인 성향을 가지고 있기 때문에 본능적으로 혼자 있기를 원하지 않습니다. 그러나 성숙한 그리스도인이 되기 위해서는 반드시 이 과정을 거쳐야 합니다.

홀로 있기는 광야 학교의 따돌림이나 배척의 학교에서 우리의 인격을 다듬고 주의 음성을 듣기 위해서 필수적으로 거치는 과정입니다. 사역의 질과 폭이 클수록 긴 세월 동안 격리됩니다. 바울은 14년간의 아라비아 훈련으로 인해서 예루살렘은 물론이거니와 고향 다소에서도 사라진 사람이 되었습니다.

다메섹에서의 극적인 변화를 경험한 뒤에 이 소문으로 인해서 사람들의 관심을 사게 되었고 그는 예루살렘 교회에서 간증을 하였으며, 사람들은 호기심으로 몰려와서 바울을 보았습니다. 그러나 이 일은 곧 시들해지고 그는 사람들의 기억에서 서서히 사라져 갔습니다. 오늘날에도 역시 이와 같이 잠깐 반짝하다가 우리의 시야에서 사라지는 스타들이 많지요. 계속 사람들에게 영향을 줄 수 있는 내용을 보여주지 못하면 사람들은 그들을 더 이상 필요로 하지 않고 외면하게 됩니다. 처음 능력을 받아서 사람들에게 관심을 사던 사역자가 그 능력이 신통하지 않자 사람들은 그를 더 이상 찾지 않게 됩니다. 그렇게 되면 그는 사람들의 기억에서 사라지게 되는 것이지요.

대부분의 크리스천은 처음 능력을 받으면 2~3년간의 시험기간이 주어집니다. 이 기간은 크리스천이 주어진 능력을 가지고 사역을 계속할 수 있기 위해서 능력을 인식하고 하나님의 뜻을 구별하는 기간입니다. 예외적으로 '복음 전하는 자'로 부르심을 받은 사람은 그 사람이 자신의 역할을 이해하든지 못하든지 상관없이 강력한 능력으로 역사합니다. 그들의 인격이나 영적 성숙과는 상관없이 강하게 역사하시며 일생 그런 역사가 계속 되는 것입니다.

능력을 받은 사람도 역시 인격이나 영적 성숙과는 상관없이 능력이 주어집니다. 그러나 이런 사람들은 2~3년의 기간 동안 자신에게 주어진 능력이 어떤 의미로 주어진 것이며, 이 능력을 통해서 하나님에게 어떻게 헌신해야 하는지를 파악하여야 하며, 영적으로 성숙하고 인격이 다듬어져서 온전한 크리스천으로 서가야 합니다. 이런 노력이 없으면 그는 그 능력의 자리에서 유보되며, 심한 경우 취소

되기도 합니다. 탈진에 빠지기도 합니다. 그러나 기도하면 여전하게 능력이 나타날 수가 있습니다.

하나님은 부르심에 후회가 없는 분이시기 때문입니다. 우리의 연약함과 부족함을 알고 불러내셨고 부르심을 받은 사람에게 그에 합당한 훈련을 시키는 것이지요. 그 훈련의 한 과정으로서 홀로 있기가 있는 것입니다. 홀로 있기 과정에 들어가는 사람은 그의 능력이 점차로 소멸되는 것을 느낍니다. 능력이 점차로 약화됨에 따라 심각한 고민을 하게 됩니다. 자신의 죄 때문인지, 불순종한 것이 있지나 않은지 등을 살펴봅니다. 그리고 회개도 하고 부르짖어 능력이 다시 충만해지기를 간구합니다.

받은 능력이 소멸되는 것이 당사자에게는 얼마나 큰 충격인지 모릅니다. 없을 때는 아무렇지도 않지만 있다가 없어지면 마치 하나님으로부터 버려진 것 같은 느낌을 받습니다. 그런데 그 능력이 전혀 없어진 것이 아니라 상당히 약해진 것을 느낍니다. 전 같으면 충분히 처리할 수 있었던 문제인데 제대로 되지 않습니다. 능력이 사라진 것인가 하고 의심하고 있는데 간혹 강력한 능력이 나타납니다.

그래서 혼란스러워집니다. 사라진 것도 아니고 나타나는 것도 아닌 어정쩡한 상태가 계속되면서 차츰 사람들의 관심에서 멀어지게 됩니다. 더 이상 자신을 필요로 하지 않는 것이지요. 물론 자신에게 아직도 능력이 있는데 말입니다.

이렇게 잊어버리는 과정이 홀로 있기의 훈련입니다. 홀로 있게 되면 우리는 하나님을 심각하게 생각하게 되고 자신의 사역을 깊이 있게 돌아보게 되며, 능력이 도대체 무엇인가 라는 철학적인 질문을 하게 됩니다. 이런 질문을 통해서 자신에게 주어진 능력의 의미를 깨닫게 됩니다. 이 과정에서 한 차원 깊은 영성 있는 지도자를 만나거나 경건한 서적을 통해서 사역의 의미를 알게 되고 지도도 받게 되는 것입니다. 마치 엘리사가 엘리야를 만나는 것과 같습니다. 이런 교육 과정을 교회가 제도적으로 구성하여 능력을 받은 사람이 혼란을 겪지 않고 훌륭한 전문 교육을 받을 수 있도록 해야 하는 데, 우리 현실은 아직 이 부분에 대한 이해가 부족하여 받은 사람이 알아서 하라는 식입니다. 그리고 그들이 잘못하면 핀잔을 주고 비판하며 능력을 싸잡아 폄하합니다.

홀로 있기 과정에서 우리는 하나님의 친밀함을 경험하게 됩니다. 사실 이 과정은 우리가 하나님의 음성을 듣는 귀한 시간입니다. 오로지 하나님 한 분만 간절히 바라보기란 쉬운 일이 아닙니다. 영적인 전문 사역자가 되면 사역에 빠져 하나님을 제대로 바라볼 여유가 없이 바쁩니다. 무엇 때문인지도 모르고 그저 바쁩니다. 일이 우리와 하나님 사이를 갈라놓습니다. 예수님은 바쁘신 사역 가운데에도 홀로 한적한 곳에서 오래 머무시면서 하나님과 친밀한 관계를 유지했습니다. 홀로 있기는 이런 친밀함이 얼마나 소중한 것인지를 발견하는 과정이기도 합니다.

하나님의 계시와 환상은 주로 홀로 있을 때 주어지기 때문에 사역자는 홀로 있기에 익숙해야 합니다. 주님도 제자들과 함께 산에 올라 기도하였지만 제자들과는 어느 정도 거리를 두고 홀로 있었습니다. 그러나 이런 홀로 있기를 이해하지 못한 제자들은 산에 올라가서도 뭉쳐있었지요. 영적으로 성숙하지 못한 사역자들은 홀로 있지 못합니다. 기도회에 와서도 삼삼오오 뭉쳐서 잡담을 합니다. 경건한 은혜의 이야기 보다는 세속적인 대화가 많습니다.

홀로 있기를 통해서 말씀을 깊이 묵상하고 자신에게 주어진 소명을 다시 새기는 기간이 되어야 합니다. 홀로 있기를 위해서 잠시 능력이 소강상태에 빠진 것을 하나님이 능력을 거둔 것으로 오해하고 사역을 접는 사람들이 간혹 있습니다. 많은 목회자들 가운데 능력을 받은 것이 계기가 되어 신학을 하고 목회자가 된 사람들이 있습니다. 이런 사람들은 대부분 자신에게 주어진 능력은 자신을 목회자로 세우기 위해서 잠시 주신 은혜일뿐이라고 여깁니다.

소명을 인식하고 그 길로 들어섰기 때문에 이제 더 이상 능력이 필요 없어서 하나님이 거두신 것이라고 말합니다. 그러나 이 말은 절대로 올바른 것이 아닙니다. 이런 말은 성경의 어느 곳에서도 구체적으로 지지하는 부분이 없습니다. 오히려 우리는 권능이 임하면 능력을 받아서 땅 끝까지 복음을 전하게 됩니다.

목회자가 되어도 받은 능력이 소멸되지 않고 오히려 더 강하게 역사하는 분들이 많지 않습니까? 목회자가 된 이후에 능력을 받아 능력사역을 하는 분들도 많습니다. 이런 말은 자신의 불찰과 무지를 변명하는 것에 지나지 않습니다. 하나님은 주신 능력을 좀처럼 거두시는 일이 없습니다. 거듭 실수를 하는데도 좀처럼 거두어들이지 않습니다. 이것은 7번씩 70번이라도 용서하시고 오래 참으시는 하나님의 본성 때문입니다. 사람들이 모두 잘못 됐다고 비난해도 능력은 여전히 나타납니다. 그 사역자에 대해서 하나님은 길이 참으시면서 그가 온전한 사역자로 거듭나기를 기다리고 계시는 것입니다.

2~3년 내에 서서히 능력이 약화하는 것은 그 예비 사역자의 인격을 다루시고 주님의 온전한 능력 사역자로 세워지게 하시는 주님의 훈련으로 들어가는 과정임을 인식하여야 합니다. 이 과정을 올바르게 통과하면 인격이 온전해지고 성숙된 사역자로 세워질 것입니다. 홀로 있는 동안 주의 음성을 들으십시오. 바울은 이런 기간을 통해서 다듬어져 위대한 사도가 된 것입니다. 우리도 이런 과정을 거쳐 온전한 사역자가 되어야 할 것입니다.

홀로 있는 훈련 광야의 학교는 외로움의 학교입니다. 깊이 있는 영성을 소유하기 위해서는 이 외로움이라는 학교에 입학하지 않으면 안 됩니다. 토저는 "이 세상에서 위대한 사람들은 대부분 외로웠다. 외로움이란 성도가 자신의 성스러움을 위해 지불해야 하는 대가인 것 같다"고 말했습니다.

그러면 왜 하나님은 성도에게 외로움을 통과하게 하실까요? 홀로 있을 때 성도는 하나님을 만날 수 있고, 자신을 돌아볼 수 있기 때문입니다. 자신을 성찰하는 것은 아름다운 것입니다. 자신의 성찰을 포기한 사람은 인간됨을 포기한 것입니다. 홀로 있는 시간에 하나님은 하나님 자신을 보여 주시고, 우리 자신을 깊이 성찰하게 하십니다.

헨리 나우웬은 외로움과 고독을 구분했습니다. 단순히 홀로 있음과 고독을 구분했습니다. 외로움을 '광야'로, 고독을 '동산'으로 묘사합니다. 외로움이라는 광야를 아름다운 꽃이 피고 풍성한 열매를 맺는 동산으로 변화시키는 것을 고독으로 보았습니다. 고독은 단순한 외로움이 아닙니다. 고독은 하나님 앞에 있는 것입니다. 고독은 하나님과 함께 있는 것입니다. 외로움은 고통스러운 것입니다. 그러나 고독은 하나님과의 깊은 친교 속에 들어가는 것입니다.

나우웬은 "외로움으로부터 고독으로 가는 움직임이 모든 영적인 삶의 시작이다"라고 말했습니다. 하나님 앞에 홀로 있는 시간을 가져야 합니다. 고독은 축복입니다. 고독은 하나님의 은혜의 시간입니다. 홀로 있음을 두려워 마세요. 토저는 말합니다. "큰 독수리는 홀로 날아간다. 큰 사자는 홀로 사냥한다. 위대한 사람은 홀로 간다." 하나님은 하나님과 함께 가며 홀로 있음을 즐거워하는 사람을 찾으십니다.

하나님은 모세로 하여금 백성들과 함께 있게 하시기 전 광야에서 홀로 있게 하셨습니다. 홀로 있음이 목표가 아닙니다. 함께 있게 하기 위해 홀로 있게 하십니다. 디트리히 본회퍼는 "홀로 있지 못하는 사람은 공동생활을 조심하도록 하라. 공동생활 속에 있지 않은 사람은 홀로 있기를 조심하도록 하라."고 말합니다.

또한 그는 "홀로 있지 못하는 사람과의 친교는 공허한 말과 감정에 빠지게 하고, 친교 없는 홀로 있기를 추구하는 사람은 공허한 깊은 구렁과 자기도취와 절망에 빠진다."라고 말했습니다. 균형을 이루어야 합니다.

오늘 우리에게 모세와 같은 광야는 없습니다. 광야는 단순히 특정 장소를 의미하는 것은 아닙니다. 홀로 있을 수밖에 없는 고난의 현주소요, 내적 상태일 수 있습니다. 하나님은 바로 그 곳에서 우리를 만나시기 원하십니다. 함께 있기 위해 홀로 있고, 홀로 있기 위해 함께 있어야 합니다.

하나님은 사람을 의식하지 않고 하나님만 의식하도록 홀로 있기 훈련을 하십니다. 예수님은 제자들에게 사람의 미혹을 받지 않도록 주의하라고 하셨습니다(마24:1-7). 예수님께서 사람의 미혹을 받지 않도록 주의하라는 말씀의 뜻은 보이는 사람을 의식하다가 보면 보이지 않는 하나님을 볼 수가 없기 때문입니다. 홀로 있기 훈련을 시키시는 이유는 보이지 않는 자신 안에 주인으로 성전에 계시는 하나님께 집중하라는 뜻입니다. 그리하여 하나님 한분으로 만족하는 믿음이 되어야 하기 때문입니다. 예수를 믿고 교회에 들어와 믿음생활을 해도 자신 안에 주인으로 계시는 하나님을 의식하지 못하는 분들이 있습니다. 눈에 보이는 능력자들을 의지하고 그분들에게 마음을 빼앗겨서 능력자에게 무엇을 얻으려고 쫓아다닙니다. 그러니 자신 안에 계시는 하나님으로부터 아무것도 받아 누릴 수가 없는 것입니다. 사람을 따라다니면서 사람에게 무엇을 얻을까 하다가 얻지 못합니다. 그러다가 아~ 보이는 능력 있는 사람에게 얻을 것이 없구나, 깨닫고 자신 안에 하나님께 관심을 가지게 됩니다.

독대하는 훈련은 엘리야를 생각하면 쉽게 이해할 수가 있습니다. 엘리야가 갈멜산에서 바알의 제사상 450인과 아세라 선지자 400인과 갈멜산 정상에서 영적대결을 청하여 여호와만이 하나님이심을 증명해 보이고, 큰 승리를 거두게 되었습니다. 승리의 기쁨도 얼마 가지 않아 이세벨의 편지를 받고 탈진에 빠집니다. 그런데 하나님과 일대일 관계를 통하여 회복하게 됩니다. 이렇게 독대훈련은 중요합니다. 하나님께서 탈진에 빠진 엘리야를 회복시키시는 5가지 과정이 있으셨습니다.

첫째로 잠을 자며 쉬어야 합니다. 본문 5절에 "로뎀나무 아래 누워 자더니"가 나옵니다. 엘리야가 마음으로 기도하다가 잠을 자는 것입니다. 절대로 잠만 자는 것이 아닙니다. 마음으로 기도하며 영육이 쉼을 갖는 것입니다. 사람은 낮에 활동 할 때 혈압이 올라가고 몸의 균형이 깨지는데 8시간 이상 잠을 자므로 자율신경이 균형을 잡아 건강해 집니다. 또한 잠을 충분히 자야 면역 기능이 향상되어 병균을 이길 힘도 생기고 스트레스(Stress)도 날려 버립니다.

둘째로 먹는 것입니다. 본문 5절에 "천사가 어루만지며 이르되 일어나서 먹으라 하는지라"가 나오고 호렙에 이르러 두 번 먹었다는 기록이 나옵니다. 사람은 영적 존재이고 육체의 존재여서 몸과 영혼은 떨어 질 수 없습니다. 크리스천은 영-혼-육이 균형이 잡혀야 합니다. 한쪽으로 치우치면 문제가 발생합니다. 전인격을 성령께서 지배해야 합니다. 우리는 세상 것으로 만족하지 말고 하나님께서 주시는 것을 먹어야 합니다. 엘리야는 하나님께서 주시는 것을 먹었습니다. 예수님은 낙심한 제자들에게 갈릴리 바닷가에서 구운 생선과 떡을 먹이셨고, 엠마오에서 십자가 죽음을 보고 낙심한 제자들에게 떡을 떼시며 위로해 주셨습니다.

셋째로 어루만짐 입니다. 본문 5절 중반에 "천사가 어루만지며", 7절에 "여호와의 사자가 또다시 와서 어루만지며"가 나옵니다. 주님께서 안수를 통하여 잠재의식의 스트레스를 처리하고 소진한 영적능력을 충전한 것입니다. 엘리야가 로뎀나무 아래서 잠 잘 때 하나님의 사자가 그를 어루만졌습니다. 이는 안수로 영적충전과 스트레스를 정화했다는 말입니다. 힘들고 아파하는 사람은 말보다 안수하여 영적충전과 스트레스를 정화하면 새 힘을 얻게 됩니다. 동물들 뿐 아니라 사람들도 어루만짐(skin ship)을 통해 영적충전과 스트레스 해소와 위로를 느낍니다.

넷째로 부드러운 말씀의 위로입니다. 탈진을 극복하는 최고의 치료제입니다. 본문 9절 "엘리야가 그 곳 굴에 들어가 거기서 유하더니 여호와의 말씀이 저에게 임하여 이르시되 엘리야야 네가 어찌하여 여기 있느냐", 13절에 보면 "엘리야야 네가 어찌하여 여기 있느냐"라고 하시면서 하나님이 부드러운 터치로 엘리야에게 위로해 주시는 내용이 나옵니다. 하나님은 우리를 몽둥이로 때리시고, 쫓아다니며 심판하시고 골탕 먹이시는 분이 아니라 인자와 자비로 우리를 이끄시는 분이십니다. 필자도 하나님의 음성을 듣고 탈진이 해소되기 시작을 했습니다.

다섯째로 두 번째 기회를 주시는 소명(Calling)입니다. 하나님께서 함께 하심을 알려주십니다. 혼자가 아니라는 것을 확인 시키십니다. 하나님은 굴에 숨어 있는 엘리야에게 "너는 돌이켜 하사엘과

예후에게 가라! 엘리사에게 기름을 부어 일하게 하라!"고 명령하십니다. 우리는 하나님의 일을 하다가 그만두고 싶은 마음이 있고 탈진이 되어 다 놓고 싶어집니다. 그럼에도 하나님은 우리에게 돌이킬 수 있는 두 번째 기회를 주십니다.

엘리야는 하나님을 독대하여 영력을 회복하게 됩니다. 호렙산(시내 산)은 모세가 하나님을 만난 장소이고, 하나님의 계명을 받은 곳이고, 이스라엘의 선조들이 하나님의 임재 앞에서 하나님을 성실하게 섬기겠다고 언약을 체결했던 거룩한 곳입니다. 즉 호렙 산은 하나님이 이스라엘 백성에게 자신을 처음으로 드러내 보이셨던 곳입니다. 하나님은 호렙 산의 동굴에 있던 엘리야에게 말씀하십니다. "엘리야야 네가 어찌하여 여기 있느냐(왕상 19:9)"

이 질문에서 핵심은 '여기'라는 부분입니다. 하나님은 엘리야에게 허락하신 사명지인 이스라엘을 떠나 도망하여 여기 호렙 산에 있는 이유를 질문함으로 엘리야에게 자신의 현주소를 다시 생각해보고 자기의 사명을 다시 붙잡게 하려고 한 것으로 보입니다. 탈진한 예언자는 하나님께 자기중심적인 불평을 터뜨리며 오직 사태의 어두운 면만을 주시하고 있습니다. "오직 나만 남았거늘 그들이 내 생명을 찾아 빼앗으려 하나이다(왕상 19:10)"

엘리야의 탄식에는 하나님에 대한 무언(無言)의 비난이 서려 있습니다. 그러나 하나님은 엘리야를 불러 당신 앞에 세웁니다. "너는 나가서 여호와 앞에서 산에 서라(왕상 19:11a)" 하나님은 탈진하여 고장 난 당신의 종 엘리야를 재소환하십니다. 하나님은 엘리야를

'리콜'(recall)하십니다. 고장 난 자동차만 리콜 대상이 아니라, 탈진한 인간도 리콜 대상이 됩니다. 영적 탈진에 빠진 사람들이 보통의 말로 혹은 지금까지의 방식으로 설득되어 그들의 암울한 영적인 동굴 밖으로 걸어 나오는 일은 거의 없습니다. 하나님은 지금까지 엘리야의 사역을 이끌었던 전통적인 방식인 바람과 지진과 불이 아니라(참고 출 19:16~18), 새로운 방식인 '세미한 소리(음성)'를 통하여 그를 다시 세웁니다(왕상 19:11b~12). 영력을 충전하니 소명을 다시주십니다.

그리고 하나님은 엘리야에게 새로운 임무를 맡기십니다. 다메섹의 하사엘에게 기름을 부어 아람 왕이 되게 하고, 예후 장군에게 기름을 부어 이스라엘의 왕으로 세우고, 엘리사에게 기름을 부어 엘리야의 후계자로 삼으라는 것입니다(왕상 19:15~16). 하나님은 우상 숭배자들에게 내릴 심판을 세 가지 방식으로, 곧 이스라엘의 대적(하사엘)과 장래의 통치자(예후)와 장래의 예언자(엘리사)를 통해 집행하려고 하십니다. 엘리야의 새로운 사역은 이전 사역보다 보다 확대됩니다. 사역 영역이 국제적으로 확장되고, 국가의 최고 지도자를 교체하고, 후임자를 세움으로 엘리야 자신의 사역이 유종의 미를 거두도록 해야 합니다. 그리고 하나님은 영적 탈진으로 좁아진 엘리야의 시야를 교정하여 바알에게 무릎 꿇지 아니한 칠천 인의 동역자를 보게 합니다(왕상 19:18). 그의 제2기 사역은 더 이상 외롭지 않을 것입니다.

이어지는 열왕기상 19:19~21은 엘리야가 이스라엘로 되돌아가 엘리사를 만나 그를 후계자로 부르는 사건과 엘리사의 순종을 보여 줍니다. 엘리야는 하나님의 명령이 자기에게 구체적으로 전해지자 호렙 산에서의 쉼과 재충전의 시간을 청산하고 거기서 떠나 자기가 임해야 할 사역지로 주저하지 않고 나아갑니다. 처음 왔던 길로 되돌아가는 엘리야의 장도는 그가 그에게 새롭게 부여된 사명을 받아들였음을 통지하고, 그의 개인적 위기가 끝났음을 알려 줍니다.

하나님은 음성을 통하여 새로운 사명을 고취시킴으로써 엘리야의 영적 탈진을 치유하십니다. 엘리야의 불평을 압도하는 새로운 사명 의식의 고취가 그의 입을 막게 됩니다. 엘리야의 사역 포기와 생명 포기는 하나님의 직접적인 재위임에 의해서 극복됩니다. 하나님이 그에게 새로운 사명을 주셨을 때 의심은 끝나고 걱정은 사라집니다. 하나님은 탈진한 엘리야를 '리콜'(recall)하셔서 '리콜링'(recalling, 재소명, 제2의 소명)하심으로 그를 치유하시고 새롭게 사용하십니다. 사역 속에서 경험하게 되는 탈진과 우울증과 좌절감으로 말미암아 자기 의와 자기 연민에 빠져 영적 탈진에서 헤매는 사람이 치료받을 수 있는 최상의 방법은 새로운 사명을 발견하여 매진하는 것입니다. 하나님의 음성을 듣는 것입니다. 인간은 밥만 먹고 사는 게 아니라 의미를 먹고 삽니다. 인간은 의미 없음을 견딜 수 없습니다. 인간을 살게 하는 힘은 '의미에의 의지'입니다. '왜 사는지를 아는 사람은 어떻게든 살 수 있습니다.' 엘리야는 이때 왜 살아야 하는지를 재발견한 것입니다. 하나님과 단둘이 독대하는 훈련은 참으로 중요합니다.

# 23장 영과 진리의 예배로 내면을 강하게

(계 4:1-4/ 10-11) (계 4:10-11)"이십사 장로들이 보좌에 앉으신 이 앞에 엎드려 세세토록 살아 계시는 이에게 경배하고 자기의 관을 보좌 앞에 드리며 이르되, 우리 주 하나님이여 영광과 존귀와 권능을 받으시는 것이 합당하오니 주께서 만물을 지으신지라 만물이 주의 뜻대로 있었고 또 지으심을 받았나이다 하더라."

왜 하나님에게 예배를 드려야하느냐는 것입니다. 예배란 "예수 그리스도 안에서 자신을 계시해 주신 하나님과 그 하나님 앞에 뜨겁게 응답하는 만남의 현장"이라고 말할 수 있습니다. 즉 예배란 언제나 우리를 인도하시고, 찾아주시며, 구원해 주신 하나님의 놀라우신 사랑과 은혜에 응답하는 행위라고 말할 수 있을 것입니다. 예배를 통하여 하나님을 경배하고, 하나님으로부터 은혜와 사랑과 축복과 스트레스와 상처를 치유 받는 것입니다. 예수를 믿는 성도는 예배를 통하여 하나님이 자신의 주인이라는 것을 증명하며, 경외하고, 하나님으로부터 복을 받는 시간입니다. 모든 것이 예배를 통하여 이루어지는 것입니다.

그렇기 때문에 사단이 인간에게 예배를 받으려고 하는 기를 쓰는 것입니다. 사단이 자신을 예배하게 하기 위하여 여러 가지 이해하지 못하는 일들을 일으키는 것입니다. 이방인의 제사, 무당 굿,

법당의 법회, 이방신들을 섬기기는 자들의 예배행위, 기우제, 고사 등등이 여기에 해당이 되는 것입니다. 예배는 이렇게 중요합니다. 그래서 하나님을 경외하고 주인으로 인식하기 위하여 매주 첫날 (주님이 부활하신 날) 교회에 모여서 하나님에게 예배를 드리는 것입니다.

그러면 예배를 어떻게 드려야 하는지를 밝히 알고 행해야 합니다. 하나님은 이렇게 말씀을 하십니다. "아버지께 참되게 예배하는 자들은 영과 진리로 예배할 때가 오나니 곧 이 때라 아버지께서는 자기에게 이렇게 예배하는 자들을 찾으시느니라. 하나님은 영이시니 예배하는 자가 영과 진리로 예배할지니라"(요 4:23-24). 하나님만을 주목하는 예배, 하나님께 참되게 예배하는 것은 무엇을 의미합니까? 어떻게 드리는 예배를 가리켜 아버지께 참되게 예배하는 것입니까?

첫째로 하나님께 참되게 예배하는 자는 영으로 예배합니다. 영으로 드리는 예배가 무엇입니까? 우리가 이를 바르게 알기 위해서는 먼저 성경말씀을 바르게 알아야 합니다. 원래 헬라어 성경을 보면 24절에서 "하나님은 영이시니… 영으로 예배하라." 하는 구절의 '영'을 가리켜 '성령'(pneuma)으로 표기했습니다. 복잡하게 설명하지 않겠습니다."하나님은 영이시니." 즉 하나님은 성령 하나님이십니다.

그러므로 "영으로 예배할지니라." 즉 성령 하나님으로 예배하라는 말씀입니다. 더 쉽게 설명을 드리면 '성령의 인도함 가운데, 성령님 안에서 예배하라.'는 것입니다. 우리가 믿고 잘 알고 있듯이 하나님은 삼위일체 하나님이십니다. 성부 하나님의 고유 사역은 창조사역(계획)입니다. 성자 하나님, 예수님의 고유 사역은 구원사역(이루심)입니다. 성령 하나님의 고유 사역은 인도, 지지의 사역(알게 하심)입니다.

성부 하나님이 이스라엘 백성들과 늘 동행하셨습니다. 성자 예수님이 임마누엘의 하나님으로 우리 가운데 임재 하셨습니다. 성령 하나님이 우리들과 세상 끝날 까지 함께 하십니다. 그러므로 하나님을 가리켜 성령님이라고 하는 것입니다. 그러므로 성령님의 감동 가운데 하나님께 예배하라는 것입니다. '성령님의 감동 가운데 드리는 예배'에 대해 설명을 드리겠습니다. 예배드리는 가운데 다른 생각이 나는 것, 성령님의 감동이 아닙니다. 마귀가 방해하는 것입니다. 예배드리는 가운데 마음 속 깊은 곳에서 솟아나오는 기쁨은 성령님의 감동입니다. 그렇게 성령님이 주시는 감화와 감동 가운데 예배드리라는 것입니다. 예배 찬송을 부르는데 주님의 은혜가 감사하여 눈물이 흐릅니다. 성령님의 감동입니다. 찬송을 크게 부르고 싶은데 주위 사람들이 신경이 쓰입니다. 성령님의 감동이 아닙니다. 사람을 의식하는 인본주의 행위입니다. 설교말씀을 들으면서 무엇인가 깨달음이 있습니다. 성령님의 감동입니다. 그런데 그 말씀을 가만히 생각해보니 많은 희생과 양보가 있어야 할 것 같습니다. 성령님의 감동입니다. 그대로 양보와 희생하라는 것입니다. 예수님이 주시는 은혜도 좋지만 내 것을 내려놓기가 싫습니다. 아깝습니다, 성령님의 감동이 아닙니다.

영으로 드리는 예배는 성령으로 드리는 예배, 성령님의 감동 가운데 드리는 예배를 뜻합니다. 우리 모두는 하나님을 예배할 때마다 영이신 하나님께 늘 성령의 감동 가운데 예배하는 성도들이 되기를 바랍니다. 영으로 예배하는 것과 또 어떻게 드리는 예배를 가리켜 아버지께 참되게 예배하는 것입니까? 둘째로 하나님께 참되게 예배하는 자는 진리로 예배합니다. '진리로 드리는 예배'의 뜻을 바르게 알기 위해서 역시 성경말씀을 바르게 알아야 합니다. 헬라어 성경을 보면 "진리로 예배할지니라."는 구절에서 '진리'는 헬라어 이 단어 역시 '진리'를 뜻합니다.

그런데 성경을 보면 '진리'라는 말이 유독 많이 나오고 있음을 볼 수 있습니다. 특히 구약성경의 잠언서에 '진리, 지식, 지혜'라는 표현이 많이 나옵니다. "인자와 진리가 네게서 떠나지 말게 하고 그것을 네 목에 매며 네 마음 판에 새기라"(잠 3:3). "인자와 진리로 인하여 죄악이 속하게 되고 여호와를 경외함으로 말미암아 악에서 떠나게 되느니라"(잠 16:6). 기억하십시오. 구약성경에서 지식, 지혜, 진리는 하나님을 뜻합니다.

요한복음을 보면 '진리'라는 단어가 아주 많이 나오고 있습니다. "말씀이 육신이 되어 우리 가운데 거하시매 우리가 그의 영광을 보니 아버지의 독생자의 영광이요 은혜와 진리가 충만하더라"(요 1:14). "율법은 모세로 말미암아 주어진 것이요 은혜와 진리는 예수 그리스도로 말미암아 온 것이라"(요 1:17). "진리를 따르는 자는 빛으로 오나니 이는 그 행위가 하나님 안에서 행한 것임을 나타내려 함이라 하시니라"(요 3:21).

어쩐지 '진리'가 예수님과 어떤 깊은 관계가 있는 것 같지 않습니까? "너희가 요한에게 사람을 보내매 요한이 진리에 대하여 증언하였느니라"(요 5:33). "예수께서 이르시되 내가 곧 길이요 진리요 생명이니 나로 말미암지 않고는 아버지께로 올 자가 없느니라"(요 14:6). 요한복음의 기자는 '진리'가 바로 예수님이라고 선언합니다. 그래서 예수님께서 이렇게 말씀하셨다고 증거합니다. "진리를 알지니 진리가 너희를 자유롭게 하리라"(요 8:32). 이제 '진리로 예배할지니라'는 말씀의 의미가 분명해졌습니다. 그렇습니다. 바로 '예수님으로, 예수님 안에서 예배하라'는 의미입니다. 예수님으로 죽고 예수님으로 다시 살아서 예배를 드리라는 말입니다. 산 제사를 드리라는 말입니다. 사람이 주목받는 예배, 이는 진리로 드리는 예배가 아닙니다. 예수님이 드러나지 않기 때문입니다.

우스갯소리로 사람들의 귀를 즐겁게 하는 예배, 이는 진리로 드리는 예배가 아닙니다. 우리 주님의 이야기, 복음은 우스개 이야기가 아니기 때문입니다. 사람이 영광을 받고 갈채를 받는 예배 역시 진리로, 예수님으로 드리는 예배가 아닙니다. 진리로 드리는 예배, 예수님으로 드리는 예배, 예수님 안에서 드리는 예배는 오직 예수님만이 나타나는 예배입니다. 진리로 예배를 드리라는 말은 예수 안에서 말씀으로 드리라는 것입니다. 하나님은 영과 진리로 드리는 예배만 받으십니다. 하나님은 영이시기 때문입니다. 성령의 임재 하에 영으로 예배를 드리기를 바랍니다.

예배는 보는 것이 아닙니다. 사람에게 예배하는 것도 아닙니다. 하나님께 영과 진리로 드리는 것입니다. 예배는 사람을 만나러 오는 것이 아닙니다. 오직 하나님을 만나고 그분에게 우리가 산 제물이 되어 우리의 삶을 드리고, 경배하러 오는 것입니다. 그리고 영육의 쉼을 얻으면서 영육의 질병과 스트레스를 치유 받는 것입니다. 예배를 드리면서 성령으로 충만함을 받으며 한 주 동안 세상에서 받은 상처와 스트레스를 생명의 말씀과 성령으로 정화하는 시간입니다. 상처와 스트레스는 반드시 성령의 역사가 있어야 정화되는 것입니다. 왜냐하면 잠재의식에 형성되어 있기 때문입니다. 예배는 반드시 영과 진리로 드리면서 성령의 임재를 경험해야 합니다. 크리스천에게 아주 중요한 시간이 예배 시간입니다. 반드시 예배는 성령의 임재가운데 드려야 합니다. "그러므로 형제들아 내가 하나님의 모든 자비하심으로 너희를 권하노니 너희 몸을 하나님이 기뻐하시는 거룩한 산 제물로 드리라 이는 너희가 드릴 영적 예배니라"(롬 12:1). 성경이 말하는 진정한 참 예배가 무엇인지, 우리가 어떻게 예배드릴 때 하나님이 응답하시고 축복하시는가에 대해 알아보겠습니다.

성경 본문의 요한은 밧모 섬에서 유배되어 어려운 환경에서 하나님께 영과 진리로 예배를 드립니다. 그런데 놀라운 것은 하늘 문이 열리고 하늘에서 벌어지는 참 예배의 광경을 본 것입니다. 그것이 계시록 4장과 5장에 기록되어 있습니다. "이 일 후에 내가 보니 하늘에 열린 문이 있는데 내가 들은 바 처음에 내게 말하던 나팔 소리 같은 그 음성이 이르되 이리로 올라오라 이 후에 마땅히 일어날 일들을 내가 네게 보이리라 하시더라"(계 4:1).

"이십사 장로들이 보좌에 앉으신 이 앞에 엎드려 세세토록 살아 계시는 이에게 경배하고 자기의 관을 보좌 앞에 드리며 이르되 우리 주 하나님이여 영광과 존귀와 권능을 받으시는 것이 합당하오니 주께서 만물을 지으신지라 만물이 주의 뜻대로 있었고 또 지으심을 받았나이다 하더라"(계 4:10-11). 여기서 24장로는 구약의 열두 지파와 신약의 12제자를 합하여서 우리 믿는 성도들을 대표하는 것입니다. 이들이 자기들이 쓰고 금관을 보좌에 앉으신 주님에게 드리며 경배하는 참 예배의 영광스러운 모습을 볼 수 있습니다. 예배라는 뜻은 "가치가 있다" "가치를 돌린다."는 뜻입니다.

"우리 주 하나님이여 영광과 존귀와 권능을 받으시는 것이 합당하오니 주께서 만물을 지으신지라 만물이 주의 뜻대로 있었고 또 지으심을 받았나이다 하더라"(계 4:11). 여기서 합당하다는 말이 바로 '찬양으로 영광을 돌릴만한 가치가 있다'는 말입니다.

본문의 천상예배에서 참 인상 깊은 것은 24장로들이 자기들이 쓰고 있던 금관을 벗어 엎드린 채 주님께 드리는 장면이 있습니다. 이것이 참된 예배입니다. 금관은 감투입니다. 그 사람이 이룬 모든 업적과 성과, 공적, 출세, 성공을 상징하는 것입니다. 즉 자신이 이룬 모든 일의 성과는 하나님이 주신 것이기에 금관을 주님께 돌려드릴 가치가 있다는 것입니다. 이것을 확인하고 하나님께 감사하고, 찬양하는 것이 예배입니다. 영광스런 감투를 주인에게 돌리는 것이 예배입니다. 주님은 그럴 가치가 있는 분이라는 것입니다.

각 군 사관학교 임관식 장면을 보면 어렵게 훈련 받고 공부하여 소위 계급장을 달린 모자와 옷을 수여받습니다. 그런데 졸업식 날 그 모자를 사랑하는 부모님께 씌워드리고 사진을 찍는 것입니다. 부모님은 그럴만한 가치가 있다는 것입니다. 모자를 돌려드리는 것이 참 예배입니다. 자신의 모자를 누구에게 씌우고 있습니까? 자신입니까? 주님입니까 주님께 엎드려 금관을 드리고 찬양 하십시오. 그러면 영광의 하나님께서 예배의 축복을 주실 것입니다. 본문을 통해 참 예배의 축복에 대해 생각해 보겠습니다.

**첫째, 진정한 예배를 통하여 하나님의 임재를 체험 할 수 있습니다.** "이 일 후에 내가 보니 하늘에 열린 문이 있는데 내가 들은 바 처음에 내게 말하던 나팔 소리 같은 그 음성이 이르되 이리로 올라오라 이 후에 마땅히 일어날 일들을 내가 네게 보이리라 하시더라" (계 4:1). 진정한 예배는 하늘 문이 열리고 하늘에 계신 주님을 체험하는 것입니다. 성령으로 자신이 장악되는 것입니다. 이것이 예배의 복입니다. 본문의 배경은 요한이 많은 어려움과 환란 속에 밧모섬에서 유배되어 어려운 삶을 살고 있을 때 그는 하나님께 진정한 예배의 갈망이 있었습니다. "나 요한은 너희 형제요 예수의 환난과 나라와 참음에 동참하는 자라 하나님의 말씀과 예수를 증언하였음으로 말미암아 밧모라 하는 섬에 있었더니 주의 날에 내가 성령에 감동되어 내 뒤에서 나는 나팔 소리 같은 큰 음성을 들으니"(계 1:9-10).

요한은 극에 달하는 어려움, 밧모섬이란 무인도에 유배되어 그것을 극복하고 사랑의 사도로 영광스러운 사역을 할 수 있는 원동력은 그가 참 예배를 통해 하나님의 임재를 체험하고 있기 때문입니다. 성령님이 지배하고 장악했기 때문입니다. 그렇습니다. 우리가 아무리 어려운 일을 만나도 참 예배를 통하여 주님의 임재를 체험하면 어떤 어려움도 다 극복하고 승리의 삶을 살 수 있습니다.

다니엘이 사자 굴에서 공포를 이기고 승리할 수 있는 비결은 그가 날마다 하나님께 기도하고 정한 예배를 통해 하나님의 임재를 체험하고 있었기 때문입니다. 성령으로 충만했기 때문입니다. 이미 하나님께서 사자의 입을 다 봉해 놓고 기다리신 것을 보면 예배의 영광이 참으로 놀라울 뿐입니다.

스데반은 유대인들에게 복음을 전하다 돌에 맞아 죽어갑니다. 공포스런 상황에서도 천사의 얼굴을 합니다. 그의 원동력은 그가 날마다 주님께 참 예배로 성령 충만하여 주님의 임재를 체험하였기 때문입니다. 성령님이 지배하고 장악하셨기 때문입니다. "스데반이 성령 충만하여 하늘을 우러러 주목하여 하나님의 영광과 및 예수께서 하나님 우편에 서신 것을 보고 말하되 보라 하늘이 열리고 인자가 하나님 우편에 서신 것을 보노라 한 대"(행 7:55-57).

예배를 드림으로 말미암아 성령님의 임재하심으로 한주동안 세상에서 받은 마음속의 상처와 스트레스를 정화하고 생명의 말씀과 성령으로 충만하게 채워서 한주동안 세상에 하나님의 나라를 건설하는 도구들로 살아가는 것입니다.

**둘째, 진정한 예배의 축복은 하나님의 복된 품성을 닮는 것입니다.** "또 보좌에 둘려 이십사 보좌들이 있고 그 보좌들 위에 이십사 장로들이 흰 옷을 입고 머리에 금관을 쓰고 앉았더라"(계 4:4). 본문에서 주님 보좌 옆에서 찬양하고 예배하는 24장로의 복장은 우리에게 큰 의미를 줍니다. 흰 옷을 입고 머리에는 금관을 쓰고 있습니다. 흰 옷은 하나님의 거룩함, 정결함을 나타내고 금관은 하나님의 영광, 영화를 나타냅니다. 거룩함과 영화로움은 우리 성도가 추구하는 두 가지 하나님의 복된 성품이라고 볼 수 있습니다. 거룩함의 추구는 성화의 과정이고, 우리가 나중에 주님 앞에 설 때 영화로움을 나타낸다고 볼 수 있습니다. 무엇보다도 예배를 통하여 하나님의 품성으로 변화되고 닮아야 합니다.

"하나님이 미리 아신 자들을 또한 그 아들의 형상을 본받게 하기 위하여 미리 정하셨으니 이는 그로 많은 형제 중에서 맏아들이 되게 하려 하심이니라 또 미리 정하신 그들을 또한 부르시고 부르신 그들을 또한 의롭다 하시고 의롭다 하신 그들을 또한 영화롭게 하셨느니라"(롬 8:29-30). 하나님께 영과 진리로 예배를 드림으로 하나님의 성품인 성령으로 충만하게 채워지는 것입니다. 성령의 역사로 우리의 마음속에 세상이 물러가고 하나님의 성품으로 변화되는 것입니다.

1) 성화: 우리가 부르심을 받은 후 예수의 보혈로 죄 사함을 받고 의로움을 받아 날마다 신앙생활을 하는 것은 주님의 거룩함에 이르는 과정입니다.

2) 영화: 우리가 주님 앞에 설 때 주님의 성품으로 완전하게 변하는 과정입니다.

성도는 이 두 과정을 끊임없이 추구해야 합니다. 이것이 이루어지는 과정의 비밀이 하늘에 있는 24장로에 의해 잘 나타나 있습니다. 이들이 성화와 영화를 이루는 과정은 날마다 하나님을 예배하는 과정에 있습니다. 날마다 주님을 가까이 하고, 바라볼 때 우리가 변화되는 것입니다. 이것이 바라봄의 법칙입니다. "믿음의 주요 또 온전하게 하시는 이인 예수를 바라보자 그는 그 앞에 있는 기쁨을 위하여 십자가를 참으사 부끄러움을 개의치 아니하시더니 하나님 보좌 우편에 앉으셨느니라"(히 12:2).

본문의 주인공 요한은 우리가 "사랑의 사도"라고 부릅니다. 그런데 원래 그는 격하고 불같은 성정을 가진 사람입니다. 그래서 우레의 아들이란 별명을 가지고 있습니다. 그리고 전도를 하다 그들이 받아들이지 않자 불로 태워버리자고 할 정도입니다. 그런 사람이 주님과 성품이 같은 사랑의 사도가 된 것입니다. 성경을 보면 날마다 주님을 가장 가까이 바라보고, 심지어 그는 앉을 때도 주님께 몸들 의지하여 앉았다고 합니다.

"베드로가 돌이켜 예수께서 사랑하시는 그 제자가 따르는 것을 보니 그는 만찬석에서 예수의 품에 의지하여 주님 주님을 파는 자가 누구오니이까 묻던 자더라"(요 21:20). 그러므로 주님을 가장 가까이 하고, 주님을 바라보았던 요한이 주님의 성품을 가장 닮은 사랑의 사도가 된 것입니다. 주님을 바라보고 예배하시기 바랍니다.

**셋째, 진정한 예배의 복은 성령님의 인도함을 받습니다**. 요한계시록의 구조를 살펴보면 4-5장은 하나님께 예배하는 장면이고, 6장은 이 땅에 극심한 어둠과 어려움을 나타냅니다. 일곱 인봉 중에 하나씩 인봉을 열면 전쟁, 가난, 질병의 현실의 세계를 나타냅니다. 그런데 7장에 가면 그 어려운 상황 가운데서 예배 자들에게 하나님의 인도함을 나타내고 있는 것입니다. "이는 보좌 가운데에 계신 어린 양이 그들의 목자가 되사 생명수 샘으로 인도하시고 하나님께서 그들의 눈에서 모든 눈물을 씻어 주실 것임이라"(계 7:17). 그렇습니다. 우리가 사는 이 세상은 끊임없는 전쟁과 가난, 어둠의 역사가 일어납니다. 그러나 그 속에서도 진정으로 하나님을 예배하는 자들 속에서는 하나님의 복된 인도함이 있는 것입니다. 생명수가 되어 주시고 눈물을 씻어주시며 예배자를 친히 인도해 주시는 것입니다.

바울은 유라굴라 광풍 속에서 14일 동안 먹지도, 마시지도 못한 그 극한 상황에서 죄수의 몸으로 276명의 생명을 살려 냅니다. 그 비결은 바울이 일상의 삶에서 주님을 예배함으로 주님의 임재로 친히 인도함을 받기 때문입니다. "내가 속한 바 곧 내가 섬기는 하나님의 사자가 어제 밤에 내 곁에 서서 말하되 바울아 두려워하지 말라 네가 가이사 앞에 서야 하겠고 또 하나님께서 너와 함께 항해하는 자를 다 네게 주셨다 하였으니 그러므로 여러분이여 안심하라. 나는 내게 말씀하신 그대로 되리라고 하나님을 믿노라"(행 27:23-25).

2차 대전 때 영국은 독일에 패색이 짙은 상황이었습니다. 독일이 곧 영국을 지배한다는 소식이 전국에 퍼지고 있었습니다. 그때 영국 수상 처칠은 독일을 향해 전쟁을 선포합니다. 그리고 처칠 수상은 당시 존경 받던 성공회 주교 윌리암 템플에게 대국민 연설을 부탁 합니다. "탬플 주교는 이렇게 수세에 몰린 국민에게 연설을 합니다. 국민 여러분 전쟁은 큰일 입니다. 그러나 더 큰일이 있습니다. 그것은 이럴 때 수록 진정으로 하나님께 예배를 드려 하나님이 우리나라와 함께 하심을 믿고 인도함을 받는다면 전쟁은 결코 큰일이 아닙니다. 그러면 우리는 하나님의 인도하심으로 반드시 승리할 것입니다." 그 이튿날 날부터 전국의 교회당의 종소리는 계속 울렸고 교회당 마다 예배 인파로 물결을 이루게 됩니다. 그리고 치열한 전쟁에서 영국은 전쟁을 버텨냈고 결국을 승리를 했습니다. 크리스천에게 무엇보다도 중요한 것이 성령님의 인도입니다. 우리는 예배를 통하여 성령님의 인도를 체험할 수가 있습니다. 성령님의 인도로 마음안의 상처와 스트레스를 정화하는 것입니다.

**넷째, 성령으로 영육의 치유를 받게 됩니다**. 예배는 하나님의 나라의 모형인 교회에서 드리게 됩니다. 하나님 나라의 큰 특징 중에 하나가 치유와 회복입니다. 예수님의 사역의 많은 부분을 주님은 사람들의 병을 고치시는데 사용하셨습니다. 하나님의 나라가 임하면, 사람들의 육체의 질병의 문제, 나이가 듦에 따라 나타나는 연약함이 치유와 회복을 누리게 되는 것입니다.

하나님의 나라를 이 땅에서 경험하고 체험할 수 있는 곳이 어디입니까? 바로 교회요, 예배입니다. 천국의 가장 큰 특징은 하나님께서 거하시고, 하나님께서 통치하시고, 하나님께서 다스리신다는 것입니다. 하나님의 통치와 다스림, 임재를 경험하는 곳이 바로 예배입니다. 그래서 예수님의 병고침의 사역의 장소도, 사람들이 모여서 말씀을 듣고 예배하는 회당에서 많이 이루어졌습니다.

안식일에 회당에 사람들이 모였는데, 손 마른 사람이 거기에 있었습니다(마가복음 3장 1~5절). 비록 몸은 성치 못하나 하나님의 은혜를 구하기 위해 회당에 온 것 같습니다. 그때 예수님께서 안식일에 선을 행하는 것과 악을 행하는 것, 생명을 구하는 것과 죽이는 것 어느 것이 옳으냐 하시면서, 안식일에 대한 참다운 의미를 말씀하시고 깨우쳐주시면서 한쪽 손 마른 사람을 고치셨습니다.

그렇다면 이 사람은 어떻게 치유를 받았습니까? 먼저는 예배의 자리에 왔다는 것입니다. 한쪽 손이 오그라들었습니다. 창피해서 사람들에게 보이고 싶지 않았을 것입니다. 그러나 그는 예배의 자리로 나왔습니다. 비록 몸은 이렇지 라도 하나님의 은혜가 없으면 살 수 없음을 알았기에 은혜의 자리로 나온 것입니다. 나의 힘으로 할 수 없으나 예수님이시면 할 수 있다는 그 믿음이 인생좌절이라는 방석에 앉아 있지 않고, 예배의 자리, 은혜의 자리로 나오게 한 것입니다. 이것이 치유와 회복의 시작입니다. 모든 자존심을 버리고 기어서라도 예수 앞에 나오면 모든 병을 치유 받게 됩니다. 질병이 치유되면 스트레스가 자연적으로 해소가 됩니다.

하나님은 예배하는 자에게 반드시 복을 주십니다. "내게 토단을 쌓고 그 위에 너의 양과 소로 너의 번제와 화목제를 드리라. 내가 무릇 내 이름을 기념하게 하는 곳에서 네게 강림하여 복을 주리라"(출20:24절). 예배하는 곳에 하나님이 친히 강림하여 복을 주신다고 했습니다. 하나님께 예배하는 분들은 지금 한없는 복을 받고 계시는 줄 믿으시기 바랍니다. 하나님 앞에 예배하는 순간에 영육간에 모든 것을 치유 받는 복을 주십니다. 우리가 예배할 때 영적인 복도 주시고, 건강의 복, 물질의 복도 주시며, 우리의 미래까지도 형통한 길로 보장해주실 줄 믿으시기 바랍니다.

아브라함이 하나님의 말씀에 순종하여 가는 곳마다 하나님께 제단을 쌓으며 예배했을 때 하나님께서 형통한 길로 그를 인도해주시고, 그의 이름을 창대케 해주시며, 복의 근원이 되게 해주셨습니다(창 12:1,2). 예배란 인간을 창조하시고 선택해주신 하나님을 주인으로 모시는 일이고, 하나님께 받은 것을 드리는 것이며, 하나님을 만나는 일이고, 하나님께 축복을 받는 행위입니다. 예배의 귀중성을 깨닫고 영과 진리로 예배를 드림으로 성령의 조명을 받아 감격과 기쁨이 넘치고 영적인 복과 건강의 복, 재물의 복, 형통의 복 등 하나님께서 약속하신 모든 복을 받아 누리는 모두가 되시기를 바랍니다.

## 24장 해 지기 전에 마음을 정화하는 생활

(엡 4:26)"분을 내어도 죄를 짓지 말며 해가 지도록 분을 품지 말고"

하나님은 "분을 내어도 죄를 짓지 말며 해가 지도록 분을 품지 말고, 마귀에게 틈을 주지 말라(엡 4:26-27)" 말씀하셨습니다. 이유는 이렇습니다. 해가지도록 분을 해소하지 않고 잠을 자는 경우에 잠재의식에 스트레스와 상처가 쌓이기 때문입니다. 스트레스가 잠재의식에 쌓이다가 보면 결국 영육에 밸런스를 깨뜨려서 영적인 탈진이나 심인성 질환이 발생할 수가 있기 때문입니다. 하나님은 크리스천들을 특별하게 사랑하십니다. 사랑하시기 때문에 해가 지도록 분을 품지 말라고 말씀하시는 것입니다. 필자가 평소에 생각하고 있는 것은 하나님의 말씀대로 살아가지를 않기 때문에 영육의 질병이 발생한다고 믿고 있습니다. 성령의 인도를 받지 않고 자신의 욕심을 따라 살기 때문에 스트레스에 의하여 영육의 질병이 발생하는 것입니다. "분을 내어도 죄를 짓지 말아야"합니다.

분은 불꽃과 같습니다. 화를 내거나 심히 노를 발한 후에 그 남은 분노가 불꽃같이 마음에 분을 뿜습니다. 분을 삭이지 못해서 계속 품고 있으면 그 영향으로 죄를 짓게 되며 해가 지도록 분을 품고 있으면 그 기회를 좇아 마귀가 들어와서 집을 짓게 되고 도적질하고 죽이고 멸망시키는 큰 해를 끼치게 되는 것입니다.

**첫째, 분을 내면 죄를 짓게 된다고 합니다**. 요사이 무시무시한 범죄가 많이 일어나는데 그 배후에 보면 분노가 꼭 자리 잡고 있는 것입니다. 최근 세상에 큰 문제를 일으킨 땅콩 회항 사건은 참지 못한 분노가 큰 사고를 저지른 것입니다. 또 보육교사가 어린아이에게 주먹질을 한 사건도 참지 못한 분노가 터뜨린 사건인 것입니다. 어린 아이가 먹던 것 다 안 먹는다고 강제로 먹이고 손으로 얼굴 쥐어박는다. 그것 상식적으로도 있을 수 없는 일 아닙니까? 분노를 조금만 참으면 되는데 분노를 참지 못하고 퍼뜨리는 것입니다. 모두 마음에 스트레스가 쌓여서 분노를 조절하지 못하여 발생한 사건입니다. 스트레스는 만 가지 문제의 원인이라고 하는 것입니다. 하나님은 이를 아시기 때문에 "분을 내어도 죄를 짓지 말며 해가 지도록 분을 품지 말고, 마귀에게 틈을 주지 말라(엡 4:26-27)" 말씀으로 강조하시는 것입니다.

하버드대 보건대학원에서 발표한 바에 의하면 분노는 뇌졸중, 심장마비 등의 위험을 높인다고 합니다. 하루에 다섯 번 이상, 화를 내면 건강상 위험 상태에 이른다고 말합니다. 화를 낸 상태에서 잠을 자면 깨어났을 때 마음에 불행도가 높아지고 부정적인 감정이 더 악화된다고 합니다. 잠재의식에 분노가 집을 지었기 때문입니다. 분노 뒤에 귀신이 역사하니 더 악화되는 것입니다.

분을 품고 잠을 잘 수 없지 않습니까? 그러나 분을 품고 잠을 자면 치료를 받을 것 같은데 잠을 잘 때에 잠재의식에 스트레스가 쌓이게 됩니다. 잠재의식에 스트레스가 쌓이니 귀신의 거처가 되는 것입니다. 잠재의식에 스트레스가 쌓여서 귀신의 거처가 되니 아침에 일어나도 개운하지 못하고 마음에 불행한 느낌이 더 크다는 것입니다. 하나님은 크리스천들을 사랑하시기 때문에 에베소서 4장 26절로 27절에 "분을 내어도 죄를 짓지 말며 해가 지도록 분을 품지 말고 마귀에게 틈을 주지 말라"고 경고하시는 것입니다. 잠언 12장 16절에 "미련한 자는 당장 분노를 나타내거니와 슬기로운 자는 수욕을 참느니라" 잠언 29장 11절에 "어리석은 자는 자기의 노를 다 드러내어도 지혜로운 자는 그것을 억제하느니라" 그런데 분노를 억제하려면 마음에 여유가 있어야 가능한 것입니다. 마음에 여유는 하루하루 해가 지기 전에 생명의 말씀과 성령으로 스트레스를 정화해야 가능합니다. 성령으로 충만할 때 분노를 억제할 수 있는 여력이 생기는 것입니다.

성경에 보면 제일 먼저 사람을 죽인 사람이 가인입니다. 가인은 논농사, 밭농사 이런 것을 지었고 아벨은 양을 쳤습니다. 하나님께서 그 두 사람에게 분명히 1년에 한 번씩 하나님 만나러 올 때 제사를 드리되 어린 양을 잡아 피를 쏟고 향기로운 제사로 불을 태워 하나님께 올리라고 말씀을 했을 것입니다. 그런데 1년간 농사를 짓고 난 다음에 가인은 역시 내가 손으로 지은 열매를 가지고 하나님께 드려야지. "하나님께서 내 손의 열매를 받으십시오." 하고 열매 맺은 곡식단을 들고 와서 하나님께 드렸습니다. 그런데 하나님은 그것을 보시고 고개를 흔들었습니다. 왜, 하나님이 원하는 제사를 지내야지 하나님이 원치 않는 제물을 가인이 자기 원하는 것으로 드렸던 것입니다.

그러나 아벨은 양 한 마리를 잡아서 피를 뿌리고 불을 붙여서 향기로운 냄새가 나는 제사를 드렸습니다. 피를 흘려서 속죄 제사를 드린 것입니다. 하나님이 아벨의 피의 제사를 기쁘게 받았습니다. "가인과 그의 제물은 받지 아니하신지라. 가인이 몹시 분하여 안색이 변하니 여호와께서 가인에게 이르시되 네가 분하여 함은 어찌 됨이며 안색이 변함은 어찌 됨이냐 네가 선을 행하면 어찌 낯을 들지 못하겠느냐 선을 행하지 아니하면 죄가 문에 엎드려 있느니라 죄가 너를 원하나 너는 죄를 다스릴지니라 가인이 그의 아우 아벨에게 말하고 그들이 들에 있을 때에 가인이 그의 아우 아벨을 쳐죽이니라"(창 4:5~8). 제일 첫 살인 사건이 에덴동산에서 일어난 것입니다.

시편 37편 8절에 "분을 그치고 노를 버리며 불평하지 말라 오히려 악을 만들 뿐이라" 분이 곧 삭여지지 아니하면 악을 행하게 되는 것입니다. 분의 결과로 악을 행하여 살인도 하게 되고 파괴하고 무서운 일들이 생겨날 수 있는 것입니다.

미국 하버드대 보건대학원의 연구 결과는 분노가 우리의 건강과도 밀접한 관련이 있다는 것을 보여 줍니다. 분노가 폭발하고 난 뒤 2시간 이내에는 심장마비, 부정맥, 뇌졸중의 위험도가 무려 4-5배 이상 증가한다는 것입니다. 분노 횟수가 축적되면 심장마비 위험률이 높아지는데, 하루에 다섯 번 이상 분노를 발하면 위험한 상태에 이른다고 경고합니다. 빈번한 분노는 결국 자신의 건강과 정신을 망가지게 하는 행위라는 것입니다. 그러므로 자신에게 화를 끼치지 않도록 분노를 발하면 안 됩니다. 매일 해가 지기 전에 분노를 정화해야 자신이 행복합니다.

**둘째, 화는 고통스러운 결과를 초래한다.** 분노를 통해서 화를 내면 시야가 좁아져서 자동차 운전을 할 때 사고를 낼 확률이 높습니다. 그리고 분을 낸 사람에게 사연을 설명해도 이해를 하지 않습니다. 사고가 좁아지기 때문인 것입니다. 화를 낸 상태에서 식사를 하면 소화기능이 떨어져 설사나 변비가 오며 고당 분 음식을 선호하게 됨으로 혈당이 높아지고 건강에 지장이 다가오는 것입니다. 욥기 5장 2절에 "분노가 미련한 자를 죽이고 시기가 어리석은 자를 멸하느니라"고 말한 것입니다.

2005년 "최장수 부부"로 기네스북에 올랐던 부부가 있습니다. 남편인 퍼시 애로스미스와 아내인 플로렌스 애로스미스인데, 남편이 105세이고, 아내가 100세입니다. 그들이 기네스북에 올랐을 때 한 기자가 금슬이 좋고 장수한 비결을 묻자, 아내가 이렇게 대답했습니다. "우리라고 해서 남들처럼 다투지 않겠어요? 우리도 종종 다투는데 그러나 화가 난 채로 잠자리에 들어가지 않습니다. 항상 화가 나면 그 화를 서로 대화하여 다 풀고 난 다음에 잠자리에 들어가서 등을 서로 대고 자지 않습니다." 한평생을 안고 잤다는 것입니다. 표창 받을 만하지요? 하나님이 그렇게 인정 있게 사는 부부에게 장수의 은혜를 주신 것입니다. 잠들 때는 언제나 친구처럼 포옹

한 채로 잠이 들었다는 것입니다. 이 부부가 평생 실천했던 말씀은 에베소서 4장 26~27절, "분을 내어도 죄를 짓지 말며 해가 지도록 분을 품지 말고 마귀에게 틈을 주지 말라" 하는 말씀이었습니다. 화가 난 상태에서 잠을 자면, 자는 동안 부정적인 감정들이 잠재의식에 집을 짓기 때문에, 하나님의 말씀에 순종하여 화를 풀고 잠자리에 들어가야 부정적인 감정이 사라지는 것입니다.

**셋째, 분을 품거나 화를 내지 않기 위하여.** 김이라는 목사님이 충남 면소재지에 있는 교회에 부임하셨습니다. 교회의 실정을 파악하면서 성도들에게 이 교회에서 부부 금술이 제일 좋은 부부가 누구냐고 질문했답니다. 교인들이 하는 말이, 저 앞 산 밑 사시는 70대 집사님 부부가 제일로 금술이 좋은 잉꼬부부라고 대단한 칭찬을 하는 것입니다. 그래서 대관절 어떻게 살고 계시기에 노부부가 잉꼬부부로 정평이 날 정도로 잉꼬부부인가 직접 확인을 하고 배워서 목사님 부부도 그렇게 살기로 하셨습니다. 아침 일찍 집사님 댁에 방문하여 부부가 행동하는 일거수일투족을 보셨습니다. 그런데 아침부터 부부가 말다툼을 하면서 일을 하는 것입니다. 그렇게 말다툼을 하다가 오후에는 여 집사님이 속이 상해서 방안으로 들어가 버리는 것입니다.

목사님이 생각하기를 저렇게 아침부터 다투는데 무슨 소문난 잉꼬부부인가 과장된 것이라 생각하면서 인내를 가지고 하루 종일 부부의 행동을 관찰기로 했습니다. 어느덧 해가 뒷동산에 걸쳤습니다. 그러자 남편 집사님이 이렇게 말하는 것입니다. 여보! 해가 넘어 갑니다. 그러니까, 부인 집사님이 방안에서 나와서 서로 손을 잡고 기도를 하더니 다정하게 대화하며 방안으로 들어가 저녁을 드시는 것입니다.

그때 목사님이 깨달았습니다. 부부가 낮에 다투다가 해가지기 전에 기도하며 화해하고 잠자리에 들어간다는 것입니다. 아~ 그래서 부부간에 의가 상하지 않고 응어리가 생기지 않고 잉꼬부부로 살아가는 구나하면서 낮에 단면만 보고 판단한 것을 회개했다는 것입니다. 목사님도 해가지도록 분을 가지고 살지 않기로 했답니다. 분명하게 이 부부는 하나님의 말씀과 같이 "분을 내어도 죄를 짓지 말며 해가 지도록 분을 품지 말고, 마귀에게 틈을 주지 말라(엡 4:26-27)"는 말씀을 지키면서 살아가기 때문에 잉꼬부부로 살아갈 수가 있었던 것입니다.

시편 62편 8절에 "백성들아 시시로 그를 의지하고 그의 앞에 마음을 토하라 하나님은 우리의 피난처시로다" 하나님은 우리의 피난처요, 요새요, 의뢰하는 하나님이라 하리니 저가 새 사냥꾼의 올무에서와 극한 염병에서 건지실 것임이라. 하나님은 피난처가 되시는 것은 피난이라는 것은 난을 피해서 숨는 것을 말하는 것입니다. 요새라는 것은 튼튼한 성벽을 쌓아서 도망하지 않고 적이 오면 직접 대결해 서는 곳을 요새라고 말합니다. 그러므로 우리 주 예수님은 우리에게 피난처가 될 수도 있고, 우리가 단단한 믿음을 가지면 요새가 되게 해서 적군을 마주쳐 싸워 승리할 수 있는 것입니다.

우리가 살아가는 동안에 많은 시련과 환난을 당하는데 시련을 당할 때 좋으신 하나님이 우리들을 버리지 않기 때문에 모든 것이 합력하여 유익을 이루어서 나중에 좋게 만들어 주는 것입니다. 하나님께서 무조건 누구나 좋게 만들어 주시는 것이 아니고, 하나님께서 자신 안에 성전삼고 주인으로 계실 때 가능한 것입니다. 요셉이 형들에게 말하기를 "형들은 나에게 해를 주려고 애굽의 종으로 팔았지만 하나님은 오히려 이것을 돌이켜 선이 되게 해서 오늘날 수많은 사람을 굶주림에서 건지는 아버지 노릇을 하게 하셨다"고 했습니다. 하나님을 사랑하는 자 곧 그 뜻대로 부르심을 입은 자들에게는 모든 것이 합력하여 선을 이루느니라. 이 말은 참 맞는 말입니다. 어려운 일을 당할 때 분을 내거나 화를 내지 말고 하나님께 엎드려서 성령의 임재가운데 모든 일을 하나님께 고백하면 하나님께서 자신을 붙들어서 모든 것이 합력하여 선을 이루게 되는 것입니다. 놀라운 일이 일어나게 되는 것입니다.

바울도 분 냄을 새로운 피조물이 된 사람들이 버려야 할 죄악의 목록에 포함시키고 있는 것입니다. 에베소서 4장 31절로 32절에 "너희는 모든 악독과 노함과 분냄과 떠드는 것과 비방하는 것을 모든 악의와 함께 버리고 서로 친절하게 하며 불쌍히 여기며 서로 용서하기를 하나님이 그리스도 안에서 너희를 용서하심과 같이 하라" 하나님은 예수 그리스도 안에서 우리들을 철저히 용서해 주신 것입니다. 예수 그리스도는 영원한 하나님 아닙니까? 육신을 쓰고 영원한 하나님이 오셨는데 예수님이 우리 대신하여 재물이 되고 심판을 받았는데 영원한 예수님이 우리 위하여 심판을 받았기 때문에 영원히 심판을 받았습니다. 영원한 예수님이 우리 재물이 되어서 제사를 드렸으니까 다시는 드릴 제사가 필요 없습니다. 한 제사로써 모든 것이 다 이루어진 것입니다. 우리는 죄를 짓고 불의하고 추악하고 버림을 받아야 마땅한 존재임에도 불구하고 죄지은 그대로 못난 그대로 빈 손 든 그대로 주님께 나와서 주님을 구주로 모시면 그 보혈이 우리 보고 이 제사로써는 너는 영원히 사함을 받았다 그렇게 말하는 것입니다.

그러므로 그리스도의 구원이 얼마나 철저한지 이루 말로 다할 수 없습니다. 우리들이 주님 앞에 나와서 영원히 용서를 받아 버렸으니 다음에 용서받을 죄가 없습니다. 주님은 우리들을 영원히 용서하시고 그 다음에는 성령을 보내 주셔서 보혜사 성령이 우리 안에 거하면서 거룩하게 살게 되도록 가르쳐주시는 것입니다. 우리 예수 믿는 사람들은 하나님께서 우리를 위해서 구원의 터를 다 닦아 놓으시고 우리에게 구원을 주시는 것을 알아야 되는 것입니다.

마음의 즐거움은 양약이라도 심령의 근심은 뼈를 마르게 하느니라. 마음의 즐거움은 아주 좋은 약입니다. 요사이 저는 암에 걸려서 죽어가는 사람이 주님 안에서 기뻐하고 즐거워하고 웃고 그래서 암이 나았다는 간증을 많이 듣고 있습니다. 몸이 약한 사람은 집에서 자꾸 웃어야 됩니다. 남편은 아내를 웃기십시오. 웃기면 양약이 되는 것입니다. 아주 좋은 약을 대접하게 되는 것입니다. 야고보서 1장 19절로 20절에 "내 사랑하는 형제들아 너희가 알지니 사람마다 듣기는 속히 하고 말하기는 더디 하며 성내기도 더디 하라. 사람이 성내는 것이 하나님의 의를 이루지 못함이라" 로마서 12장 17절로 19절에 "아무에게도 악을 악으로 갚지 말고 모든 사람 앞에서 선한 일을 도모하라 할 수 있거든 너희로서는 모든 사람과 더불어 화목하라. 내 사랑하는 자들아 너희가 친히 원수를 갚지 말고 하나님의 진노하심에 맡기라 기록되었으되 원수 갚는 것이 내게 있으니 내가 갚으리라고 주께서 말씀하시니라"

하나님께서는 우리가 직접 원수 갚기를 원하지 아니하시고 원수는 주님이 갚아 줄 테니까 주님께 다 맡기라 하는 것입니다. 주님께 맡겨 놓으면 주님이 안 갚을 때가 많습니다. 주님은 우리를 불쌍히 여기기 때문에 내게 맡겨라. 내가 대신 갚아 줄 테니까 맡기라고 말씀하십니다. 예수님께 맡기라는 말은 마음에 맺힌 것을 마음 안에 주인으로 계신 예수님에게 다 이야기해서 예수님이 해결하게 하라는 말입니다.

빌립보 감옥에서 바울과 실라가 분노를 기도와 찬송으로 삭인 것을 기억해 보십시오. 그들이 빌립보에서 복음을 증거 하다가 귀신 쫓아내고 나니까 더 이상 점을 치지 못하므로 그 주인이 돈벌이가 없어져서 온 아는 사람을 다 충동해서 바울과 실라를 고소, 고발했습니다. 감옥에 갇혔는데 밤중에 그 사람들이 배도 고프고 몸에 맞은 데가 피가 흐르고 쓰라리기도 한데 불평이나 원한이나 분을 내지 않고 찬송을 불렀습니다. 둘이가 쇠고랑에 묶여 있으니까 박수는 못 치고 서로 아마 부딪치면서 찬송을 불렀습니다. 바울과 실라가 성령으로 충만한 상태에서 부르는 그 찬송소리에 빌립보 교도소가 천국이 된 것입니다. 천국에는 교도소가 없으니 하나님이 지진을 보냈습니다. 찬송소리에 맞춰서 지진으로 박자를 쳤습니다. 온 빌립보 시가 지진에 울렁거리고 죄수들이 갇혀있는 방문들이 다 열리고 차꼬가 다 풀리고 자유와 해방이 다가온 것입니다. 우리가 마음에 기쁨과 감사를 가지면 자유와 해방을 체험하게 되는 것입니다. 우리 주님의 역사에는 언제나 자유와 해방이 있습니다.

예수 믿는 사람이 그저 기독교라는 의식만 가지고 율법주의자로 살아가는 것은 기독교 신앙이 아닙니다. 예수님께서 자기 고향땅 나사렛에 돌아와서 이 세상에서 왜 왔느냐 말씀하실 때 주의 성령이 내게 임하셨으니 이는 나로 하여금 가난한 자에게 복된 소식을 전하게 하려고 기름을 부으시고 그러니 예수님은 복음을 전할 때 가난한 사람들에게 복된 소식을 전하는 것이 제일 첫째 사명입니다. 가난을 원치 않습니다. 에덴에서 주님은 아담과 하와를 위해서 얼마나 준비를 잘해 놓았는데 결국 반역하고 쫓겨났기 때문에 가시와 엉겅퀴가 나고 축복을 빼앗겼지 하나님은 우리들을 아브라함의 복과 형통을 받도록 하는 것입니다.

그래서 우리 주님이 계신 곳에는 언제나 해방과 자유가 있는데 어떤 해방이냐, 가난에서 해방인 것입니다. 가난을 생각하지 말고 생각을 언제나 부요를 생각하십시오. "아브라함의 복이 내게 있다. 아브라함의 형통이 내게 있다." 그것을 늘 생각하십시오. 그 다음에는 "가난한 자에게 복된 소식을 전할 뿐 아니라 포로된 자에게는 자유를 마음에 염려, 근심, 불안, 초조, 절망, 우울증 같이 포로된 자에게 해방을 주시는 일을 하신다. 그리고 병든 자는 고쳐주는 것은 눌린 자를 자유하게 하신다."는 것입니다. 마귀는 사람을 눌러서 병들게 하는 것입니다. 사도행전에 보면 하나님께서 나사렛 예수에게 성령과 능력을 기름 붓듯 주시며 저가 두루 다니며 착한 일을 행하시고 마귀에게 눌린 모든 자를 고치셨으니…. 마귀가 누르니까, 병이 드는 것입니다. 마귀가 압박하고 있습니다. 그것을 주님께서 자유롭게 해주시는 것입니다. 그리고 은혜의 해를 전파함이라. 우리가 율법을 지키므로 고행을 하므로 구원을 받는 것이 아니라, 하나님의 은혜로, 은혜는 선물입니다. 예수님은 가난한 자에게 복된 소식을 전하시지요. 포로 된 자에게 자유를 주시지요. 눈먼 자에게 보게 해주시지요. 눌린 자에게 자유를 주시지요. 은혜의 해를 전하시지요. 우리에게 오면 엄청나게 좋은 일을 하기 위해서 오신 것입니다. 오늘 이 시간 생명의 말씀을 들으면 생애 속에 가난 귀신이 물러가고 축복과 형통의 생각이 들어오게 될 것입니다. 그러면 "네 믿음대로 될지어다." 하시며 이루어지게 하십니다. 그리고 성령이 오셔서 영안을 여셔서 하늘나라를 바라보게 해주시고 마음에 포로된 자, 육체에 포로된 자, 생활에 포로된 자, 자유와 해방을 얻게 되는 것입니다. 상처와 스트레스로 고난스러운 것을 주님께서는 갖고 살기를 원치 않습니다.

예수 이야기만 하면 해방과 자유입니다. 눈에 보이지 않는 원수 마귀에게 해방과 마귀가 가져온 모든 고통에서 자유를 얻게 되니 그 기쁨은 말로 다할 수 없습니다. 그런데 항상 알아야 될 것은 마음에서 먼저 일어난 일이 밖에서 일어나는 것입니다. 예수님의 십자가 보혈로 죄 사함을 받은 것을 마음속에 확실히 알아야 죄에서 이길 수 있는 것입니다.

허물에서 씻음 받은 것을 담대하게 믿을 때 성결한 사람이 되는 것입니다. 저가 채찍에 맞음으로 나음을 입었느니라, 마음속에 생각이 병에서 놓여남을 받은 생각을 하게 되면 바깥에 체험의 치료가 다가오게 되는 것입니다. 마음속에서 내가 축복을 받아서 형통하고 아브라함의 부요함이 들어온 것을 능력으로 믿으면 환경에서 그런 일이 일어나게 되는 것입니다. 마음으로 천국 고향이 가득하고 죽음이 겁나지 않는 사람은 죽으면 낙원에 가는 것입니다. 해가 지기 전에 분을 풀면서 사는 습관을 들이시기를 바랍니다. "분을 내어도 죄를 짓지 말며 해가 지도록 분을 품지 말고, 마귀에게 틈을 주지 말라(엡 4:26-27)"란 이렇게 이해하시면 쉽습니다. 크리스천이 악함이 판을 치는 세상에서 살아가는 것이 스트레스입니다. 이 스트레스를 잠자기 전에 마음으로 하나님을 찾으면서 기도하면 5차원의 초자연적인 영적인 상태가 되는 것입니다. 영적인 상태에서 생각나는 일들을 영상으로 보면서 회개하고 용서하는 것입니다. 회개하고 용서하지 않아도 5차원의 초자연적인 상태가 됨으로 세상에서 받은 스트레스난 상처가 밖으로 밀려나가면서 정화되는 것입니다. 절대로 말로 머리로 해서는 스트레스나 상처가 정화되지 않습니다. 반드시 성령의 임재가운데 스트레스나 상처가 정화되는 것입니다. 그렇기 때문에 성령으로 세례 받고 성령으로 충만한 믿음 생활이 되어야 해가 지기 전에 분을 풀면서 살수가 있는 것입니다. 전적으로 성령께서 분을 풀도록 하시기 때문입니다.

해가 지기 전에 분을 푸는 방법은 사람과 관계에 얽혔으면 성령의 임재가운데 영상으로 그리면서 화해하십시오. 마음에 상처를 받았다면 침소에 들어가 기도하세요. 호흡을 들이쉬고 내쉬면서 기도하십시오. 이렇게 하면 됩니다. "호흡을 들이쉬면서 예수님! 내쉬면서 도와주세요." "다시 호흡을 들이쉬면서 예수님! 내쉬면서 사랑합니다." 이렇게 지속적으로 하다가 보면 성령의 깊은 임재가운데 들어가게 됩니다. 임재가운데 들어가 스트레스와 상처받는 현장을 보면서 풀어냅니다. 그러다가 자기도 모르는 순간에 깊은 잠에 들어가는 것입니다. 이렇게 매일 깊은 영의기도를 습관적으로 하면 주간동안 마음에 쌓인 스트레스와 상처가 마음 안에 집을 짓지 못하게 됩니다. 본인의 의지와 노력과 습관이 되어야 합니다.

# 25장 스트레스에 적응하는 습관을 통하여

(사 40:27-30)"야곱아 어찌하여 네가 말하며 이스라엘아 네가 이르기를 내 길은 여호와께 숨겨졌으며 내 송사는 내 하나님에게서 벗어난다 하느냐, 너는 알지 못하였느냐, 듣지 못하였느냐, 영원하신 하나님 여호와, 땅 끝까지 창조하신 이는 피곤하지 않으시며 곤비하지 않으시며 명철이 한이 없으시며 피곤한 자에게는 능력을 주시며 무능한 자에게는 힘을 더하시나니 소년이라도 피곤하며 곤비하며 장정이라도 넘어지며 쓰러지되"

오늘날 사람들이 겪는 가장 큰 문제는 삶의 스트레스입니다. 40대 한참 일할 나이에, 또 인생을 즐기고 살 나이에, 급사하는 일들이 얼마나 많이 생겨났는지 알 수 없습니다. 갑자기 사무실에서, 노동현장에서, 팔팔 젊은 사람들이 급사를 합니다. 다른 이유 아닌, 격렬한 성장 경쟁 속에서 당하는 스트레스에 견디지 못해서 결국에는 넘어지는 것입니다. 또 오늘날 수많은 사람들이 가지가지 정신적인 고통에 허덕입니다. 이것도 역시 스트레스가 넘쳐 나기 때문에 이것을 견디지 못하여 크고 작은 심신 장애로 사람들은 고생을 하는 것입니다. 의사들은 우리가 앓는 질병의 70% 이상이 모두 다 스트레스 때문에 생겨난 병이라고 말하고 있는 것입니다. 스트레스 때문에 가정이 파괴되고 젊은이들이 스트레스를 견디지 못하매 그만 범죄에 몸을 던져서 자기 일생을 망치는 일들이 많습니다.

성경에는 소년이라도 피곤하며 곤비하며 장정이라고 넘어지고 자빠진다고 기록하고 있습니다. 이것이 오늘날 우리들의 시대를 묘사해서 말한 것이 아니겠습니까? 옛날 농경생활에 자연에 묻혀 자연과 더불어 시간에 쫓기지 않고 살 때와는 너무나 대조적인 것입니다. 그렇다고 해서 우리는 그런 과거의 생활로 되돌아 갈 수는 없습니다. 결국 오늘날의 생활 형태대로 죽기 아니면 살기로 생존 경쟁을 하고 초긴장 속에 우리는 살아가야만 합니다. 이와 같은 생존 경쟁은 전 세계적인 범위에서 이루어지고 쌓이는 것은 스트레스인 것입니다. 그러면 이와 같은 삶을 살면서도 마음에 여유를 가지고 스트레스를 삼켜 버리며 기쁘고 평안하게 살아갈 수 있는 길이 없을까요? 하나님께서는 그 길을 우리에게 밝히 보여주고 있습니다.

**첫째, 스트레스를 이기고 오히려 스트레스 가운데서 즐겁게 살기 위해서는 하나님을 바로 알아야 합니다**. 하나님을 알지 못하고는 우리는 스트레스에서 절대로 해방될 수가 없습니다. 인간적인 힘으로 스트레스에서 해방되겠다고 술을 먹다가 중독자가 되고 마약에 의지하다가 일생을 망치는 일들이 얼마나 많습니까? 세상에 인간적인 쾌락을 통해서 일시적으로 스트레스를 모면해 보려고 하는 사람은 결국에는 자기 파멸의 길을 걷게 되는 것입니다. 그러므로 우리는 하나님을 바로 알고 하나님에 의해서 스트레스를 풀어야만 합니다. 사람들은 생각하기를 하나님은 우리 생활에 무관심하시다고 오해하고 있습니다.

오늘 성경 말씀대로 이사야서 40장 27절에 "야곱아 네가 어찌하여 말하며 이스라엘아 네가 어찌하여 이르기를 내 사정은 여호와께 숨겨졌으며 원통한 것은 내 하나님에게서 수리하심을 받지 못한다 하느냐" 사람들은 하나님께서 너무나 높은 곳에 계시기 때문에 낮고 천한 우리들에 대해서 관심을 기울이지 않는다고 생각하는 것입니다. 하나님이 내 사정을 알 턱이 있느냐? 그러나 성경은 그렇게 말하고 있지 않습니다. 우리 주님께서는 하나님은 우리 머리털 숫자까지라도 다 헤고 계신다고 말씀을 하고 계신 것입니다.

그렇다면 우리 머리털은 아침에 머리빗을 때마다 한두 개씩 뽑혀 나가는데 그 숫자를 매일 같이 하나님이 플러스 마이너를 하고 계신다는 것입니다. 그럴 정도이니까 우리의 사정을 모른다고 절대로 할 수 없습니다. 내 원통함을 알아주지 않는다고 하나님이 그렇게 말씀하는데 성경은 말하기를 성령이 말할 수 없는 탄식으로 우리를 위해서 기도해 주신다고 말했습니다.

하나님의 성령이 탄식할 일이 뭐가 있습니까? 그런데도 불구하고 성령이 말할 수 없는 탄식으로 기도하는 것은 우리 마음에 고통과 괴로움이 있기 때문에 이것을 풀어주기 위해서 하나님이 그렇게 하고 계신 것입니다. 사람들이 하나님은 우리의 생활에 무관심하고 하나님은 우리를 돌보지 않는다고 말하고 있는데, 거기에 대한 성령님의 대답이 즉시 있습니다. 그것은 우리 사람들이 하나님에 대한 지식이나 견문이 부족했기 때문에 그렇다는 것입니다. 호세아서 4장 6절에 "내 백성이 지식이 없으므로 망한다"고 했는데 사람들이 하나님의 역사하는 것을 알지 못하기 때문에 오해된 말을 하는 것입니다. 하나님의 실상과 자격을 하나님의 성령은 이렇게 말하고 있는 것입니다.

하나님은 영원하신 여호와이시다. 그러므로 하나님께서는 알파요 오메가 되시고 처음과 나중이 되시고 시작과 끝이 되십니다. 우리 세상 삶도 오래 사신 분이 인생 경험으로 모든 만사를 알고 있지 않습니까? 백발이 되신 분은 육체적인 힘은 없어도 인생의 경험을 통해서 많은 삶의 지혜를 가지고 있습니다. 사람도 젊은 사람은 경솔하게 행할 때가 많지만 나이가 들게 되면 지혜를 얻게 되어서 모든 것을 신중하게 생각하고 지혜롭게 하지 않습니까? 그렇다면 하나님은 나이가 많으신 분이 아니라 영원하신 하나님이신 것입니다. 시작의 하나님이요. 끝의 하나님입니다. 그렇기 때문에 하나님이 알지 못하는 일은 하나도 없는 것입니다. 옛날부터 오늘까지 하나님은 모든 것을 알고 계십니다. 그뿐 아니라 성경은 말하기를 하나님은 만물을 창조하신 하나님이라고 말씀하고 있는 것입니다.

느헤미야서 9장 5절로 6절에 보면 "너희 무리는 마땅히 일어나 영원부터 영원까지 계신 너희 하나님 여호와를 송축할지어다. 하늘과 하늘들의 하늘과 일월성신과 땅과 땅 위의 만물과 바다와 그 가운데 모든 것을 지으시고 다 보존하시오니 모든 천군이 주께 경배하나이다."라고 말하고 계신 것입니다.

그러므로 하나님께서 다 지으셨으니 하나님이 지으신 것을 모를 리가 만무한 것입니다. 성경은 말하기를 어머니 뱃속에서 우리가 태어나기 전에 하나님은 우리를 보셨다고 말했습니다. 그리고 우리가 이 세상의 하루가 지나기 전에 우리 일생을 하나님의 책에 기록했다고 말했었습니다. 그러므로 하나님은 만물을 창조하신 하나님이시기 때문에 우리의 사정을 소소히 다 알고 계신 것입니다.

그리고 또 성경은 하나님은 피곤치 아니하시고, 곤비치 아니 하시다고 말한 것입니다. 시편 121편 4절에 "이스라엘을 지키시는 자는 졸지도 아니하고 주무시지도 아니하시리로다." 하나님은 졸지도 아니하시고 주무시지도 아니 하시지만 피곤치도 않으시고 곤비치도 않으십니다. 하나님이 피곤하고 곤비해서 우리가 하나님께 기도할 때에 나 지친다, 나 지금 쉬게 하라, 하나님, 도와주소서. 나 지금 자는데 왜 야단이야. 이렇게 된다면 우리는 하나님께 의지 할 수 없지요. 그러나 하나님은 졸지도 않으시고 주무시지도 않으시고 피곤치도 아니하시고 곤비치 아니하시고 주님께서는 언제든지 그 능력으로 우리를 도우실 수 있는 하나님이시라는 것입니다.

그리고 성경은 "하나님은 명철히 한이 없으시다"고 말했습니다. 로마서 11장 33절에 "깊도다. 하나님의 지혜와 지식의 부요함이여, 그의 판단은 측량치 못할 것이며 그의 길은 찾지 못할 것이로다"고 말했습니다. 하나님이 명철이 한이 없었기 때문에 우리의 모든 문제를 다 아시고 그 문제에 대한 해답도 하나님은 모두 다 가지고 계신 것입니다. 그럴 뿐 아니라 이 하나님께서는 또한 우리에게 나타나서 역사하기를 원하시는 하나님이시라는 사실을 우리가 알아야 되는 것입니다. 성경은 말씀하기를 피곤한 자에게는 그는 능력을 주시겠다고 말씀했습니다. 오늘날 심신이 사람들은 피곤해져 있습니다. 혹은 생활에 지쳐서 피곤해 있습니다. 가정생활에 지쳐 버린 사람도 있고 투쟁력을 잃어버리고 될 대로 되라, 바람 부는 대로 물결치는 대로 그만 인생을 내어 던져 버린 사람도 있는 것입니다.

그러나 이사야 42장 3절에 보면 "상한 갈대를 꺾지 아니하며 꺼져가는 등불을 끄지 아니하고 진리로 공의를 베풀 것이며"라고 말한 것입니다. 우리 하나님께서는 상한 갈대라고 꺾어 버리고 꺼져가는 등불이라고 확 불을 끄지 않습니다. 상한 갈대나 꺼져가는 등불조차도 주님께서 붙들어서 그 피곤한 자에게 능력을 주시기를 원하시는 것입니다. 지극히 무능한 자에게도 하나님께서는 능력을 주셔서 다시 일으켜 세워 살려 주시기를 원하시는 것이 우리 하나님의 복이라는 것을 우리가 알아야 된다는 것입니다. 성경은 무능한 자에게는 힘을 더하신다고 했는데 가장으로서 능력을 상실하고 무능하게 되었을 때 하나님은 가장으로서 힘을 주시고 아내로서의 능력을 상실했을 때 아내로서의 일을 할 수 있는 힘을 주시고 부모로서의 능력을 상실했을 때 부모로서 행할 수 있는 힘을 주시고 직장인으로서의 능력을 상실했을 때 직장에서 인정받을 수 있도록 능력 주시기를 원하시고 사회생활에 적응력을 상실했을 때 하나님은 힘을 주셔서 사회에 적응하여 살아갈 수 있도록 해 주기를 원하시는 하나님이라고 성경은 말하고 있는 것입니다.

히브리서 12장 12절에서 13절에 "그러므로 피곤한 손과 연약한 무릎을 일으켜 세우고 너희 발을 위하여 곧은길을 만들어 저는 다리로 하여금 어그러지지 않고 고침을 받게 하라"고 말하고 있는 것입니다. 우리 하나님께서는 피곤한 자에게는 능력을 주시기를 원하시고 무능 자에게는 힘을 더하시기를 원하시는 하나님이라는 것을 말씀하고 있는 것입니다. 이러므로 이와 같이 하나님의 대한 기본적인 상식을 가지고 있어야 되는 겁니다.

**둘째, 이와 같은 하나님을 우리가 안다면 이 땅에 살면서 여호와를 앙망할 줄 알아야 되는 것입니다**. 앙망한다는 것은 수평적인 생활 관심에서 수직적인 관심을 가지고 하나님을 생각하고 예배하며 기다림을 말합니다. 세상 사람들은 전부다 땅만 보고 삽니다. 위를 쳐다보지 않습니다. 하나님을 앙망한다는 것은 땅만 보고 살지 말고 고개를 들어 하늘을 쳐다보는 것을 말하는 것입니다. 하나님은 앙망하고 하나님을 예배하고 주인으로 모시는 이러한 삶을 살아야 하나님과 우리의 연결이 이루어지는 것입니다. 오늘날 사람들이 곤비하고 피곤하고 스트레스에 걸리고 넘어지는 것은 수평적인 인생을 살기 때문에 이 땅에서 다가오는 마음의 고통과 괴로움을 견디질 못해 쓰러지는 것입니다.

그러나 자신 안에 하나님을 바라보면 우리가 능히 이 세상에 스트레스를 이기고 스트레스를 삼키고 살아갈 수 있는 힘을 허락하여 준다는 것입니다. 예수님께서도 그렇게 말씀하지 않습니까? "수고하고 무거운 짐 진 자들은 다 내게로 오라 내가 너를 쉬게 하리라" 예수님이 어디에 계십니까? 하나님 보좌 우편에 계십니다. 내 안에 계십니다. 내 안의 하나님을 앙망해야만 되는 것입니다.

이러므로 우리가 여호와를 앙망하고 새 힘을 얻기 위해서는 하나님을 예배해야 하는 것을 잊지 말아야 됩니다. 예배하는 것은 이 수평적인 인생 생활을 잠시 잊어버리고 하늘을 쳐다보고 하나님께 공경하는 마음을 드리는 것을 말하는 것입니다. 성경에는 엿새 동안 일하고 이레째는 교회에 나와서 하나님을 예배하라고 말하고 있는 것입니다. 우리가 하나님께 나와서 믿음으로 하나님을 앙망하고 예배하면 하나님께서는 그들에게 포도주와 같은 즐거움을 주시고 젖과 같이 영양분이 듬뿍 담긴 하나님의 은혜를 주셔서 마음에 즐거움과 마음에 힘을 가지고 인생을 살아갈 수 있게 만들어 주는 것입니다. 예배는 반드시 영과 진리로 드려야 합니다. 영과 진리로 예배를 드릴 때 성령의 역사로 마음 안에 스트레스와 상처가 정화되는 것입니다.

그뿐 아니라 우리는 하루의 시작 전에 하나님을 예배해야 합니다. 이사야서 33장 2절에 "여호와여 우리에게 은혜를 베푸소서. 우리가 주를 앙망하오니 주는 아침마다 우리의 팔이 되시며 환난 때에 우리의 구원이 되소서" 주님은 아침마다 우리에게 붙들어 주는 팔이 된다는 것입니다. 그러므로 밤에 잠을 자고 아침에 일어나서는 제일 먼저 여호와를 앙망하고 하나님께 기도드리고 찬송하고 하나님의 도움을 구하면 하나님의 오른 팔이 나타나서 그날 살아갈 수 있는 힘을 허락하여 준다는 것입니다.

그리고 여호와를 앙망한다는 것은 말씀을 깊이 있게 듣고 읽어서 하나님과 가까워져야 합니다. 어떻게 하면 하나님과 가까워집니까? 하나님의 음성을 듣고 하나님과 가까이 나아갈 수 있는 것입니다.

서로 대화가 있어야 가까워지지. 아무리 사랑하는 친구들이라도 오래 떨어져 있으면 멀어지고 마는 것입니다. 이웃사촌이라는 말은 이웃이 우리와 피와 살이 섞이지 않아도 가까이 있어서 늘 대화를 하기 때문에 멀리 있는 사촌보다 더 가까워지는 것입니다.

그러므로 시편 119편 49절로 50절에 보면 "주의 종에게 하신 말씀을 기억하소서. 주께서 나로 소망이 있게 하셨나이다. 이 말씀은 나의 곤란 중에 위로라 주의 말씀이 나를 살리셨음이니이다." 주의 말씀이 마음속에 소망이 있게 하고 곤란 중에 위로가 되고 주의 말씀이 나를 살리는 역사를 하기 때문에 우리가 하나님의 말씀을 가까이 듣고 늘 읽어야 됩니다. 우리가 주일날도 말씀을 듣고 평일에 성령치유 집회에 참석하고, 또 우리가 성경을 매일 읽음으로 하나님 말씀과 같이 있으면 자연적으로 하나님과 가까워지고 하나님과 친하게 되고 하나님의 은총의 손길을 가슴속에 느끼게 되는 것입니다. 그리고 수시로 기도하되 매일 특별한 시간을 내어서 기도하고 마음의 짐을 하나님께 맡겨 버려야 됩니다.

시편 55편 22절에 "네 짐을 여호와께 맡겨 버리라 너를 붙드시고 의인의 요동함을 영영히 허락지 아니하시리로다"고 말씀하셨으며, 시편 68편 19절에 "날마다 우리 짐을 지시는 주 곧 우리의 구원이신 하나님을 찬송할지로다" 우리 하나님은 우리의 짐을 지시기를 원하시는 것입니다. 적고 큰 모든 짐을 지시는데 우리가 기도하고 맡겨야 주님이 짐을 져 주시지 우리가 억지로 걸머지고 하나님께 맡기지 않았는데 하나님이 강제로 짐을 질 수가 없는 것입니다.

우리 하나님께는 우리를 사랑하사 우리를 감당치 못할 짐 지는 것을 원치 아니하고 계신 것입니다. 이렇기 때문에 수시로 우리는 하나님께 기도해서 짐을 맡기고 또 매일 같이 특별한 시간을 내어서 적어도 30분 한 시간 이상 마음으로 하나님과 함께 대화하고 하나님께 기도하면 마음속에 강물 같이 넘치는 하나님의 평안을 체험할 수 있는 것입니다. 매 주일마다 교회에 나와서 하나님께 기도하고 말씀을 듣고 찬양한다는 것은 하나님을 앙망하는 것이요, 이로 말미암아 하나님이 내리시는 은혜를 통해서 스트레스에서 해방되는 일이 얼마나 많은지 모릅니다. 주일 예배 드림으로 말미암아 수많은 생의 압력에서 해방되고 스트레스에서 해방과 자유를 얻고, 또한 주간 동안 인생의 짐을 지고 살아갈 수 있는 성령 충만과 용기와 힘이 생겨나는 것입니다. 그리고 스트레스에서 해방되어야 정신적인 질병에서 육체적인 질병에서 해방될 수 있고 건강한 심신을 가지고 살아갈 수 있는 것입니다.

**셋째, 성경에는 그렇게 하면 새 힘을 얻겠다고 말한 것입니다**. 여호와를 앙망하면 새 힘을 얻는 것입니다. 어떻게 새 힘을 얻느냐? 우리들이 하나님을 앙망하고 있으면 자아에 대한 새로운 이미지가 생겨나는 것입니다. 이 세상에 수평적인 삶만을 살고 있으면 모든 수고와 괴로움이 짓누르고 그것을 감당하지 못하면 자기는 버림받고 고독한 존재가 되었다고 생각하고 좌절되는 것입니다. 그러나 여호와 하나님과 함께 만나고 있으면 하나님께서 우리의 참 모습을 보여 주십니다. 이러므로 버림받고 고독한 존재가 아니라는 것을 깨닫게 되는 것입니다.

요한복음 14장 18절로 20절에 "내가 너희를 고아와 같이 버려두지 아니하고 너희에게로 오리라 조금 있으면 세상은 다시 나를 보지 못할 터이로되 너희는 나를 보리니 이는 내가 살았고 너희도 살겠음이라. 그 날에는 내가 아버지 안에, 너희가 내 안에 내가 너희 안에 있는 것을 너희가 알리라" 보십시오. 하나님 앞에 있으면 주님이 내 안에 내가 주님 안에 있는 것을 알고 나는 보통 사람이 아니라 하나님의 사람, 예수 사람이 된 것을 알게 되는 것입니다.

예수님으로 말미암아 나는 죄악에서 해방되고 하나님과 원수 된 담이 무너졌으면 치료와 기쁨을 받고 아브라함의 축복을 받은 사람이며 사망과 음부를 이긴 사람이라는 새로운 자기 이미지를 가지고 살아갈 수 있는 것입니다. 누구든지 그리스도 안에 있으면 새로운 피조물이라 이전 것은 지나갔으니 보라 새것이 되었도다. 새롭게 된 자아 이미지를 가지고서 살아가기 때문에 용기와 힘이 100배로 생겨나는 것입니다. 그러므로 십자가를 통하여 새로운 피조물이 되었다는 이 지식을 마음속에 하나님 앞에 확실히 가질 수가 있게 되는 것입니다.

그리고 또 하나님 앞에서 기다리면 새 힘이 오는데 그것은 성령이 주시는 새 힘인 것입니다. 우리는 하나님 앞에 기도하고 기다리면 하나님의 성령이 반드시 역사하는 것입니다. 하나님의 성령은 성경에 생수라고 말했습니다. 너희는 누구든지 목마르거든 내게로

와서 마셔라 그러면 너희 배속에서 생수의 강이 넘치리라고 말한 것입니다. 생수는 피곤과 갈증이 다 채워지는 것입니다. 인생에 피곤하고 외롭고 슬프고 갈증이 생겼을 때 하나님이 성령으로 오셔서 우리의 모든 삶의 갈증을 채워주심으로 말미암아 새로운 힘이 생깁니다. 성령은 또 새 바람입니다. 사람이 생기가 다 죽었을 때 새 바람이 불어오면 생기가 돋아납니다. 성령은 새 바람으로서 우리가 이 세상에서 지치고서 피곤하여 완전히 기운이 쭉 빠졌을 때 성령의 생기가 우리에게 부어지는 것입니다.

요사이 "기(氣)"라는 말을 많이 쓰지 않습니까? "기가 죽었다, 그 사람 기가 다 빠졌다, 기가 나간 사람이다." 기가 나가고, 기가 빠지고, 기가 없는 사람, 아무리 침을 맞아도 안 됩니다. 거기에는 성령으로 기도하면 성령의 생기가 들어오는 것입니다. 성령은 위대한 "기"인 것입니다. 하나님의 권능입니다. 성령의 기가 들어오면 우리가 완전히 살아나게 됩니다. 눈알이 또렷또렷하게 됩니다.

그리고 성령의 충만해지면 우리 마음속에 새로운 기쁨이 넘쳐나게 되는 것입니다. 사도행전 8장 7절로 8절에 보면 "많은 사람에게 붙었던 더러운 귀신들이 크게 소리를 지르며 나가고 또 많은 중풍병자와 앉은뱅이가 나으니 그 성에 큰 기쁨이 있더라." 성령의 역사가 일어나면 귀신도 쫓겨 나가고 치료도 받고 마음속에 기쁨이 넘쳐나게 되는 것입니다. 기쁨이 우리에게 얼마나 큰 힘이 되는지 모릅니다.

그 뿐 아니라 하나님의 성령께서는 우리에게 새로운 꿈과 환상을 주는 것입니다. 성령이 오시면 젊은이에게는 환상을 늙은이에게는 꿈을 주리라고 했는데 소망이 다 없어지고 절망에 처했을 때 하나님의 성령은 와서 우리에게 내일에 대한 새로운 기도와 소망으로 채워주시고 꿈을 주시고 환상을 주시는 것입니다. 이래서 일어날 수 있는 은혜를 주시는 것입니다. 그뿐 아니라 성령은 도전에 대한 응전의 힘을 주시는 것입니다. 용기와 담력을 허락하여 주시는 것입니다. 이 세상에서 사람들이 용기를 잃어버리면 아무 일도 하지 못합니다.

히브리서 10장 35절로 38절에 "그러므로 너희 담대함을 버리지 말라 이것이 큰 상을 얻느니라. 너희에게 인내가 필요함은 너희가 하나님의 뜻을 행한 후에 약속을 받기 위함이라 잠시 잠간 후면 오실 이가 오시리니 지체하지 아니하시리라 오직 나의 의인은 믿음으로 말미암아 살리라 또한 뒤로 물러가면 내 마음이 저를 기뻐하지 아니하리라" 우리는 뒤로 물러가지 않고 강하고 담대한 믿음으로 꿈을 가지고 앞으로 앞으로 나아가야 되겠는데 이것은 하나님의 성령께서 오셔서 그렇게 해주시는 것입니다.

그러면 여호와를 앙망하는 사람은 새 힘을 얻으면 어떻게 될까요? 독수리를 날개 치며 올라간다고 했습니다. 독수리가 날개 치며 올라갈 때는 땅에서 올라가는 상승 기류를 타고 확 올라갑니다. 참새가 나는 것은 헉, 헉, 헉, 헉 이러다가 그냥 나뭇가지에 앉아서 헉 헉 헉 합니다. 그것은 그냥 자기의 날개 힘으로 가니까 그렇게 날개를 빨리 쳤다가 나중에 기진맥진 하는 것입니다. 독수리는 자기의 날개 힘으로 날지 않습니다. 상승기류를 타고 쫙 올라갑니다. 인생을 사는 것도 하나님을 앙망하고 성령의 힘을 얻어서 사는 사람은

"믿습니다." 그리고 믿음으로 사는데 하나님이 없는 사람은 헉 헉 헉 헉 있는 힘을 다해서, 그러고는 아이고 나 죽어 합니다. 그러고도 별로 올라가지도 못합니다. 그 날개 치고 뭘 올라가요? 우리는 여호와를 앙망하는 자는 독수리의 날개 치며 올라갈 수가 있는 것입니다. 매주일 예배드리고 난 다음에는 남은 주간에는 하나님과 함께 믿음으로 눈에는 아무 증거 안보이고 귀에는 아무 소리 안 들리고 손에는 잡히는 것 없어도 두려워하거나 불안에 떨지 않고 "믿습니다." 로 날라 올라갈 수 있는 것입니다. 이 얼마나 좋습니까? 그 결과로 달음박질을 해도 곤비치 않습니다. 달음박질 한다는 것은 뛰는 것 아닙니까? 쫓기는 인생, 숨 가쁘게 뛰며 스트레스가 쌓여도 기진맥진 하지 않습니다.

그러면 세상에서는 피곤하지만 여호와를 앙망하는 사람은 하늘에서 힘이 임하여 있기 때문에 달음박질해도 곤비치 않습니다. 달음박질하면서도 마음속에 기쁨과 즐거움으로 달음박질할 수 있습니다. 성경에는 여호와를 앙망하면 걸어가도 피곤치 않는다고 했습니다. 그러나 예수 믿는 사람은 걸어가도 피곤치 아니하고 생활의 여유가 생기고 모든 것이 평안해져도 주님의 은혜로 말미암아 그 여유를 가지고 하나님께 영광 돌리며 올바르게 살 수 있는 지혜와 힘이 주어지기 때문에 걸어가도 여유 있는 삶을 살아도 하나님을 앙망하는 자는 항상 새롭고 피곤치 않게 인생을 살아갈 수가 있는 것입니다. 하나님을 앙망하는 자는 성령으로 충만하기 때문에 성령의 힘으로 스트레스를 제압하고 살아갈 수가 있는 것입니다.

이 책을 통해 예수님이 땅끝까지 전파 되기를 소원합니다.
(출판으로 인한 이익금은 문서선교와 개척교회 선교에 사용합니다.)

# 예수 믿어도 건강치못한 원인과 치유


발 행 일 l 2017. 05.02초판 1쇄 발행

지 은 이 l 강요셉

펴 낸 이 l 강무신

편집담당 l 강무신

디 자 인 l 강요셉

교정담당 l 강무신

펴 낸 곳 l 도서출판 성령

신고번호 l 제22-3134호(2007.5.25)

등록번호 l 114-90-70539

주 소 l 서울 서초구 방배천로 4안길 20(방배동)

전 화 l 02)3474-0675/ 3472-0191

E-mail l kangms113@hanmail.net

유 통 l 하늘유통. 031)947-7777

ISBN l 978-89-97999-58-3 부가기호 l 03230

가 격 l 16,000원